이
책
을
읽
기
전
에,

　　대한민국은 2022년 대선주자들의 출마와 관련 혼란스
럽다. 위대한 대한민국의 자유민주주의와 시장경제의 가치와 철
학, 품격이 추락하고 있다. 더구나 2020년부터는 전 세계가 코로
나 팬데믹이라는 경험해보지 못한 곤경에 처해 있다. 가족, 사회,
국가는 급속도로 해체되고 있고 자유와 풍요를 추구하는 삶의 꿈
과 소망도 희미해지고 있다. 출산율 세계 최하위에 고령화는 초고
속으로 진행되고 교육, 국방, 경제, 외교, 안보 등 우리에게 소중한
가치가 뿌리째 흔들리고 있다. 불확실성과 혼란이 가득한 이 시대
에 차기대권론을 말한다. 대한민국에서 생존과 자유를 위해 새로
운 시대의 리더는 어떠해야 하는가? 차기 대통령은 무슨 가치를
고민하고 어떻게 바꾸어 나가야 하는가? 국가와 민족의 미래를 향
해 잠재력과 비전을 제시하고, 자유민주주의와 시장경제의 가치
와 철학을 통해 이를 실천해야 한다. 낡은 고정관념과 구타 정치를
넘어 시대를 초월한 근본적인 변화와 개혁을 추진해야만 한다.

한국사회를 둘러싼 조건과 변화는 녹록지 않다. 우리는 벼랑 끝에
서 있지만 포기할 수는 없다. 구체적인 해법과 전략이 필요한 절
체절명의 시간, 이제 차기대권론을 통해 한국의 미래를 그려보아
야 한다. 이 땅의 번영과 행복을 위해, 다음 시대의 리더는 어떠해
야 하며 민주시민은 무엇을 알아야 하는지, 이 책을 통해 함께 고
민해보기 바란다.

차기대권론

대통령의 권력과 개혁은 다릅니다

차기대권론

김재록 지음

모아북스
MOABOOKS

이 책을
읽는
독자들에게

1. **이 책은 1장부터 13장까지 차기 대권에 관한 대통령의 권력, 정치, 교육, 외교, 국방, 언론, 경제라는 사회적 이슈를 다루고 있다.** 관심 있는 부분부터 읽으셔도 좋지만, 순서대로 읽으면 이야기의 흐름에 따라 연결되므로 논리적으로 정리될 수 있다는 장점이 있다.

2. **이 책을 읽기 전과 읽은 후로 현시대를 보는 시각이 달라질 수 있다.** 역사적 사실에 따라 작금의 시대 흐름을 읽으면 넘쳐나는 정보에 휘둘려 실수할 일이 적다. 정치 및 사회 상식의 깊이에 따라 정보가 얼마나 정확한지도 알 수 있다. 폭넓고 깊은 상식으로 한국 사회 전반에 걸친 지식을 제공하고자 하였다.

3. 필자는 30대 중반인 1997년부터 이한동 의원의 특별보좌역을 맡으면서 정치계에 발을 들이고, 기아경제연구소 홍보기획이사로 경제계에도 진출하였다. 김대중 후보 당시의 전략기획특보, 아서앤더슨의 한국지사장을 맡으며 기업의 인수합병을 성공시키는 금융계의 미다스의 손으로 불리기도 하였다.

2002년에 인베스투스글로벌을 설립하며 금융계 및 여야 정치권 인사들과의 인맥이 넓은 편이다. 그동안의 정치, 경제, 사회에 관한 식견을 바탕으로 차기 정권에게 바라는 대한민국 국가 개혁에 관한 미래 비전을 이 책에 제시하고자 하였다.

4. 정치 이야기를 하는 대부분의 한국인은 혐오와 비난, 험한 욕으로 이성적인 토론이 불가능하다. 정치만 생각하면 머리 뚜껑이 열리는 사람일지라도 진보나 개혁의 색깔 논쟁에서 벗어나 논제를 객관화하는 습관을 들여야 한다.

항상 뉴스를 팩트 체크하며 사실 그대로의 뉴스를 맑은 눈으로 읽어내는 힘을 길러야 한다. 특히, 내년 대통령 선거 때 올바른 투표권을 행사하기 위해서는 정치적 색안경을 벗어야 한다. 사건·사고가 많고 갈등이 끊이지 않는 한국식 민주주의 사회에서 건강한 국민으로 살아가기 위해 주제별 정보를 제공하였으므로 독자마다 다양하게 해석하여 올바르게 판단하길 바란다.

5. 정치인과 언론, 거대 자본과 결탁한 이들은 "대중은 개, 돼지"이며 어리석은 무리라고 한다. 그리고 국민을 위한다고 굽신거리지만, 결국 자신들의 권력을 유지하기 위해 정치를 한다. 범람하는 정보의 홍수에서 매일 엄청난 뉴스가 쏟아져 나오지만, 머릿속에는 정확한 정보가 체계적 및 종합적으로 자리 잡지 못한 경우가 대부분이다. '카더라 통신'이 곧 진실이 되는 세상이다.

이 책은 최대한 거르고 거른 정보를 양식 있게 제시함으로써 한국 사회 문제에 대해 생각하는 힘을 키우고, 이 사회가 대통령의 결정으로 어떻게 돌아가고 있는지를 보여준다. 모든 사회적 이슈를 바탕으로 어떤 대권 후보에게 귀중한 한 표를 던질 것인지에 대한 판단은 이제 독자의 몫이다.

김재록

3장

우리는 어디로 가야 하는가?

4장

생존과 자유의 기로에 선 한반도

5장

정치 개혁의 출발선에서

1장

한국의 미래, 차기 대권 이야기

코로나 팬데믹, 델타 변이바이러스의 대유행,

기후 변화와 디지털의 변혁, 이념과 지역의 패권 양상이

가져오는 예측 불허한 상황이 벌어지고 있다.

정부는 친중사대, 반일종족주의, 종북굴욕, 탈한미 동맹의

혼돈의 길에 들어선 엉터리 국정 운영을 계속하고 있다.

그런 와중에 대한민국 차기 대권의 대장정이 시작되었다.

한국 사회의 산업화, 민주화의 가치와 철학을 송두리째

뒤엎고 있는 가운데 거대한 변화의 물결은 출렁이고

파고는 거세게 일고 있다.

한국을 둘러싼 주변 정세

우리는 지금 IMF 금융위기, 1998년 민주화 체제, 국민소득 1만 불, 아날로그 체제, 미·소 냉전시대를 뒤로 하고 승자독식의 글로벌 플랫폼 시대, 미·중 패권 경쟁, 북한 비핵화, 국민소득 4만 달러, 코로나 범유행과 무한 경쟁이라는 디지털 시대를 맞았다.

자산 거품과 부동산값 폭등, LH 사태에 직면한 상황에서도 주식시장은 조기 테이퍼링과 인플레이션, 금리인상의 시장 경고에도 초저금리, 초과 유동성의 상승 국면은 계속되었다. 전 세계는 부동산값 폭등과 자산 거품에 흠뻑 취해서 성큼성큼 다가서는 대폭락의 전조를 애써 무시한 채 광란의 폭주 현상에 불안해하고 있다.

미화 4조 달러 경기부양책이라는 재정확대 정책은 완전고용과 8.7% 경제성장을 향해 무한 질주하고 있다. 코로나 팬데믹과 디지털 시대의 암호화폐, 비트코인, 각종 가상화폐, IT, 바이오 산업, 전기차, 자율주행차와 유통, 혁신적인 기술이 가져오는 폭발적인 상승곡선은 계속되고 있다.

디지털 자본주의 시장경제 시대의 총아 플랫폼 비즈니스 구조의 다양한 네트워크와 서비스가 전 세계 주식시장을 뜨겁게 달구었다. 불확실하고 불안정한 요인들이 폭증하는 금융시장에서 금리인상과 인플레이션 하방 압력은 계속되고 있고 주가지수는 연일 폭등과 폭락을 거듭하고 있다.

자산 거품과 '묻지 마' 투자를 선행하는 동학개미와 서학개미의 뉴욕 주식시장 주가 대폭락의 전조가 시작되었다. 주식시장은 신도 예측할 수 없는 폭등과 폭락을 연일 반복한다. 국제 폭도와 같은 월가의 투자은행과 각종 펀드가 출렁이는 미국 시장은 신흥국 이머징마켓을 향해서 공포감을 심어주는 각종 예측과 보고서를 양산해낸다.

암호화폐 발행과 블록체인 기술을 활용한 비트코인을 비롯한 가상화폐는 시장을 뒤흔들고 혼돈케 하기에 충분하다. 암호화폐, 비트코인과 같은 디지털화폐에 대한 평가는 극과 극을 달리한다. 투자의 귀재 버크셔 해서웨이의 워런 버핏과 미 재무장관 재닛 앨런, 미 연준(미국의 중앙은행인 연방준비제도 The Federal Reserve system, FED)과 한국은행 이주열 총재는 암호화폐와 비트코인에 대해서 가상화폐의 위험성에 대해 경고하면서 대체투자 자산으로 현재 가치가 없다고 이야기하고 있다.

반면, 테슬라의 일론 머스크를 비롯해 골드만삭스, 미국 투자은행 모건 스탠리는 비트코인 열풍에 동참하였고, 나스닥에는 암호화폐를 거래하는 코인베이스가 상장되기도 하였다. 이렇게 비트코인을 주류로 이끌며 격변하는 디지털 시대에서 비트코인의 미래를 아무도 쉽게 단정하지 못하게 되었다.

중국 런민(人民)은행은 미국 달러 패권화에 대응한 생존 전략 차원에서 최근 암호화폐를 발행하여 "가상화폐 시장에 진입했다"고 단언하면서 베이징 동계올림픽 개최를 계기로 공식적인 실행을 추진하고 있다. 세계 기축통화인 미 달러의 패권을 뒤바꿀 수도 있는 방향으로 시장을 이끌어가는 에너지를 제공할 것이다.

그러나 시진핑의 중국공산당은 비트코인의 채굴을 금지한다고 선포함으로써 모든 비트코인과 가상화폐 생산 및 거래를 금지하는 것으로 중국의 자산 유출을 막고 있다. 중앙정부의 보호를 받지 않은 불안정한 상태에서의 대체 투자자산인 비트코인은 이렇게 무한 변동성을 가진 위치에 놓여 있다.

이처럼 디지털화폐는 코로나 팬데믹, 디지털 시장의 무질서와 불확실, 불안정한 상태에서 신인류의 대체화폐 투자자산으로 자리 잡아가는 데 적지 않은 시행착오를 거치고 있다. 인류의 탄생과 각종 화폐, 금과 은, 구리를 비롯한 각종 대체자산이 걸어온 길을 걷게 될 것이다.

미국 중앙은행은 인플레이션 하방 압력이 상승하는 상황에서도 경기부양과 고용확대 정책을 지속적으로 추진하고 있다. 급격한 물가 상승, 초과 유동성 장세, 자산 거품을 예방하기 위한 연준과 미 재정 당국은 다양한 경고를 시장에 지속적으로 보내고 있다.

연준 의장을 역임한 재닛 옐런 재무장관과 제롬 파월 현 연준 의장의 미국 경제에 대한 시각적 차이 논쟁에도 불구하고 현재까지는 테이퍼링, 조기 금리 인상을 극력 자제하는 분위기가 역력하다. 가까운 미래에 닥칠 금융 파국의 파장을 줄이고자 애쓰는 사례들이다. 초저금리의 초과 유동성 장세는 막을 내리고 금리 인상 시기가 성큼성큼 다가오고 있는 것은 부인할 수 없는 사실이다.

바이든 정부의 4조 달러 초대형 경기부양책 촉진으로 미국 경제가 다시 V자형 상승 국면에서 초과 유동성 장세로 불안한 상황은 계속되고 있다. 한국 경제의 또 다른 핵심인 하방 위험 요소로 천정부지로 치솟고 있는 부동산 시장과 자산거품 폭락이 예고된다.

미·중 패권 경쟁의 파동은 전방위적으로 갈수록 격해지고 예측불허의 긴박한 진행이 계속되는 양상이다. 트럼프 전 대통령의 미국 우선주의 정책은 미국, EU, NATO 동맹의 관계를 심각하게 냉각시켰다. 중국의 개혁·개방 기간에 EU와 밀월 관계를 유지했던 시진핑의 중국공산당은 '미국이 돌아왔다(America is Back)'고 선언한 바이든 정부의 동맹 회복으로 미·중 패권 경쟁 공세에 중국과 EU 투자 협정이 전면 유보되는 상황을 맞았다. 중국몽과 일대일로 맞붙는 패권 전략은 절체절명의 위기에 놓였다.

미국과 중국의 항모 전단이 남중국해에서 직접 조우하고, 중국의 대만 전격 침공의 임박으로 곳곳에서 위기감이 일어나고 있다. 중국의 대만 침공에 대한 시뮬레이션 전쟁 게임을 넘어서서 대만해협과 남중국해에서 미·중 군사적 갈등은 예측불허한 긴장감으로 고조되었다.

우리의 서해는 상시전장(常時戰場)이 되기에 충분하다(중국은 남중국해에서 구단선(九斷線)을 획책하고 필리핀, 베트남, 인도네시아, 말레이시아와 영해권 다툼에 있고 서해의 $\frac{2}{3}$를 자국 영해로 일방적인 선포 후 깡패 행위를 지속하고 있는데도 문재인 정부는 단 한 번의 항의조차도 제대로 하지 못하고 있다). 바이든 대통령의 'Again-America First', 디지털 시대의 총아로 주목받는 반도체 생산을 미국에서 해야 한다는 수정된 미국 우선주의는 다시 맹위를 떨치고 있다.

세계 유일 패권국인 미국은 중국을 미국의 주적으로 선포했다. 중국의 우호국가인 이란 및 북한을 포함해서 강력한 제재와 압박 전략인 이차적 불매운동을 실행하고 전 세계에 새로운 공급망 변경을 구축하고 있다. 미국의 인도·태평양 전략, 쿼드에 한국의 참여를 한미 동맹의 책임과 의무로 규정했다.

2021년 5월 바이든 정부 출범 후에 일본 스가 총리 회담, 연이어 열린 한미 정상회담에서 재결속되고 공표된 한미 동맹의 가치와 정신, 철학을 뒷받침한 실천적인 행위가 필요하다. 미국의 미·중 패권 경쟁의 의도적, 전략적 엇박자를 내는 문재인 정부의 입장과 자세는 이 땅의 생존과 자유의 미래를 불안케 하기에 충분하다. 미·중 패권 경쟁은 한미 동맹을 이룬 우리에게 애매모호한 상황을 중단하고 동맹의 책임과 의무를 수행하는 쿼드 참가의 분명한 정체성을 요구하고 있다.

문정인 세종연구소 이사장은 한국이 미·중 관계에서 정치, 경제적으로 차가운 평화와 신냉전의 경계선에 있다며 미국과 중국 중 선택의 딜레마에 놓여 있다고 지적했다. 탈(脫)한미 동맹, 친중사대, 종북굴욕의 사고와 행동방식에 국가의 외교와 안보는 멍들고 잘못된 깊은 수렁에서 빠져나오지도 못하고 있다.

이 땅의 생존과 자유를 찾아가는 길목에서 미·중 패권 경쟁은 핵심 사안으로 부상했다. 중국의 명목상 GDP는 현재의 미국을 뒤쫓고 있다. 미국은 정치, 경제, 과학의 원천기술과 응용기술적인 소프트웨어, 군사력, 항공우주와 자유민주주의와 시장경제의 가치와 철학, 제도적인 틀과 운영에 있어서 중국을 압도한다.

시진핑의 중국공산당 정부는 인류의 보편적 상식과 관행, 국제법적인 행위와 사고에 있어서 자유와 인권의 가치와 철학에 반하는 행위를 상시로 행하는 반자유민주주의와 시장경제의 독재 공산국가이다.

중국 정부는 런민은행을 통해 테이퍼링과 우량 국유기업의 부채를 탕감해주는 부도 처리 채무조정 방식으로 선도적인 구조조정을 하고 있다. 14억 인구 시장의 공급과 소비의 쌍순환 전략을 선택하여 힘겨운 미·중 패권 경쟁에서 생존하기 위한 전략으로 경제, 산업, 금융, 노동의 구조개혁을 실행하고 최첨단 장비와 시스템으로 인권을 탄압하고 인민을 효과적으로 통제한다.

바이든 정부의 이란 핵 협상을 통해 미국, 이란과의 관계 정상화를 위해 영국, 프랑스, 독일, 러시아, 중국 회담이 미국이 불참한 가운데 시작되었다.

〈뉴욕타임스〉와 이스라엘 언론은 이스라엘 정부의 사이버 공격으로 이란의 핵 생산 공장이 심대하게 파손되었다고 보도하였다. 이란은 핵 공격으로 핵 무장을 이미 마친 중동의 이스라엘을 지도상에서 지워버리겠다고 협박성 공언을 한 상태다. 권력 상실의 위기에 서 있던 네타냐후 이스라엘 총리 집권세력은 반대 정치세력의 연합으로 12년이 넘는 장기 집권을 마감하고 붕괴되었다.

'세계의 화약고' 나 다름없이 불안정한 중동은 평화와 안정 없이 혼돈의 상황으로 빠져들고 있다. 미국-중동 평화 정책의 이단아, 이스라엘은 미-이란 핵 합의를 되돌릴 수 없도록 난해한 분위기를 만들어냈다.

최근 한국의 석유 해상운송 루트인 이란 호르무즈해협에서 이란혁명수비대가 한국케미호를 나포한 사건과 문정인 교수의 최근 탈한미 동맹의 선언적 발언과 기조는 대통령 외교안보특보의 자세에서 벗어났고 비난받아 마땅하다.

미국과 국제원자력기구(IAEA)는 동일본 대지진에서 발생한 오염된 해양심층수를 2023년에 방류하기로 결정한 일본 정부를 지지한다고 입장 표명했다. 우리는 국제원자력기구와 미국의 대중국 포위 압박 제재 전략을 분석하고 행동해야 한다.

동일본 대지진의 피해로 후쿠시마 원전 오염수의 태평양 방류 결정은 중국, 한국의 거센 반대에도 불구하고 미국과 IAEA는 변함없이 지지한다는 입장을 견지하였다. 이 땅의 미래를 위해 미·중 패권 경쟁과 한미 동맹, 멀어지는 한일 관계 회복을 위해서 우리는 엄중하게 국제 정치의 현실과 우리의 생존과 자유의 여정을 직시해야만 한다.

1998년 IMF 금융 위기에서 실의에 빠진 국민을 위로했던 자랑스러운 박세리의 US 여자오픈 우승을 기억한다. 물에 빠진 공을 양말을 벗고 쳐내고 캐디가 건네주는 골프채를 잡고 해저드에서 올라오면서 빙긋 웃는 모습을 우리는 영원히 잊을 수가 없다. 또한, 2021 마스터스 토너먼트에서 일본의 골프 영웅 마쓰야마 히데키가 우승한 것은 아시아의 쾌거이다. 우승 후 두 손을 번쩍 치켜들고 환호하는 모습은 박세리의 환희의 순간과 오버랩되어 감격스러웠다.

2020년 4월 마스터스 토너먼트에서 임성재가 준우승하고 양용은이 골프 황제 타이거 우즈를 꺾고 아시아와 한국인 최초의

PGA 챔피언십, 아시아와 일본인 최초의 마스터스 토너먼트 우승한 것은 서양인 중심 질서에서 한국과 일본의 새로운 이미지를 심어주기에 충분했다. 코로나 팬데믹과 관중 없는 2021년 7월 도쿄 올림픽과 쇠락해가는 일본의 미래에 깊은 실의에 빠진 일본과 일본인을 열광시키기에 충분했다. 한국과 일본은 2021년 7월 도쿄 올림픽을 계기로 새로운 관계를 맺고 출발해야만 한다.

북한의 김일성, 김정일, 김정은의 조선로동당 3대 세습 정권은 UN 안보리와 미국의 제재와 압박, 코로나 팬데믹에 '새 고난의 행군'의 결사항전을 선언했다. 투키디데스 함정을 만들어가는 핵과 대륙관 탄도미사일 ICBM, SLBM 실험을 자행하는 상황을 만들어가고 있다.

북한의 부족한 식량 사정과 비상 의료시스템마저 무너진 무방비 상태에서 코로나 팬데믹까지 덮친 북한의 상황에 대해 엄중하게 대처해야만 한다. 북한의 심각한 식량 사정 및 코로나 의료 지원에 대해서는 조건 없이 신속하게 지원하고 협력해야만 한다.

한국은 여야, 진보, 보수 대립을 떠나서 인간의 천부적인 보편타당한 권리인 북한의 자유와 인권을 획기적으로 개선하기 위해 북한 김정은 정권과 진지하게 논의하고 요구해야 한다.

UN 안보리와 미국의 제재와 압박을 떠나서 북한의 상황에 적극적으로 대처해야만 한다. 북한 비핵화에 대한 분명한 원칙과 철학을 뒷받침할 정체성을 갖고 임해야 한다. 미국 주도의 강력한 이차적 불매운동 실행, UN 안보리와 미국의 제재 압박 정책에 대해 UN 회원국과 미국 동맹국의 의무와 책임을 다해야 한다.

북한의 비핵화를 성취해야만 하는 이유는 통일과 번영이라는 이 땅의 생존과 자유가 직결된 운명이기 때문이다. 일국양제(一國兩制), 하나의 국가와 두 개의 체제인 중국 및 홍콩과는 다르게 우리는 양국일제(兩國一制), 두 개의 국가와 하나의 체제 또는 현재 너무나 다른 상호 적국 상태인 양국양제(兩國兩制), 두 개의 국가와 두 개의 체제를 뛰어넘는 자유와 평화를 찾아 나서는 새로운 형태의 양국양제에 나서야 한다.

물리적인 평화 통일을 뒤로하고 시대 전환기적 상황에 맞는 선택을 해야만 한다. 현재 상황을 뛰어넘는 추월의 시대를 살아갈 수 있는 세계관의 가치와 철학의 본질에 사유하고 상응하는 길을 찾아 나서야 한다.

대기업을 비롯한 자동차, 반도체, 배터리, 바이오, IT 기업들이 경기에 대응하는 자세와 행위는 글로벌 시장에서 경쟁력과 잠재력을 가지고 있다. 경제인들이 글로벌 시장에서 생존하려면 시장에서 자유로워질 방법을 찾아서 만들어가야 한다. 여야는 진보, 보수를 떠나서 이제부터는 대통령의 해외 순방 또는 청와대에 호출되어 대통령과 정권, 정부 홍보를 위한 이벤트 행사를 필요충분 조건에 따라 해야 할 수도 있지만, 극히 자제하고 절제해야만 한다.

기업인들은 집권세력의 정치 성향과 요구에 대해 저항하지 않고 순응하는 방식을 선호한다. 승자독식의 무한 경쟁시장에서 순응을 생존의 가치를 결정하는 질서로 본능적으로 인식하고 살아간다. 정치와 경제 권력은 비판적인 상호 작용 관계다. 각자의 영역에서 새로운 가치를 창출하고 시대의 변화를 이끌어내는 역할을 만들어가고 있다.

따라서 아날로그 시대 적폐청산의 산물인 반자유민주주의와 시장경제의 유치한 행위는 당장 그만두어야만 한다. 자유민주주의와 시장경제의 가치와 철학의 정체성을 회복해야 한다. 코로나 팬데믹 후 온/오프(On/Off) 산업의 경제력과 잠재력을 갖춘 세계 10대 경제강국인 한국은 산업 금융 구조개혁을 통해 승자독식의 글로벌 디지털 시대에서 꿈과 희망을 찾아가야만 한다. 한국만이 지닌 무한한 잠재력으로 글로벌 시장에서 창의적인 선도자(First Mover)가 될 수 있는 길을 찾아나서야 한다.

물론, 주변 패권 국가인 미국, 중국, EU, 일본과 겨뤄 글로벌 시장을 선도하는 개척자가 되는 길은 쉽지는 않다. 코로나 팬데믹과 디지털 시대의 혁신적인 사고 체계의 변환, 원천기술에 대한 기초과학 분야의 과감한 투자, 자동차, 반도체, 배터리, 원전과 에너지, IT와 바이오, 의학과 기초과학, 전략 산업과 후진국형 노동 시장과 금융 구조개혁을 단행해야만 한다. 대통령과 청와대, 국회는 민간 영역에 대한 불필요한 규제와 감독, 간섭을 최소화해야 한다.

내로남불식 현 정권의 민낯

민주화와 산업화의 길을 열어놓은 자유민주주의와 시장경제의 가치와 철학을 송두리째 뒤엎고 얼치기 사회주의에 취한 세계관에 기반한 친중 사대, 종북 굴욕, 반일 종족주의, '내로남불(내가 하면 로맨스, 남이 하면 불륜)'의 무능한 문재인 대통령과 청와대, 더불어민주당의 집권세력은 국가의 통치 능력과 국민의 지지를 상실했다.

국정 통치 능력에서 한계가 드러난 민낯은 국제 정치의 현실에 둔감한 한반도 평화 프로세스에 대한 아집과 집착, 탈원전과 탄소 제로

선언, 부동산 정책 실패, 뒤늦은 백신 접종이라는 결과를 낳았다. 백신 집단면역의 영국, 이스라엘, 호주, 뉴질랜드와 미국과는 달리 K 방역 국수주의에 취한 총체적 무능이 만든 자가당착의 모습을 만들어냈다. 델타 변이바이러스가 대유행에 있고 어떻게 확산될 것인지에 대해서도 나날이 불확실성만 더해가고 있다.

현재 잘못된 구도는 한국 사회의 이곳저곳에서 쉽게 찾아볼 수 있다. 북한 비핵화와 인권 보호, 탈원전 정책과 탄소 중립 선언은 양립하기 어려운데도 정부는 전체주의 방향으로 가고 있다. 이 땅의 국정 최고통치권자, 인권변호사 출신의 문재인 대통령의 통치 행위의 혼돈스러움은 어디에서 출발하고 있는 것인가? 지성과 감성의 불일치, 자기 확신의 연민에서 연유한 것일까? 어디에서 출발하는지 모르겠지만, 이해하기 쉽지만은 않다.

진보 성향의 시민사회단체의 이성적 비판의 목소리는 사라지고 없지만, 차기 대통령 선거를 앞두고 현 정부의 집권 연장에 불만과 비판이 일어나고 있다. 정권 심판이라는 횃불은 점점 타오르고 있다. 국정 최고통치권자인 문재인 대통령의 자의적인 침묵은 계속되고 현 정부의 폭주에 대한 과정, 집권 연장의 논리적 근거와 구조에 대한 설명이 없다. 자의적 판단과 잦은 변명과 핑계의 요설만 난무할 뿐이다.

현 정부의 폭주에 잉태된 부동산값 폭등과 도덕적 해이는 국민의 분노를 증폭시켜서 분열과 혼돈 속으로 치닫게 하고 있다. 자유민주주의와 시장경제의 본질적 가치와 철학인 생존과 자유의 길을 상실케 하고 있다. 위대한 생존과 자유의 가치를 한 번도 경험하지 않은 불신의 원천으로 만들어가고 있다. 우리 모두를 미지의 험한 땅으로 내몰아가고 있다.

평창의 봄날 축제 분위기를 재연하고자 하는 한반도 평화 프로세스로 북한을 향한 무조건적인 내재적 접근은 북한의 2021년 7월 도쿄올림픽 불참 선언으로 냉가슴 앓듯 말도 하지 못하는 기막힌 형국을 만들어냈다.

미 민주당 하원의장 낸시 펠로시를 비롯한 자유민주주의 국가들의 정치인들과 인권단체들이 중국의 홍콩, 티베트, 신장 위구르 인권 탄압을 비난하며 2022년 2월 베이징 동계올림픽 참가에 보이콧 선언을 하였다. 차기 대통령 선거일인 2022년 3월 9일에서 한 달 앞두고 개최되는 2월 베이징 동계올림픽에 실낱같은 희망을 품고 기다리는 우스꽝스러운 형국이다.

중국의 형편없는 늑대 외교 공세에도 불구하고 시진핑 중국 국가주석의 방한에 집착하는 꼴불견 상황은 계속되었다. 바이든 정부의 전방위적인 미 · 중 패권 경쟁 전선 확대, 한미 정상회담을 통한 강한 결속을 다짐한 한미 동맹, 중국을 포위 압박하기 위한 미국의 인도·태평양 전략, 미국의 한국 쿼드 플러스 참여 요구 등은 이 땅의 생존과 자유의 험난한 여정을 예고한다.

문재인 대통령과 더불어민주당의 현 정부는 정치와 경제 권력을 내로남불식 유아독존으로 행사하는 데 익숙해져 가고 있다. 국정 최고통치권자인 대통령이 경제를 직접 챙기고자 할 때는 관련 분야 전문가, 학자, 교수, 청와대 참모, 장·차관 등의 관료와 경제인들과 격식 없이 대화해야 한다.

A4 용지에 잘 인쇄된 훈시를 하려거든 청와대 대변인을 통해 정제된 브리핑을 하면 될 것이다. TV 화면에 보도되는 국무회의와 청와대 수석보좌관 회의를 통해 A4 용지를 별 고민 없이 읽는 모습은 우스꽝스럽다. 각종 경제, 사회 특별대책에서 수많은 국민과 함께하는 곳에서도 별 의식 없이 창피한 줄도 모르고 이를 잘 받아적고 있는 장관들과 수석비서관, 참모들의 행태와 모습은 민망한 민낯이 아닐 수 없다. 글로벌 시장에서 무한 경쟁에 나서야 하는 경제인 초청자리에서도 똑같이 반복되는 상황을 창피하게 생각해야만 한다. 외국 정상회담에서조차 A4 용지에 시선을 고정하는 TV 화면은 우리를 슬프게 한다.

문재인 현 정권은 위대한 촛불 시민혁명과 민주화운동의 정신과 성취, 한강의 기적을 만들어낸 한국 사회를 송두리째 엉망진창, 뒤죽박죽으로 만들어가고 있다. 선조들의 숭고한 피와 땀으로 뒤범벅이 되었던 시절, 가난에서 탈출하고자 했던 민중의 꿈과 소망, 자존심을 망가뜨리는 행위와 전통적인 가족 해체, 보통 사람들의 삶을 파괴해가는 일반적인 정치 행위에 동조자, 방관자의 위치에 함께했던 행위를 진심으로 반성해야만 한다.

정치 권력의 이율배반적 행위를 감시해야 할 언론은 미천한 권력과 함께 민중을 현혹하고 그들의 위선적인 부도덕한 행위, 낯 뜨거운 꼴불견을 묵시적 방관과 침묵으로 일관했던 것을 역사는 기록하고 있다.

국민의 생명과 재산을 보호해야 하는 책임과 의무를 지닌 국군 최고통수권자인 대통령은 군의 삐뚤어진 성인지 감수성으로 벌어진 성추행 사건의 책임을 물어서 공군참모총장을 문책하여 사퇴시키고 문란한 병영 문화를 개선하라고 하달했다. 폐쇄된 남성우월주의 문화의 병영 문화가 대통령의 한 번 지시로 공군참모총장을 전역시키고 일거에 수십 명을 기소하는 행위가 올바르고 정의로운 것일까? 이 땅의 생존과 자유를 찾아가는 여정의 차원에서 묻지 않을 수 없다.

잘못된 군의 병영 문화를 바로 세우고 국가의 품격과 도덕성 회복을 위한 통치 행위를 천만번 이해하더라도 국정 최고통치권자의 군의 강성적 통치 행위는 정치 기만적인 위선 행위로 비난받아 마땅하다. 향후 합참의장, 육군, 해군참모총장과 해병대사령관의 보직은 어떻게 수행하게 할 것인가? 단 한 번의 지시로 근절되지 않을 군의 성추행, 성폭행 사안에 그때마다 사표를 받고 즉각 해임시킬 것인지 묻고 싶다.

인류 문명을 이룬 천부의 에너지이자 원동력이기도 한, 인간의 탐욕과 욕정을 신께서도 어찌할 수 없는데, 대통령의 위치에서 민중에게 기만이라는 술책을 부리면 절대 안 될 것이다.

연평도 포격과 천안함 폭침은 북한 정권의 실체를 증명한 것이고 여야, 진보/보수 정권을 떠나서 더 이상 정치적인 선전 선동, 술책, 위선의 정치를 하면 안 된다. **국가 안위와 국토 방위, 국민의 생명을 지키며 항상 존경과 사랑을 받아야만 하는 국민의 군대이기에, 하나밖에 없는 생명을 담보로 하는 군인이기에, 우리의 판단과 선택은 신중하게 행해져야만 한다.**

국민을 분노케 한 세월호 진상 규명! 세월호의 처음부터 끝까지 영원히 기억하게 될 것이다. 세월호의 비극을 바라보며 애써 침묵하고 동조하면서도 방관한 정치인, 한 번도 경험하지 못한 곳에서 살아가는 민중의 소박하고 순수한 꿈과 소망을 정치 정략적으로 이용만 하려는 정치세력의 기만적 위선 행위에 대해 2030 청년세대는 절망하고, 3040 중년세대는 좌절하고, 5060 장년세대는 분노하고, 6070 노년세대는 후회하고, 8090 노인세대는 한탄하고 있다.

문 정권은 불평등과 공정을 시정하고 정의를 내세워 '한 번도 경험하지 않은 새로운 나라와 시대를 만들겠다'고 선언해놓고 자신들의 무능과 무지, 엉터리 사회주의 정치를 실험하다가 이 땅의 위대한 산업화와 민주화의 이념과 가치, 성취를 송두리째 뒤엎고 엉망진창이 되게 만들고서는 변명과 핑계만을 대고 있다.

급속도로 진행되는 가족과 사회, 국가의 해체와 쇠락은 우리의 생존과 자유를 향한 삶에 대한 꿈과 소망을 잃게 한다. **세계 최하위 저출산, 초고속 고령화의 시대를 살아가야 하는 비극을 초래하고 있다. 한국 사회는 저출산과 초고속 고령화라는 국가적 위기를 맞고 있다. 저출산과 초고속 고령화는 교육, 국방, 경제, 외교, 안보 등 우리의 모든 것을 쓸어가버리는 쓰나미 현상을 예고한다.**

한국 사회의 미래는 무책임한 현 정부의 이중 잣대를 들이댄

경찰, 검찰, 국정원 개혁에만 있지는 않다. 국가와 민족의 미래를 향해 잠재력과 비전을 제시하고 이를 실천하는 자유민주주의와 시장경제의 가치와 철학을 통해 통찰의 시대를 만들어가는 데 있어야 한다. 이를 극복하기 위해서는 시대를 초월한 근본적인 변화와 개혁을 추진해야만 한다.

현 정부는 친중 사대, 종북 굴욕, 탈한미 동맹, 소득 주도 성장, 반일 토착왜구 프레임의 소아병적인 아전인수의 세계관이 지배하고 있다. 얼치기 사회주의 국가 주도 행태의 반자유민주주의와 시장경제의 가치와 철학에 함몰되어 있다. 자유 민주국가의 품격과 자유의지에 반(反)하는 어긋나는 정책, 인사, 행위에 갇혀서 한 발자국도 전진하지 못하는 슬프고 암울한 현실에 처해 있다.

무능, 무지, 무책임하면서 뻔뻔한 부도덕한 행위에 익숙한 현 집권세력의 실패한 국정 기조는 현재진행형이다. 현 정권의 어긋난 가치 철학의 부재를 자기변명으로 일관하는 행위는 대단히 위험하다. 초과 세수로 거둔 33조의 세금은 코로나 팬데믹 국가 지원금 형태로 차기 대통령 선거 매표 전략의 밑거름으로 쓰이는 뻔뻔한 행위로 거침없이 위세를 발휘한다.

델타 변이 바이러스 대유행에 뒤늦은 백신 접종, 정치 방역이 가져온 사회적 거리두기 4단계를 맞고 만 현 상황에서 황망하기 그지없는 심정에 국민의 분노는 극한으로 치솟고 있다.

부동산값 폭등과 LH 사태로 촉발된 민심 이반과 부동산 공시지가 인상, 각종 조세저항, 무분별한 대중 인기 영합 정책의 포퓰리즘 공약과 정치 프레임 생산 유포야말로 오늘날 한국의 슬프고 어두운 정치 현실이 아닐 수 없다.

행동하는 한국인이 되기

국제 정치에 있어서 한반도의 지정학적 위치는 이 땅의 생존과 자유의 길을 찾아가는 핵심 사항이다. **우리는 자유민주주의와 시장경제의 가치와 철학을 실천하여 국제 정치, 경제 현실에서 현실을 뛰어넘는 추월의 시대를 시작하는 선도자가 되어야만 한다. 우리가 정한 법칙, 이론, 논리, 표준을 세계가 따라오도록 만들어야 한다.**

이를 향해 시급하게 실천되어야 할 가치와 철학은 한미 동맹의 외교, 안보, 군사 분야를 뛰어넘어 전방위적인 교육, 문화, 경제 동맹으로까지 확대해야 한다. 이 땅의 혁명적인 시대의 파고를 넘어 변화를 향한 정치, 외교, 안보, 경제, 국방, 교육, 과학의 인식과 세계관의 변화 및 개혁, 그리고 올바른 민주주의와 역사 인식을 함양해야 한다.

아웅산 사태에서 순국하신 고(故) 함병춘 박사의 자제 함재봉 전 연세대 교수, 전 아산정책연구원 원장은 『한국사람 만들기』라는 방대한 집필을 통해 통찰하는 한국인의 정체성을 증명하였다. 이 책에서 현대 한국인에게는 다섯 종류의 정체성이 유전자에 흐르고 있다고 말한다. 조선 왕조 500년이 무너지고 새로운 나라 대한민국을 만들어가는 과정에서 다섯 가지의 대안이 존재했기 때문이라고 한다. 즉, '친중 위정척사파', '친일 개화파', '친미 기독교파', '친소 공산주의파' 그리고 '인종적 민족주의파' 이다.

한국 사람, 한국인이라는 호칭도 참 많다. 한민족, 재미교포, 재일교포 등과 고려인, 조선족, 탈북민, 새터민, 북한동포 등 남쪽 땅에 살아가는 이 땅 주인공들의 맘속에 있는 남한 사람, 한국인의 모습과 형체는 유목민의 DNA를 간직한 채 참 다양하고 독창적이기까지 하다. 우리는 위대한 한국인, 참다운 나 자신인 참 깨우침의 자신, 진아(眞我)를 찾아가는 길을 걸어가야 한다.

우리 선조는 7차례 몽골의 전면 침략에 삶이 생지옥과 같이 피폐해졌다. 무신 정권은 몽골에 항복했으나, 민중은 끈질기게 저항하여 국난극복이라는 위대한 역사를 만들었다. 부처의 힘으로 외적을 물리치기 위해 완성한 위대한 문화유산 팔만대장경은 현재 해인사의 대장각에 보존되어 있다. 그뿐인가. 중국에 철저한 사대를 했던 조선시대를 거쳐, 일본 제국주의와 36년간의 식민 통치시대에서 크나큰 고초를 겪었으며, 해방과 정부 수립과 분단, 동족상잔의 비극인 6·25 한국전쟁, 미소 신탁통치, 이승만의 한미 상호방위조약과 한미 동맹을 거쳐 지금의 눈부신 경제적 성장과 번영을 이룬 나라가 바로 지금의 한국이다.

특히 미국, 일본, 중국, 러시아라는 초강대국들에 의해 국가의 운명이 풍전등화와 같이 절체절명의 어려움에 처했지만, 극복해서 일어난 나라는 전 세계에서 대한민국이 유일하다.

박정희의 독재와 산업화, 전두환의 군사독재와 탄압, 1988 서울올림픽 성공 개최, 역사에 빛나는 위대한 광주 민주화운동, 북방외교의 노태우와 1987 민주화 체제를 만든 김영삼-김대중의 민주화, 차별 없는 보통 사람들의 시대를 연 노무현을 거친 이 땅은 IMF 금융 위기와 2008년 미국 금융 위기를 딛고 민중의 촛불혁명으로 정권을 교체하기까지 했으며, 코로나 팬데믹과 열

전(熱戰)의 미 · 중 패권 경쟁, 디지털 시대의 승자독식의 글로벌 무한경쟁의 중심에 서 있기까지 하다. 오죽하면 '한국인은 국난 극복이 취미이자 특기인 민족' 이라는 말까지 나왔을까. 우리나라는 이런 험난한 과정을 거치면서 한국으로, 한국인으로 서서히 형성되어 갔다.

무엇보다 남북 화해와 평화를 위해 기도하고 실천하는 것이야말로 한국인의 삶의 본질일 것이다. 분단을 극복해야만 대한민국의 정체성이 바로 세워질 것이다. 악덕과 타락의 도시인 소돔과 고모라를 멸(滅)하고자 하시는 하나님께서 유대의 족장 아브라함이라는 의인(義人) 한 사람의 기도에 응답해서 죄(罪)를 사(赦)하여 주신다고 하셨는데도, 의인을 찾아내지 못한 소돔과 고모라는 하나님의 분노에 의해 불로써 단죄됐다.

남북이 분단되면서 이념과 체제가 달라 생존과 자유를 향한 우리들의 여정은 험난하기만 하다. **국가정보원의 대공수사권이 경찰로 이관되는 것은 현명한 일도 지혜로운 일도 결단코 아닐 것이다. 국가 지도자의 판단과 선택을 이해하고 존중한다고 해도 보통 사람들의 상식을 벗어나는 행위에 대해서는 끊임없이 비판하며 행동하기를 멈추어서는 절대 안 된다.**

차기 대통령 선거, 그 대장정의 시작

민주주의를 위협하는 퇴행적이고 배타적인 민족주의 성향의 현 정부에 대결하는 이 땅의 위대한 선택, 차기 대통령 선거가 다가오고 있다. 한반도의 생존과 자유를 지키려면 자유민주주의와 시장경제의 가치와 철학을 실행하는 연합 민주세력의 힘이 필요하다.

차기 대권주자들은 한국의 미래를 이야기하기보다는 스스로 이해하고 있는지도 애매모호하고, 실천하기도, 정의($定意$, Definition)하기도 힘든 대중인기 영합의 공정($公正$), 정의($正義$), 불평등, 복지 이야기에 몰두하고 우스꽝스러운 내로남불의 경쟁을 하고 있다.

천문학적인 재원을 어떻게 마련할 것인지, 그 재원은 어디서, 어떻게, 누가 벌 것인지에 대해서는 도무지 알 수가 없다. 여야, 진보 보수를 떠나 기업인을 범죄자 보듯하고 매일 TV 화면에 등장하는 형사 처벌이 당연시되는 바보들의 행진에 몰입해 있는 듯한 검찰의 등장은 정치, 경제, 문화 후진국의 일상과 다름없다.

국회는 일반적인 경제 기업 행위를 제재하고 압박하는 법을 쏟아내고 노동시장의 유연성과 잠재력에 대해서는 논의조차도

하지 않는다. 불타는 의지로 경제 부흥을 일으켜 이 자리까지 올라왔는데 어떻게 약속했던 정의와 공정을 이루며, 일자리를 창출해내고, 불평등을 해소하겠다는 것인지 도무지 알 수가 없다.

1987 민주화 체제를 뛰어넘어 코로나 팬데믹과 디지털 시대에 우뚝서는 혁명적인 개혁의 실천은 차기 대통령 선거 과정에서부터 시작되어야만 한다. 차기 대통령 선거에서 후보들은 한반도의 생존과 자유를 찾아가는 총체적인 여정과 철학을 뒷받침할 역할과 정책을 내놓고 국민의 선택을 받아야 한다.

현행 헌법은 5년 단임 직선제 대통령 중심제로 국회의원 소선거구제 및 광역, 기초 자치단체의 선거법이 제정된 후 단 한 번도 개정되지 않았다. 그러나 코로나 팬데믹, 승자독식의 글로벌 디지털 시대에서 한국 사회는 국민소득 4만 불, 남북이 하나가 되는 통일시대를 위해 권력 분점과 통합을 이루는 헌법 개정을 만들어가야 한다.

우리는 생존과 자유를 찾기 위한 위대한 길을 향해 전진하는 중이다. 그러나 세계 10대 경제 강국의 대한민국은 민중이 지지하고 동의했던 엉터리 사회주의와 저출산과 초고속 고령화의 시대를 맞이하면서 가족이 해체되고 대학과 사회가 송두리째 무너지고 있고, 자유민주주의와 시장경제의 가치와 철학이 무너져 국가 안보가 뿌리째 뽑혀나가는 경험을 하고 있다.

자유민주주의와 시장경제의 자부심 강한 한(恨) 많고 정(精) 많은, 인성(仁性)과 감성(感性)이 풍부한 호남 사람들의 깨우친 의식과 반독재 민주화 투쟁에 함께했던 행동하는 양심의 실천이 살아 있어야 한다. 곡창지대 호남과 성웅 이순신 장군의 혼연일체의 존재감이 임진왜란에서 승리를 만들어낸 것을 기억해야 한다.

오늘날 우리 사회는 심각한 대립과 반목이 여전하다. '토착왜구, 빨갱이' 와 같은 말로 한쪽을 몰아세우고 있고, 남북을 둘러싼 이데올로기 전쟁이 계속되고 있다. 자유민주주의와 시장경제의 회복을 위해 탈한미 동맹, 반일 토착왜구 프레임과 친중 사대, 종북 굴욕의 아집과 집착에서 벗어나야 한다.

필자는 고(故) 김대중 전 대통령과 함께 광주 민주화운동을 하며 위대한 민주화 역사를 만들어냈다. 내 고향 호남 사람들이 다시 일어나서 자기반성과 깨우침을 통해 현 정부의 폭주와 오만을 심판해야 할 때다. 보통 사람들을 살아 숨 쉬게 하는 꿈과 소망에 관해서 이야기할 수 있도록 해야 한다.

김대중 대통령에 의해 개칭된 국가정보원의 원훈(院訓)을 문재인 대통령은 국가보안법을 위반하여 20년간 장기 복역한 진보

좌파 성공회대 교수 출신의 고(故) 신영복 서체로 바꾸었다. 소주 브랜드 '처음처럼' 과 '사람이 먼저다' 라는 대선 슬로건이 신형복체. 평소 문재인 대통령이 좋아한다는 신영복은 통일혁명당 사건으로 1968년 무기징역을 선고받고 20년 복역 후 전향서를 쓰고 가석방된 사람이다. 간첩 혐의로 장기 복역한 사람의 글씨체를 간첩 잡는 국정원의 원훈으로 쓰다니, 부조리함과 자기모순의 극치라고 볼 수 있다. 국가정보원 원훈석의 서체를 군이 말도 많고 탈도 많은 신영복의 서체로 교체한 것은 존재 이유가 불분명하고 시의적절한 조치도 아닌 것은 분명하다. 자유민주주의 대한민국을 수호하며 국가 안보를 책임지고, 대한민국의 정체성을 드러내야 하는 국가정보원의 존재 가치는 이 땅의 영혼과 육체의 숭고한 정신과 철학이어야 한다.

인간의 지극한 욕망과 탐욕은 문명 진화 과정에서 막대한 에너지를 제공한다. 일반적인 국민과의 대화 수준에도 못 미치고, 민망할 정도로 대화조차도 제대로 못하는 문어체와 구어체의 구분도 안 되는 정치인은 자의든 타의든, 이 시대는 그들의 퇴장을 가속할 것이다. 이들의 잘못된 위장 행위를 정당화시키는 일상을 보도하는 언론인들의 자성과 대오각성(大悟覺醒)이 절실히 요구된다. 새로운 통찰력으로 추월의 시대를 잉태하여 전진해 나가야 한다.

불가의 스님은 대부분 무(無)를 화두(話頭)로 삼아 "개한테도 불성(佛性)이 있는가?"에 대해서 늘 묵상기도, 묵언수행을 하며 죽을 때까지 공부하고 용맹정진의 수행을 한다. **늘 깨어 있는 이 땅의 주인이 되기 위해서 우리가 당장 해야 할 일은 일상에서 깨어 있는 것이다. 종교의 수행자분들의 자세를 본받고 실천하는 노력을 해야 한다.**

전쟁과 침략의 역사는 지정학적 동질성과 이질성에서 발생한다. 현재 우리의 동맹과 지원 협력국가, 적국과 가상적국들을 구분조차 하지 못하는 현 정부를 심판하고 응징해야만 한다. 국민의 냉혹한 판단에도 불구하고 국민의힘과 국민의당은 자신들만의 이익 추구에만 나서는 무능하고 무질서한 혼돈을 떨쳐버리고 분연히 일어서야 한다.

국민의힘 이준석 당대표는 이 땅의 2030 세대를 대표해서 시행착오라는 실수와 잘못, 실패를 두려워하지 말고 미래를 향해 패기 있고 용기 있는 정치를 해야 한다. 보통 사람들의 응원과 격려, 채찍과 비판을 품고 꿈과 소망의 정치를 선보여야 한다.

진보/보수 정치를 떠나서 미숙한 퇴행 정치인들은 자진 퇴장해야만 한다. 보통 사람들의 행동하는 양심의 실천 행위로 당연하다는 듯이 퇴출로 진행될 것이다. 젊은 이준석의 등장이 가져오는 새로운 물결과 함께 여야, 진보/보수를 떠나서 미래를 향해 뜨겁게 전진해야 한다.

차기 대통령 선거의 대장정이 시작됐다. 차기 대통령 선거에서는 더불어민주당의 집권 연장을 저지하고 범국민 연합 민주세력의 단일 후보를 만들어내야 한다. 차기 범국민 연합 민주세력의 집권 양해각서(MOU)를 국민과 함께 연합 민주세력의 공동의 힘으로 만들어내는 일은 이 땅의 생존과 자유를 찾아가는 고귀한 여정이다. 이 땅의 주인인 보통 사람들의 양심 있는 실천 행위는 바로 귀중한 한 표의 가치 있는 행사이다.

2장

차기 대통령에게 필요한
국가운영능력

차기 정부의 출범과 함께 선출될 대통령과 집권세력이

해야 할 첫 번째 과제는 국민의 존경과 사랑을 얻는 길이다.

국민으로부터 위임받은 권력에 대한 무한 반성과 회개의

일상 안에서 늘 묵상하고 국가와 국민의 충성스러운

종복임을 자각해야만 한다.

정치, 사회, 교육, 경제의 법 질서를 개선하고 회복하기 위한

권력 행사는 자유민주주의와 시장경제의

가치와 철학에 따른 독창성 있는 개성이 존중되는 자율을

최대한으로 보장해주어야 한다.

전관예우는 전관비리다

대한민국이 혼돈스럽다. 위대한 대한민국의 민주주의와 시장 경제의 가치와 철학, 품격이 추락하고 있다. 6 · 10 민주 항쟁은 시민의 힘으로 군부 독재를 타파하고 대통령 직선제 개헌을 쟁취함으로써 역사에 커다란 획을 그었다.

5년 단임 대통령제는 대통령의 교육, 철학, 종교, 사고, 경험, 정치 성향과 가족 등 개인의 성향과 일상 행위가 권력에 지대한 영향을 미친다. 이제는 87년 민주화 체제를 대신할 새로운 개혁에 나서야 한다.

촛불 혁명으로 탄생한 문재인 정부의 무능과 무책임, 내로남불의 통치 행위, 적폐 청산과 검찰 개혁, 부동산값 폭등, LH 투기까지 모든 국면에서 국민은 실망하고 분노하고 있다. 부동산값 폭등과 LH 사태에서 청와대 정책실장, 수석, 장관과 국회의원 등 한국 사회의 민낯이 드러났다.

검찰총장 출신의 윤석열과 판사 출신 감사원장의 최재형이 유력 대권주자 반열에 올랐다. 검찰 특수부(옛 중앙수사부), 고위직 검사 출신과 법관들의 전관예우와 같이 상상을 초월하는 여러 가지 형태의 사례가 검찰과 사법 개혁의 당위성을 증거하고 있다.

삼성 이재용 부회장 검찰 수사와 재판에서 검찰 특수부, 고위 법관 출신 변호사들이 특별한 전관예우를 받고 있다. 주요 기업인들 수사에서 나타난 관습에 새로운 권력기관의 근원적, 혁명적인 개혁의 당위성을 갖게 한다. 삼성 이재용 부회장과 재벌들의 검찰 수사와 재판 과정에서 고위직 검사, 판사들의 전관예우에 드는 비용은 일반인이 평생 벌 수 있는 금액을 초월한다.

대형 로펌의 체계화된 공동 변호 자문 업무를 수행하지도 않은 개인 변호사로 개업 후 단기간 수임료로 한남더힐, 타워팰리스, 압구정동 현대아파트, 삼성동 아이파크, 유엔빌리지의 대형 평수를 거침없이 구매하여 한국 최상류층 생활을 하는 것을 보통의 상식으로 이해하기는 쉽지 않다. 보통 사람의 상식으로 이해하기 쉽지 않은 판검사 출신의 전관예우는 한국의 미래를 절망케 하는 개혁의 출발점이 되어 버렸다.

이 땅의 2030~3040 세대의 분노는 극한으로 치솟고, 4050~5060 세대의 분노는 울분과 자괴 속에, 6070~7080 세대의 분노는 후회와 한탄에 빠졌다. 차기 대통령과 집권세력은 각각 진영이 요구하는 신 권력기관의 정체성과 견제와 감독, 인사 및 운영에 있어서 헌법 정신과 철학, 위임 권한을 국가와 국민을 위해 문재인 정부의 공과를 분석하고 판단하여 새로운 국정 과제를 제시하고 실천적인 개혁을 해야만 한다.

 문재인 대통령과 청와대 더불어민주당의 집권세력은 대한민국의 대통령과 가족, 친인척, 청와대 주요 인사들을 상시 감찰하고 감독하는 청와대의 특별감찰관 기능을 벗어던진 지 오래다. 국민과 언론의 무수한 상시 비판에도 불구하고 문재인 대통령과 현 정부는 국회 탓만 하면서 귀를 닫고 모르쇠로 일관하고 있다.

 그러나 작금의 코로나 팬데믹, 디지털 시대에서 권력기관의 개혁은 혁명적이어야 한다. 현 정부는 일상의 내로남불, 후안무치(厚顔無恥), 아시타비(我是他非)와 같은 사자성어로 표현할 수 있다. 사회적 약자를 보호하는 데 무한 책임을 갖고 더불어 살아가야 하지만, 현 정부는 내 편 네 편 가르기에 빠져 촛불 혁명의 실천의지를 내팽개쳤다.

 자신들의 권력 유지를 향해 선전, 선동 전술의 하위 선악 개념을 가지고 순진한 얼굴로 착한 코스프레를 하고 있다. 자신들의 신(新) 적폐 행위는 나날이 쌓여 가는데도 현 정부의 치부만을 덮고 어렵게 얻은 권력을 유지하고자 '묻지마' 식 일방통행 우민(牛民) 통치방식에 몰두하여 자유민주주의와 시장경제의 체제를 송두리째 망가뜨리고 있다.

현 정부는 국가적 주요 사안에 대해서는 이 땅의 보통 사람들의 문제 인식에도 미치지 못한 듯한 정돈되지 않은 철학과 지성의 결핍을 보여주었다. 제대로 된 기자회견 없이 참모들이 만들어주는 잘 짜인 기획 행사의 주연 배우 역할에 충실한 대통령의 행위만으로 국정을 이끄는 것이 한계에 봉착한 듯 보인다.

국정 주요 현안들에 대해 자신의 솔직한 생각을 이야기하는 행위를 늘 회피하고 침묵으로 일관하고 있다. A4 용지에 잘 인쇄된 답변을 유체이탈 화법으로, 때로는 선문답 행태로, 보통 사람들의 생각과도 동떨어진 참모들이 작성한 답변 원고를 실수 없이 읽는 행위에 매우 익숙한 듯하다. TV 화면을 통해 여과 없이 전달되는 뜬금없는 동문서답을 접하는 일은 결코 우연이 아니다.

국정 최고통치권자, 이 땅의 위대한 대통령의 권위와 위엄, 품격이 사라지고 없다. 해외 정상들과의 만남, 공동 기자회견, 기업체 방문과 산업현장 시찰에서 예견되지 않은 말과 행위들에서 문재인 대통령의 각종 국내·외 현안들에 대한 공감 능력과 상황 인식, 지적 능력이 크게 미치지 못한 듯한 상황들이 빈번하게 노출되고 있다. 대한민국의 안방 구석구석까지 그대로 전달되는 안타까운 현상이 계속 이어지고 있다.

트럼프 전 미 대통령, 마크롱 프랑스 대통령, 메르켈 독일 총리와 회담 후 기자회견에서 기자들 질문에 동문서답을 해서 주변을 당혹하게 하는 장면을 만들어내기도 했다. 노회한 독재자, 러시아 푸틴, 시진핑의 중국공산당이 일본 재무장을 헌법개정의 기치로 내건 아베 전 일본 총리와 단독 회담에서 준비된 A4 용지에 충실한 문재인 대통령의 민망한 모습을 접하곤 했다. 트럼프 전 미 대통령, 마크롱 프랑스 대통령이 답변을 대신하기도 하는 모습들이 TV로 생중계되기도 했다.

독일 방문에서 현지 기자의 북한 비핵화 질문에 동문서답을 계속하다가 동석한 김동연 전 경제부총리의 현장 귓속말에 화들짝 놀라서 당황하며 혼비백산했던 광경은 TV를 통해 전 세계에 그대로 노출됐다. 말실수를 줄이려면 자료에 의지하는 게 나을 수 있다. 그러나 정상 간의 짧은 회담에서도 자신의 발언을 소화해서 제대로 발언하지 못하는 것은 지도자의 자질을 의심케 한다.

준비되지 않은 국정 최고통치권자, 헛된 관념의 철학이 만들어내는 아마추어식 국정 운영, 이 땅의 생존과 자유의 길을 찾아가는 여정에 반하는 이중 잣대식 권력기관 운영, 사회주의형 통치 방식에 함몰된 엉터리 대통령을 선출하면 안 된다. 이 땅의 멋진 대통령과 국민이 만들어내는 새로운 권력기관은 국민을 편안하게 하고 강한 대한민국을 만들어가는 출발이 되어야만 한다.

현 정부는 광화문 광장의 촛불 혁명과 적폐 청산이라는 국민의 간절한 소망을 깡그리 망각하고 일말의 양심의 가책도 없이 기존 질서를 뒤엎는 행위로 무책임하게 비민주적 양심으로 몰두하고 있다. 그들만의 정치적 일정과 집권 연장만을 위해 사력을 다하며 무질서한 광란의 질주가 일상이다. 친문 세력을 대표하지 않은 이방인인 비주류 이재명 경기도지사의 독보적인 질주는 문재인 대통령과 더불어민주당의 주류 집권세력과 열혈 친문 지지자를 경악하게 만든다.

미국과 중국 사이에서 중심잡기

트럼프 전 대통령의 미국 우선주의, 바이든 현 대통령의 미국 귀환 선언, 미·중 패권 경쟁, 코로나 팬데믹은 예측불허한 세상을 혁명적으로 변화시키고 있다. 굳건한 한미 동맹의 결속을 과시함에도 불구하고 한미 동맹, 북한 비핵화, 자유민주주의와 시장경제의 가치와 철학, 인권, 언론과 표현의 자유에 대한 기본적 인식과 행동 방식에 적지 않은 갈등과 의견 차이를 드러내고 있다.

미국의 바이든 정부는 한미 방위비 협상 체결 후 미국의 인도 · 태평양 전략에 쿼드 동맹국의 책임과 의무적 참여를 요구하고 있다. 미 국무 국방장관의 쿼드 참가국 순환 방문에서 한미 2+2 회담은 한미 동맹의 가치와 철학, 북한 비핵화, 전시작전권 조기 이양과 미 · 중 패권 경쟁, 미국의 인도 · 태평양 전략과 쿼드에 적지 않은 파열음을 냈다.

런던에서 열린 서방 경제 선진국 G7 정상회담에 G10 국가 인도, 호주, 남아프리카공화국, 한국의 참석에 앞서서 중국 왕이 외교부장과 외교부 정의용 장관의 전화 통화가 공개되면서 무례하고 오만한 중국의 시각과 우리의 친중사대 행태가 드러나 국민은 분노하였다. 중국이 미국의 인도 · 태평양 전략을 정면 비판하며 미국의 편향된 장단에 휩쓸려선 안 된다며 한국의 처신에 대해 거론했기 때문이다.

한 · 미 · 일 안보실장의 북한 비핵화 정책 회의가 미국에서 진행되는 시점에 첨예한 미 · 중 패권 경쟁의 사안의 상징인 대만을 마주보는 중국 복건성 샤먼에서 중국 왕이 외교부장과 외교부 정의용 장관의 행위는 탈한미 동맹의 실체를 증거하는 명백한 사례라고 볼 수 있다. 회담에 가서 처신을 잘하라며 군기를 잡고, 한국을 중국의 속국으로 취급하는 것과 같다.

한미 동맹의 현실적 대응과 의미를 누구보다도 잘 아는 정의용 외무장관의 발언은 비난받아 마땅하다. 심화하는 미·중 갈등 국면에서 현 정권은 중심을 잡지 못하고 이리저리 휘둘리고 있다. 집권 내내 공통되고 일관된 사유와 철학으로 휘둘리고 있다.

시진핑의 중국공산당은 중화사상의 미몽에서 깨어나지 못하고 중화사상의 미친 패권 전략 실행에 심취해 있다. 중국몽과 일대일로의 중국은 한미 동맹의 약화를 획책하고 패권적 회유와 압박을 계속하고 있다. 국제사회의 보편타당한 신뢰와 비전을 내팽개치고 자신들의 정치적 판단의 선택과 상응하는 패권적 역할, 늑대처럼 힘을 과시하는 중국식 '전랑(戰狼) 외교'에 전력투구하고 있다.

중국공산당은 미·중 패권 경쟁, 대만해협과 남중국해에서 미국과 서방 자유 진영이 취하는 항행의 자유작전(FONOP), 호주·인도·EU와 영국 간 큰 갈등과 대립, 고립과 차단의 격렬한 파고에서 벗어날 전랑 외교의 패권적 행태를 보인다. 패권적 중화사상의 중국몽, 신실크로드 일대일로(一帶一路) 정책은 중공 3대 왕조(장쩌민·후진타오·시진핑)의 브레인이자 3대 왕조의 책사인 왕후닝의 강한 중국, 강한 공산당의 당과 정부, 국가 책략에서 출발한다.

왕후닝은 중국공산당 정치국 상무위원(전 중국 상해 푸단대 교수, 전 중국공산당 정책위원회 주임)으로 중국을 매료시키는 전략을 내놓아 중국공산당의 제갈공명이라고 불린다. 중국을 중심에 두고, 당과 국가의 영도력을 근간으로 하여 강한 국가와 강한 당의 존재를 앞세우는 중국공산당에 적합한 권위주의적 정치체계, 휘둘리지 않는 당과 국가의 존재를 핵심 가치로 본다. 중국 문명과 역사와 문화는 위대하고 중국인은 그 안에서 과거, 현재, 미래를 살아가고 있다. 이러한 사유의 뿌리에는 중국 전통이 있으며, 이 전통을 기반으로 현 중국 국정에 적합한 논리를 정교하게 다듬은 것이다.

영국과의 아편전쟁 패배에서 시작된 굴욕과 치욕의 지난 100년의 역사를 시진핑의 중국공산당과 중국인은 잊을 수가 없을 것이다. 마거릿 대처 전 영국 총리의 강한 반대를 뒤로하고 중국 개혁·개방의 설계자 등소평은 홍콩 반환협정을 일국양제(一國兩制) 체제로 홍콩을 향후 100년 동안 현 자본주의 시장경제와 민주적 통치를 약속하면서 반환에 성공했다.

중국 개혁·개방의 선구자, 시대의 거인, 불세출의 영웅 덩샤오핑의 도광양회(韜光養晦: 자신을 드러내지 않고 때를 기다리며 실력을 기른다는 뜻), 장엄하고 품격 있는 유언은 죽은 후 자신을 화장한 유골을 홍콩 앞바다에 뿌려서 치욕의 중국과 중국인의 역사를 꿈과 소망의 미래로 향하게 했다.

한편으로는 덩샤오핑의 중화사상이 뿌리내린 생존 전략은 천안문 광장의 중국 민주화 물결을 인민해방군의 총칼, 탱크로 강경 진압하고 민주화운동과 천부의 인권을 지속적으로 탄압하는 에너지로 공급하기도 하였다.

민주화운동 탄압은 시진핑의 중국공산당 정부에서 광범위하게 자행되었고 홍콩, 티베트, 신장 위구르에서 실시된 강도 높은 탄압은 영국 BBC를 통해 전 세계에 보도되었다. 홍콩의 일국양제의 통치, 반환 시 약속을 시진핑의 중국공산당은 송두리째 뒤엎고 자유민주주의 우산 혁명을 무력으로 진압했다.

금년 중국의 양회(전국인민대표회의와 전국인민정치협상회의)가 베이징에서 개막했다. 매년 정기적으로 개최하여 중국의 정치적 안정성을 상징적으로 보여주고 있다. 이번 양회에서 2021년 7월 1일 중국공산당 창당 100주년 행사에서 중국공산당은 인민이 잘살 수 있는 샤오캉(小康) 사회건설 완성과 세계 패권 전략을 공공히 하는 선언을 했다.

미국 의회와 공화당 트럼프 대통령부터 바이든 정부는 닉슨과 헨리 키신저, 마오쩌둥과 저우언라이가 미·중 수교 시의 약속 '하나의 중국' 원칙을 폐기하고 대만과 외교관계를 격상하고 준수교단계를 만들어가고자 했다.

미 의회는 대만을 중국으로부터 방어하기 위한 결의안을 제정했고 미 국무부와 국방부는 대만 방어 특별 레드라인을 설정했다. 미·중 패권 경쟁의 책략에서 홍콩, 티베트, 신장 위구르, 동북 3성(만주), 대만해협, 북한 비핵화와 항행의 자유작전에 있는 남중국해와 서해의 지정학적 가치와 현안들은 복잡다단하게 심층적으로 연결되어 있다.

페르시아만과 오만만을 잇는 호르무즈해협, 인도양과 말라카, 필리핀, 대한해협의 석유와 수출입 해양수송로 장악과 봉쇄 작전이 진행되었다. 아세안과 인도, 스리랑카, 파키스탄, 중앙아시아 이슬람 국가들과의 경제, 군사, 종교, 국경 분쟁은 중국의 세계 패권 전략 수행에 있어서 맞닥뜨리는 1차적 중점 요인들을 제공한다.

중국과 남북한이 공유하는 군사적 요충지, 서해에서 스텔스 기능을 갖춘 미 함정과 핵잠수함의 항행은 매우 의미 있는 역할을 한다. 한반도와 대만해협과 남중국해의 예측불허의 군사적 충돌까지 예상되는 미·중 패권 경쟁의 관계는 한층 복잡하고 미묘하다.

공산주의 종주국 러시아의 긴 국경선과 노회한 독재자 푸틴의 존재는 결코 단순하지 않다. 미국은 중국 포위 압박, 고립 차단의 격리 차원에서 러시아와 견제 및 협력의 역할을 만들어가고 있다.

중국과 국경을 맞대고 있는 대부분의 국가는 중국의 패권을 우려하며 늘 불신 가득한 시선을 보내고 있다. 중화권 경제에 생명줄이 깊게 얽혀 있는 아세안과 주변 작은 국가들의 불안감은 상상을 초월한다.

이 시대에 필요한 차기 대권주자의 자질

우리는 코로나 팬데믹과 디지털 시대가 요구하는 정치, 경제, 역사, 문화의 정체성을 확립해야 한다. **한미 동맹의 책임과 의무를 다하고 강한 힘을 갖고 국제사회의 새로운 질서에 당당하게 나서야 한다. 그 누구도 코로나 팬데믹과 디지털 시대가 요구하는 것을 제대로 알지는 못한다.**

코로나 팬데믹과 디지털 시대가 만들어가는 초월 시대에 비민주, 비상식과 오만의 정치는 비판받고 이 땅의 준엄한 심판이 주어질 것이다. 항상 역사는 기록되고 평가되고 잘못된 역사는 반복되었다. 이 땅의 야권 세력과 대다수 언론은 현 정부의 폭주에 안주하고 동참하는 일상의 우(遇)를 범하고 있다.

현 집권세력의 잘못된 정치를 멈추기 위해서는 차기 대통령 선거에서 야당 민주연합정권을 세우는 것이다. 현실 야권세력의 중심인 국민의힘은 분노한 국민들의 정권 심판론에 힘입어서 고(故) 박원순, 오거돈 전 부산시장의 성추행 사건으로 치룬 서울시장, 부산시장 선거에서 미덥지 않은 오세훈, 박형준 당선의 파격적인 승리를 얻어냈다.

차기 정권에 대한 국민의힘에 대한 기대와 희망인 '정권 심판론'이 혜성처럼 등장했다. 지난 대통령 선거에 출마했고 차기 대통령 출마를 선언한 국민의힘 홍준표, 유승민, 제주지사 원희룡, 이번 서울시장 선거에 출마하고 오세훈 당선에 일익을 담당했던 국민의당 안철수에 대한 기대와 희망은 사라지고 없다. 그들의 등장은 짜증스럽고 국민 밉상의 이미지만 더해지고 있을 뿐이다. 야권 민주연합 세력의 정권 획득에 걸림돌이 되고 장애물로 인식되고 있다.

국민의힘은 젊고 강건한 육체와 심신의 꿈과 희망을 줄 수 있는 멋진 지도자를 만들어가야 한다. 젊은 패기의 이준석의 등장은 시대를 준비하는 이 땅의 외침이고 함성이다. 제3지대 야권 젊은 후보와 함께 야권 민주연합정부를 구현하려는 국민의 열망에 국민의힘은 강한 실천 의지와 진지한 노력으로 화답해야만 한다.

현실에서 국민의힘을 당장 대체할 세력은 쉽게 만들 수 없다. 제3지대 야권 후보가 거대 여당의 광란의 질주를 막아낼 힘과 역량을 하루아침에 체계적으로 성취하기는 더욱 쉽지 않다.

현 정부의 절대 지지 기반인 호남과 수도권의 호남인들과 중도층을 대변하는 새로운 제3지대 후보 출현이 가능한 현실이고 그리될 수 있는 상황은 점점 무르익어 가고 있다. 다른 한편으로 결코 쉽지만은 않은 현실적 제약과 이 땅의 대통령 선거에서 늘 경험하는 51:49 정치 공학적인 험난한 환경이 만만치가 않은 것은 분명한 사실이다. 새로운 후보는 문재인 대통령과 더불어민주당의 반자유민주주의와 시장경제 철학과 가치관에 반대하는 더불어민주당의 분리 세력이 될 수도 있다.

호남과, 수도권의 중도층과 호남 사람들은 무능하고 부도덕한 뻔뻔한 현 정부의 폭주에 반대하는 감성과 이성적인 분노로 차기 집권을 향한 열망을 표시해야 할 것이다. **차기 집권세력은 왜**

집권해야 하는지에 대한 국정 철학적 과제와 어젠다를 제시하고 국민의 냉엄한 판단을 직접 받아야만 한다.

현 정부의 집권 연장을 저지시키고 새로운 시대를 열어가는 핵심사안은 정권 교체에 있다는 명백한 사실을 잊어서는 안 된다. 일본 제국주의 침탈의 역사를 항상 잊지 않고 우리의 무능을 반성하고 굳은 각오로 다시는 후손들에게 치욕의 역사를 물려주지 않겠다는 신념의 정치를 해야 한다.

현 정부가 자행했던 탈한미 동맹, 탈원전, 소득 주도 성장, 친중 사대, 종북 굴욕과 K-국뽕 방역과 뒤늦은 백신 접종 등 국내 정치의 정략적 프레임의 반일 종족주의, 토착왜구 프레임의 저질 3류 정치를 다시는 해서는 안 된다.

김정은의 조선로동당 규약 개정을 단독 보도한 한겨레신문 기사를 두고 현 정부는 국가보안법 폐지에 동참하였다. 김일성, 김정일, 김정은 북한 3대 세습체제를 뒷받침하는 그들의 거짓과 위선을 믿고 국내·외 비난과 조소에도 아랑곳하지 않은 채 북한의 평화 공세를 믿고 UN 안보리와 미국의 제재와 압박을 완화하는 행위에 일관하고 있다.

현 정부의 얼빠진 행위를 무턱대고 비난할 수만도 없다. 한편으로는 오늘의 그들이 있게 한 것도, 이런 허무맹랑한 일들이 계속되고 있는 것도 모두 이 땅의 굳건한 생존과 자유를 소망했던 이 땅 위에 살아가는 사람들의 판단과 선택의 결과가 만든 행위로 귀착되기 때문이다.

한반도를 둘러싼 국제 정치의 현실을 엄정하게 인식하고 구한말의 무능한 역사의 발자취를 걸어가서는 절대 안 될 것이다. 자유민주주의와 시장경제의 가치와 철학을 통해 만들어지는 질서를, 행동하는 양심을 회복해야만 한다. 일반적인 막연한 정권 심판론에 힘입어서 차기 대통령 선거를 지난 서울시장, 부산시장 선거와 동일시하면 안 된다.

국민의힘 오세훈과 박형준 시장이 능력 있고 훌륭한 사람이라서 뽑아준 것이 절대 아니다. 현 집권세력이 싫고 정권을 교체하고자 하는 국민의 열망이 가득해서 그들의 정권을 심판한 것이다. 더불어민주당의 집권세력을 심판하고 정권을 획득하고자 하는 모든 사람과 국민의힘과 야권 정치세력은 현실을 분명히 인식하고 야권 민주연합정부를 쟁취하기 위해 치열하게 준비해야 한다.

차기 정권 교체를 위해서는 현 정부의 최악의 정권 연장을 저지하고 번영과 통일을 만들어낼 수 있는 범국민 민주연합정권이 필요하다. 현 정부의 집권 연장을 저지하고 새로운 시대를 만드는 것이야말로 이 땅의 생존과 자유의 길을 찾아가는 국가 개혁의 출발점이다.

우리의 대통령과 국회의원 선거제도는 거대 양당이 독식하는 구조이다. 미국의 4년 중임의 대통령제, 내각책임제 국가의 영국, 독일, 일본과 다르고 대통령 결선 투표제를 선택한 프랑스와도 다르다. 우리가 독일의 메르켈 총리와 프랑스의 마크롱 대통령 같은 지도자를 선택하기 어려운 이유이다.

새로운 정권을 창출하는 데서 새롭게 출발할 수 있다는 것을 잊어서는 안 된다. **차기 유력 대권주자로 거론되는 사람들은 자신들의 정책과 캠페인을 새롭게 하고 국민의 정권 교체 열망에 대해 강한 신념과 용기의 길을 찾아나서야 한다.**

진아(眞我)의 존재 가치, 묵상의 깨우침, 국가와 국민을 향하는 진실한 마음의 봉사와 헌신, 희생의 길을 걸어갈 때 국민의 지지를 얻게 될 것이다. 왜 존재하는지 이유조차 알 수 없는 국민의 힘과 야권 세력, 지도자들은 국민의 비판과 따가운 시선을 늘 생각해야 한다. **국민의 꿈과 소망을 위해 뼈를 깎는 깨우침의 출발을 해야만 한다. 국민의 마음에 공감하고, 눈물을 닦아줄 수 있는 측은지심(惻恩至心)부터 가져야 할 것이다.**

착한 사람 이미지 연출과 피해자 코스프레에 매번 자신들만의 정의를 부르짖고 봉건 시대 임금님 행차에 익숙한 듯한 유체이탈의 문재인 대통령은 취임사에서 했던 말들을 깊게 생각하며 초심을 잃지 않아야 한다. 위대한 이 땅의 국민을 향해 대오각성하고 맘속 깊숙하게 진실한 반성과 회개를 하고 역사와 시대의 진실의 문에 들어서는 참나(眞我)의 기회를 가져야 한다.

차기 정부의 출범과 함께 선출될 대통령과 집권세력이 해야 할 첫 번째 과제는 국민의 존경과 사랑을 얻는 일이다. 국민으로부터 위임받은 권력에 대한 무한 반성과 회개의 일상 안에서 늘 묵상하고 국가와 국민의 충성스러운 종복임을 자각해야만 한다. 정치, 사회, 교육, 경제의 법 질서를 개선하고 회복하기 위한 권력 행사를 하되 자유민주주의와 시장경제의 가치와 철학에 따라 최대한 자율성을 보장해주어야 한다.

국민 처벌이 아닌 국민 존중을 위한 검찰 개혁

현 정부의 무원칙, 무능, 비상식적인 임기응변의 부동산 정책은 국가와 국민을 광란의 투전판으로 만들어갔다. 천문학적인 재정 지출로 인한 국가 및 개인 부채 증가, 과도한 부동산 규제와 금융권 간섭과 지배, 소득 주도 성장, 최저임금의 급격한 인상과 노조의 무원칙적 권한 확대와 적용은 수많은 불균형과 불가피한 갈등과 대립, 분열과 투쟁을 잉태시켰다.

금리 인상과 인플레이션 압력이 가중되는 상황을 생각하고 있는지조차 의심스럽다. 촛불 혁명의 역사를 품고 오만과 독선의 품격 없는 친중 사대와 종북 굴욕의 현 정부는 국민의 극한 공분을 불러일으키고 있는 LH 사태라는 참담한 상황을 맞게 했다. LH 사태에 검경 수사권 조정에 따라 중대 범죄가 아니라는 이유로 검찰을 배제시킨 후 국가수사본부의 경찰 수사를 지시했다가 다시 검찰의 특별 수사를 추가 지시하였다.

서울시장, 부산시장 선거에서 매우 불리해질 수 있는 명확한 사실 때문에 LH 사태는 중대 범죄가 되어서는 안 되는 것에 검찰이 배제된 것을 국민이 분노하고 있었기 때문이다. 문재인 대통령과 청와대, 더불어민주당의 현 정부는 좀더 솔직해져야 한다.

현 정부의 대척점에 서 있는 한동훈 검사장을 본부장으로 하여 제한 없는 수사를 집행하는 LH 사태 특별수사본부를 즉각 발족시키고 발본색원해야 한다는 색다른 여론의 제기가 있다. 검찰 개혁은 이곳에서부터 다시 출발해야 한다는 여론이다. 정부는 적폐 청산에 대한 수사를 시작하고 두 전직 대통령 이명박, 박근혜를 구속 수감하면서 전 정부의 많은 인사들을 구속 수사했다. 전 대법원장을 필두로 많은 판사가 기소하고 재판을 진행하고 있다.

　문재인 정부의 전 현직 법무장관들과 친문 국회의원들의 볼썽사나운 상식 이하의 내로남불 행위는 계속되었다. 그들에 대한 분노와 증오의 대상인 윤석열 전 검찰총장을 야권 차기 대통령 유력 후보로 밀어 올리는 검찰과, 검찰주의자로 불리는 윤석열과 국민이 생각하는 검찰 개혁은 질과 양, 형태의 구조가 전혀 다르다.

　검찰 개혁은 국민이 존중받고 삶을 편안하게 하는 검찰권 행사가 되어야 한다. 대한민국의 품격을 연일 망가뜨리고 추락시키는 친문 지지자들의 행위는 혹독하게 비난받아 마땅하다. 문재인 대통령과 현 정부는 그들의 비민주, 비상식의 폭주 행위를 당장 중단시켜야만 한다.

　독립된 검찰권 행사가 헌법의 가치이고 민주주의의 지고의 선으로 인식하는 전직 검찰총장 윤석열이 정치의 길에 들어섰다. 윤석열 전 검찰총장과 현 검찰은 두 명의 전직 대통령과 주요 인사들을 적폐청산으로 규정, 단죄하고 촛불 혁명의 정권을 자랑스럽게 생각하는 현 정부의 통치 기반을 굳건하게 하는 데 크게 기여하였다.

지금은 현 정부의 과도하고 비합법적 부정과 범법 행위에 맞서서 미래 권력의 중심에 서서 현재 권력에 대항하는 길에 서 있다. 국민이 위임해준 권한에 대해 헌법과 자유민주주의 가치 회복을 선언하고 현실 정치에 들어서서 미래 권력을 향해 가고 있다.

검찰권의 행사는 국민을 편하게 해주는 데 있고, 사회적 약자만을 보호하는 데 있지 않다. 이 땅의 통치세력과 검찰은 국민으로부터 위임받은 권력으로 합법적인 권한을 행사하고 수사, 처벌하여 시비를 가른다. 검찰의 권력은 국민으로부터 위임 받았음을 항상 잊지 않아야 한다.

중대재해처벌법과 검찰이 담당하는 6대 범죄(부패범죄 · 경제범죄 · 공직자범죄 · 선거범죄 · 방위사업범죄 · 대형참사 등 대통령령으로 정하는 범죄) 등 중대 범죄에 대한 수사를 전담하는 별도의 기관 설치 법안은 누구를, 무엇을 위한 법인지에 대해 깊은 고민에 빠지게 한다. 빈대를 잡기 위해 초가삼간까지 다 태우는 실수를 범해서는 안 된다. 중대재해처벌법과 6대 중대범죄수사청 설치의 제정 취지와 원칙을 가지고 실행하는 데 있어서 공권력 행사를 최소화하고 절제된 사법 권력을 행사함으로써 국민과 기업인을 범죄시하는 관행을 철폐해야 한다.

탈원전과 4대강 감사, 대통령의 감사위원 요청의 인사권에 반(反)하는 정책 기조에 서 있던 최재형 전 감사원장이 정치 참여를 선언하고 유력 대권주자 반열이라는 선택받은 길에 섰다. 국민의 힘들고 지친 고된 일상을 위로하고 사랑하는 진실된 맘의 깨우침이 있어야 한다.

차기 대통령은 여야 진영 논리의 유불리를 떠나서 불필요한 대립과 갈등을 없애는 노력을 해야만 한다. 이 땅의 번영과 통일, 생존과 자유의 길을 향한 민주적 대결의 화해와 통합의 장을 마련해야 국민의 진정한 지지를 얻을 수 있을 것이다.

고위 공직자와 판사, 검사의 권력 비리를 봉쇄하고 단죄하는 목적의 공수처 수사, 기소권은 엄격하게 규정하고 정치 권력으로 부터 독립된 절제 있는 권한과 역할이 행사되도록 해야 한다. 검찰의 수사와 기소를 분리하고자 하는 현 정부에 맞서서 윤석열 전 검찰총장이 중심이 된 현 검찰은 일심동체의 6대 중대범죄수사청을 전담하는 검찰청 설치에 반대의 목소리를 높이고 있다.

그러나 검찰권 행사에 있어서 엄정한 수사와 기소가 분리된 별도의 6대 중대범죄수사청을 만들어가는 것이 코로나 팬데믹과 디지털 시대의 국민이 소망하는 이 땅의 시대와 역사의 책무이다.

검찰의 부패 세력에 대한 수사력 약화는 극복해야 하는 단기적 과제가 될 것이다. 특별하게 윤석열 전 검찰총장이 이 땅의 국정 최고통치권자인 대통령으로 선택을 받고자 한다면 국민이 생각하는 검찰권 행사를 받아들이고 검찰이 이 땅에 군림하는 일체의 행위에 대해 개혁의 칼날을 들어야 할 것이다. 형사 피의자의 구속수사 제도의 전면 폐지를 주장하고 실천하는 대선 공약과 실천 어젠다를 제시해야 할 것이다. 현재 운영하는 상설 특별검사에게 수사, 기소권을 부여하는 대안을 운영하면 될 것이다.

국가, 국민, 검찰은 이전의 관습과 판례에서 벗어나 새로운 가치의 세상을 향해 나아가야 한다. 국민을 처벌하려고만 하는 생각부터 변해야 한다. 포스트 코로나 시대에서는 혁명적 상황의 비상시 개혁을 요구하고 있다는 것을 잊어서는 안 된다. 주요 사정 권력기관 업무에 대한 감독과 조정을 실시하고 권한 행사에 엄격한 절제와 상호 견제의 원칙을 엄정하게 이행해야 한다.

지금은 비포장 길을 폭주하는 권력기관을 바로잡을 때

국민을 존중하며, 삶을 편안케 하고 국가를 올바르게 이끌어 가기 위해서는 권력기관의 역할과 기능을 알기 쉽게 정리해야 한다. 따라서 공직자의 이해충돌방지법안 운용제도는 매우 중요하다. 이해충돌방지법안은 국민이 알기 쉽게 정리해야 한다. 국민으로부터 권력을 위임받은 대통령, 대법원장, 감사원장, 법무장관, 국회의원, 검찰총장은 국민의 공복이라는 책임감과 의무감을 최우선으로 자각하며 거듭나야 한다.

감사원 개혁은 정책과 회계 감사로 분류하고 기존의 감사 방식을 디지털 시대를 준비하는 혁신적인 시스템으로 개편해야 한다. 정책은 시스템 위주, 회계 감사는 외부 민간 회계법인의 감사를 위임하여 실행할 수 있어야 한다. 국세청의 조직과 직능 및 세무조사 방식 및 시스템 개편에는 인공지능을 활용하여 혁신 방안으로 마련해야 한다. 군사안보지원사령부, 군사경찰, 검찰의 역할 및 기능을 전문화, 특수화 방향에서 권한 남용과 견제의 원칙에 맞게 조정해야 한다.

현재의 사정기관과 검찰은 국민의 위임받은 권력을 정치적 중립의 명분과 방패로 삼아서 누구의 견제도 받지 않은 패권적 독점 권한을 행사하고 있다. 독재, 민주 시대라는 구분도 없이 셀 수도 없는 많은 사례에서 그 누구의 견제도 받지 않고 넘치는 폭정의 검찰권 행사를 남용했다.

5년 단임의 대통령 중심제의 대통령 권한에 버금가는 검찰권 행사는 엄격한 시스템적인 분리와 차단, 견제와 균형이 있어야 한다. 법과 제도적으로 권력을 차단, 분리, 분산시켜서 국민을 위해 절제된 사정 권한을 행사하게 해야 한다. 공수처, 검찰, 국가 및 지방 경찰, 국가수사본부의 수사권 남용에 견제와 균형, 감독의 원칙을 가지고 제도적 방안을 마련해 나가야 한다.

특히, 경찰청과 국가수사본부는 엄격하게 분리 독립하여 설치 운영해야 한다. 국가수사본부는 미국의 연방경찰을 벤치마킹한 특별수사에 주력하는 특별사정기관(가칭 K-FBI)으로 재탄생시켜야 한다. 한국의 경찰이 했던 지난날의 과오에 대한 진정한 반성과 각오는 정치적 중립을 지키고 국민의 편에 서고자 하는 전문성과 자존심을 회복해야 한다.

국가수사본부는 경찰로부터 독립하여 한국의 FBI 위상과 권위를 갖는 명실상부한 한국 최고의 사법 집행기관으로 탄생시켜야 한다. 최고 사정기관 상설특별검사제, 공수처, 검찰의 6대 중대범죄검찰청과 국가수사본부의 수사에는 별도의 구분 짓는 수사 영역이 있어서는 안 된다. 각각의 고유 특화된 수사에 주력해야 하지만 수사 영역의 구분이 있어서는 안 된다.

권력기관에 보다 많은 변호사, 회계사, 변리사, 국내·외 전문 가들의 참여는 국민의 신뢰를 향상시키고 상호 신뢰하는 견제와 감독의 역할을 찾아가는 청신호가 될 것이다.

분단국가와 글로벌 시대의 위상에 맞게 국가정보원의 혁신과 개혁을 실시해야 한다. 국가정보원은 분단 조국의 통일과 번영 을 이끄는 국가의 품격과 자부심, 역량을 집대성하고 축적해가 는 국민의 소중하고 자랑스러운 곳으로 정의로운 역사의 산실이 되어야 한다. 분단 조국의 상황에서 대공 수사권을 경찰로 전면 이관한다는 것은 잘못된 정책 결정이고 즉각바로 잡아야 한다.

국가정보원이 주축이 되는 경찰의 대공 수사는 필요하다. 분 단 상황에서 대공 수사의 모든 것은 국가정보원이 총괄해야만 한다. 차기 정부에서 시정하여 다시는 이러한 바보같은 정책을 결정하는 일이 있어서는 안 될 것이다.

대외첩보부인 미국 CIA와 이스라엘 모사드처럼 국가정보원을 위상과 품격을 높이기 위해 국가와 정부, 대통령과 집권세력의 강한 정책 실행의지와 국민의 지지를 보내주어야 한다. 국가정 보원의 위상과 요원들은 국민의 신뢰를 찾고 존경받아야 한다.

세계는 예기치 않은 에너지를 발산하고 미·중 패권 경쟁과 북한 비핵화, 국가 안보와 생존과 자유의 압박이 계속되는 상황에서 국가정보원의 임무는 매우 막중하다.

국가와 국민은 항상 국가정보원이 찾아가는 여정에 무한 지원과 존경, 격려와 신뢰를 보내야 한다. 국가정보원은 '잘못된 역사는 되풀이되고 절대 권력은 부패하고 추락한다' 는 명제를 잊어서는 안 된다.

권력기관의 개혁은 오래전부터 추진해왔지만, 견제와 균형이라는 목표가 잘 달성되고 있는지에 관해서는 의문이 든다. 그러나 검찰 및 권력기관의 개혁을 향한 길은 긴 여정이며, 반드시 헤쳐나가서 다듬어야 하는 비포장된 길이다. 사법부, 법원과 입법부, 국회의 역할, 권한, 견제 및 감독의 대대적인 혁신의 개혁을 위한 성찰이 필요하다.

특별사면으로 법의 지배에서 해방시켜라

조선왕조 시대 형벌의 근거인 《경국대전》은 형벌 위주의 명나라의 대명률을 따라 도입되어 우리 실정에 맞게 조정 선택되었지만, 무자비한 형벌 지상주의를 제도화하는 관습에 젖게 했다.

형사 처벌에 있어서는 그 어떤 명분에도 권력은 공정해야 하지만 실제로는 견제와 비판, 분리, 차단하지 않고서는 속성상 폐해는 자명하고 국민은 갈등과 분열에서 고통받고 가족은 해체되고 사회와 국가는 병들게 한다.

따라서 전 국민을 대상으로 대한민국 최초의 일반사면형 특별사면을 실시해야 한다. 또한, 구속 전 피의자 심문제도를 전면 폐지해야 한다. 차기 대통령 당선 후 차기 정부 출범과 함께 전면 단행해야 한다.

차기 대권 출마자들은 대선 캠페인 과정에서 전 국민 일반사면형 특별사면과 형사 피의자의 구속 전 피의자 심문제도 폐지에 대한 정치적 견해와 실행 어젠다를 이야기해야 한다. 국민적 합의를 바탕으로 다함께 새롭게 생존과 자유의 길을 찾아가는 대의명분과 기쁨 안에서 실행되어 축복을 받아야 한다. 한국의 교도소, 구치소, 유치장을 점차 빈터로 만들어가야 한다.

첫째, 사형수는 무기징역을, 무기징역은 10년 이하의 유기징역 감형을, 형기의 $\frac{1}{3}$ 수형자는 조건부 가석방을, 현 수형자는 형기의 $\frac{2}{3}$ 감형을, 미전향 장기수는 조건 없이 전원 석방하고 형기 만료 석방자들의 조건 없는 사면복권을 시행해야 한다. 기타 특별한 조건 없는 일반사면형 특별사면을 단행해야 한다.

둘째, 경제인과 생계형 수형자에 대해서는 지체 없이 신속히 재판을 진행하여 조건부 전원 석방 및 특별사면을 시행한다.

셋째, 구속 중인 미결수는 형 집행 정지 후 불구속 상태에서 재판한 후 실행한다. 향후 모든 재판은 불구속을 원칙으로 하고 인신구속제도를 전면 폐지하며 법원은 자유민주주의 국가에서 인권 폐해로 인한 가정 파괴로 연결될 수 있는 법정 구속을 금지해야만 한다.

넷째, 국민참여재판을 신속하게 확대하고 제도화해 나가야 한다. 모든 국가 권력 사정기관은 코로나 팬데믹과 디지털 시대의 흐름에 맞게 역사적인 개혁에 나서야 한다. 디지털 시대 개막의 선구자적인 행위에 행동하는 국민 양심의 공복이 되어야 한다.

다섯째, 모든 집행 행정 행위를 디지털화하고 빅데이터를 만드는 인공지능, 딥러닝의 행정, 수사, 재판, 제도를 만들어가야 한다. 한국 사회가 법의 지배를 벗어나 형벌이 일상생활에서 무관심한 한국 사회가 되게 해야만 한다.

인간의 행위가 불확실성의 지속성, 반복성에 기대어 시행착오를 거쳐서 틀림과 다름의 수레바퀴에서 일어나는 경우의 수를 최소화해야 한다. 하루하루 삶이 개선되는 꿈과 소망이 실현되는 내일을 위해 최선을 다하는 사회적 공감을 함께해야 한다.

위대한 대한민국을 위해 전 국민을 법의 지배로부터 해방시켜야 한다. 검경수사권 조정과 분리, 검찰과 사법개혁이 반드시 실행되어야만 하는 당위성을 보여주고 있다. 국가특별사면위원회를 구성하고 전 국민의 사면 복권을 시행하는 대원칙을 정해야 한다. 대법원 양형위원회와 법무부가 실무 작업을 거친 후 국민이 선출한 사면권자인 대통령은 전 국민의 일반사면형 특별사면을 실시해야 한다.

이 땅의 탄생과 함께 처음으로 시행되는 전 국민 대상 일반사면형 특별사면은 당장 실시되어야 한다. 대한민국과 한국인의 위대한 승리이고 화합과 통합의 영광스러운 새로운 출발이 될 것이다. 세계적인 인권 회복과 행동하는 양심의 승리로 칭송받고 축복의 기쁨을 갖게 될 것임이 틀림없다. 우리 모두 다함께 축제와 승리의 합창을 함께하는 위대한 역사를 만들어가는 한국인이 되어야 한다.

통일된 위대한 대한민국과 한민족의 생존과 자유는 우리의 고
귀한 피와 땀 그리고 숭고한 열정과 신념 안에서 탄생될 것이다.

강제징용 배상 판결과 1965년 한·일 양국의 합의를 뒤엎고
한일 관계는 깊은 수렁에서 빠져나오지 못하고 있다. 우리법연
구회 중심의 김명수 대법원장을 시작으로 대법관, 헌법재판관
등 사법부는 기울어진 운동장에서 사법부 인사가 계속되었다.

코로나 팬데믹이 요구하는 사법부의 혁명적인 파고의 변화와
개혁의 출발은 디지털 시대를 준비하는 법원이 되어야 한다. 일
본 제국주의 시대를 닮아 있는 이 땅의 패권적 질서에 놓여 있는
듯한 사법부의 인사, 행정, 재판에 필요한 변화와 개혁의 T/F를
구성하여 처음부터 다시 태풍이 휘몰아치는 변화와 개혁을 추진
해야 한다.

한국 사회의 모든 영역에서의 전문가를 재판연구원을 비롯한
각 부문에서 아웃소싱 제도를 활용하고 과감한 재정을 투입하여
다양한 재판부와 법정을 새롭게 구성하고 국민을 편하게 해주는
데에서부터 출발해야 한다. 새로운 사법부의 인식 전환을 통해
행정부와 입법부와 함께 민주 대한민국의 시대를 준비하는 위대

한 여정을 향해 걸어가야 한다.

이 땅의 생존과 자유의 길을 찾아가는 국가개혁 역할의 출발점은 정권 교체에 있다. 이 땅의 국정 최고통치권자, 멋진 대통령을 선출해야 한다.

3장

우리는 어디로 가야 하는가?

한국 사회의 강건함은 국가와 정부의 존재 가치,
시민사회단체의 절제 있는 역할과 활동의 순수이성 비판
속에서 강한 힘으로 태동될 것이다. 각자의 영역에서
책임과 의무를 가지고 존재해야 한다.

정부는 정부다워야 하고, 시민단체는 시민단체다워야만
가능한 일이다. 국가, 시민사회, 가정, 개인이 각각의
영역에서 주어진 가치의 철학과 원칙을 바탕으로
자유민주주의와 시장경제의 가치와 철학을
실천해야 가능하다.
국가의 간섭을 최소화하고 정부와 언론, 시민사회를
구분 짓고 행동한다. 다름의 철학, 인간 탐욕과 불평등과
공정의 개념과 가치의 재정립을 통해 새롭게 깨달아야 한다.

시민단체가 가야 할 길

현재 한국 사회는 가치와 철학의 변형과 혼돈이라는 기형적 발전 상태에 놓여 있다. 정부와 시민단체의 밀착형 구조는 원천적으로 이해 관계와 양심의 문제가 충돌한다. 시민단체 인사들의 과도한 정계 진출은 한국 사회가 건강하게 발전하는 데 큰 해악으로 작용하고 있다.

자유민주주의와 시장경제의 삶을 뒤로하고 얼치기 사회주의와 공유경제의 잘못된 불평등과 불공정이 정의라는 개념 안에 빠져들고 있다. 작은 정부, 자유민주주의와 시장경제의 가치와 철학은 배격되고 사라지고 없다. 일찍이 경험하지 못한 아마추어식 큰 정부, 잘못된 개념의 불평등, 공정과 분배, 착함, 정의의 소득 주도 성장, 최저임금의 급격한 상승, 비정규직의 무작정 정규직화, 노동조합의 시대에 뒤떨어지는 정치 투쟁화는 한국 사회를 뒤흔들고 있다.

한국 시민단체의 역할과 행동은 진보/보수 구분 없이 함께 추락하는 불행한 국면에 있다. 현 정부의 무능한 정책이 만들어가고 있는 부동산값 폭등과 전환기적 시대의 혼돈 속에서 자행되는 도덕적 해이는 국민을 분노의 광장으로 인도하고 있다. 지난 총선의 180석의 지지를 바탕으로 일방 독주하고 있는 더불어민주당 12명의 국회의원을 강제 탈당 권유와 출당을 시키는 힘겨운 국면의 시간을 맞고 있다.

한국 사회는 철저하게 이념, 계층, 세대, 지역을 떠나서 시민 사회단체의 활동으로 분열과 대립, 갈등과 혼돈의 길에 서 있게 됐다. 한국의 정치, 경제, 사회는 현 정부의 무능, 무책임, 어리석은 아마추어식 정책 수행과 '국뽕'의 착한 철학 표출하기, 미·중 패권 경쟁의 불확실성, 분단과 북한 비핵화의 불안정과 대립, 코로나 팬데믹과 디지털 시대를 추월하는 비전과 도약의 전환기를 맞고 있다. 정치, 경제, 언론, 사회, 시민단체의 영역과 활동은 상호 공존하지 못하고 늘 충돌하는 배타적인 이중, 삼중의 퇴행적 구조를 가지고 있다.

여기에 더해 현 정부의 검증되지 않은 환경, 시민, 사회단체의 무분별한 내로남불의 정책과 자금 지원은 건전해야 할 시민단체를 병들게 하고 부도덕하고 뻔뻔한 행동을 거침없이 행하는 비상식적인 행위를 일삼게 하고 있다. 대부분의 방송, 신문, 유튜브와 언론, 시민단체의 무분별한 행위는 한국 사회를 퇴행시키는 데 적지 않은 역할을 하고 있다. **국가와 정부의 공적인 영역과 시민사회단체의 행위는 이해상출의 충돌을 방지하고 영역의 구분을 분명히 해야 한다.**

현 정부의 절대적인 지원과 협력을 바탕으로 진보 성향을 띤 한국의 시민단체는 정부를 위해 고유의 영역을 파괴하고 이탈하는 정치, 경제, 사회 세력으로 한국 사회 전면에 나서는 새로운 사회 현상을 만들어내고 있다. **시민단체는 현재의 이익 대변 구조를 배격하고 정부와 분리, 이해 상충과 도덕적 윤리에 필요한 책임과 의무를 가지고 앞에 나서야 한다.**

우리나라엔 재계(財界)의 이익을 대변하고 대정부 압력단체 역할을 수행하는 경제 5단체로 전국경제인연합회, 대한상공회의소, 한국무역협회, 한국경영자총협회, 중소기업중앙회가 있다. 여기에 사회적인 주장이나 요구를 개진하기 위해 모인 시민들의 자발적인 결사체인 시민사회단체 등 한국 사회의 시민단체와 비정부기구(NGO)에 주어지는 정부의 지원과 각종 특혜적인 활동 및 지위는 일체 배제되어야만 한다.

현재 한국 사회의 거의 모든 시민사회단체와 순수한 NGO는 정부와 지방자치단체의 재정적 지원과 협력에 의지하고 있는데, 그 비율은 절대적인 상태이다. 전면적인 이해 충돌이 일어나고 있다.

작은 정부를 구현하려는 실천 의지와 행위를 통해 정부와 지방자치단체, 시민사회단체와 NGO, 이익단체의 각종 활동 및 행사 지원 협력을 차단하는 제도와 법을 입법화해야 한다. 전국경제인연합회와 중소기업중앙회를 비롯한 특별한 이익대변단체는 발전적으로 해체하고 각각 한국 경제 및 중소기업연구소 및 기타 연구소로 발족해서 새로운 경제이익단체로서의 위상과 품격을 갖게 해야 한다.

시민사회의 각종 이익대변협회 및 단체는 그 본연의 가치를 위해 각자의 생존과 자유의 길을 찾아가는 새로운 시대를 준비해야 한다. 이는 한국 사회 전 분야에 걸쳐 폭넓게 적용해서 실행해야 한다.

국민의 위임을 받은 선출된 권력을 가진 세력을 통합하는 성찰이 특별하게 요구받고 있다. 국가와 지방자치단체, 각종 이익단체와 협회, NGO의 역할과 기능을 구분해야 한다. 각종 규제와 감독에 근간을 둔 특혜는 자율적 역할을 포기하고 독창적인 시장 경쟁력을 쇠퇴케 한다. 생존과 자유의 가치와 본질을 망각케 하고 힘의 원천을 스스로 잃어버리고 경쟁력을 상실하게 한다.

따라서 삶의 주도권을 빼앗긴 채 도태되는 악순환을 예방해야 한다. 인간의 탐욕과 살아남기 위한 생존 경쟁은 인류 문명 진화의 가장 중요한 핵심 요체이다. 탈권위가 정착되고 믿음과 정직이 기본이 되는 정의로운 삶을 위한 활동이 시민사회단체가 가야 할 길이다. 범사에 겸양과 신뢰, 봉사와 헌신 그리고 희생과 감사가 일상인 삶을 살아가야 한다.

우리 사회는 정부, 국회, 회사, 노조, NGO, 각종 이익단체, 종교단체와 언론의 역할과 행동 방식에 구분이 없는 데다 진보 정권의 보호와 협력을 바탕으로 절대적인 네거티브(Nagative) 영향력을 확대하고 있다. 노사정경위원회, 최저임금위원회 등 사회적 연대기구는 자연 발생적으로 헤쳐나가는 포지티브(Positive) 사고와 행동 철학이 요구된다. 한국 사회 전체적으로 새로운 시대를 준비하는 깨우침의 역사가 있어야 한다.

작은 정부와 사회, 큰마음의 시민단체의 역할이 우리를 풍요롭게 만들고 정다운 삶을 가져다줄 것이다. 국가와 정부는 사회적 약자들, 노인계층, 여성, 노약자와 지체 부자유한 장애인, 어린이, 가질 수 없는 자들을 위한 무한한 책임감과 의무감이 있어야 한다.

사회적 기업/협동조합/각종 위원회가 추구하는 가치와 철학은 사회를 안정시키는 데 필요한 보완재의 역할에 한정적, 일시적으로 제한되어야만 한다. **국가와 정부의 각종 규제와 통제 감독, 시민단체의 무제한적인 비판적 참여와 간섭은 반드시 변화 개혁되어야만 한다.**

한국의 진보/보수를 표방하는 시민단체는 시대 역사적인 정체성을 인식하고 행동해야 한다. 비판적 행위를 떠나서 진실에 바탕을 두고 진영에 따른 판에 박힌 정론(定論)을 떠나서 진영을 벗어나 바른 정론 (正論)를 이야기해야 한다.

코로나 팬데믹과 승자 독식의 플랫폼 디지털 시대에 살아가는 우리들의 삶은 늘 완성되지 않은 불확실성의 연속선상에 있다. 새 시대의 변화와 개혁을 추진하는 가치와 철학에 맞는 시민사회, NGO, 이익단체의 각종 활동 및 다양한 행사를 해낼 수 있어야만 한다.

한국 사회의 강건함은 국가와 정부의 존재 가치, 시민단체의 절제 있는 역할과 활동의 순수이성 비판 속에서 강한 힘으로 태동될 것이다. 각자의 영역에서 책임과 의무를 가지고 존재해야 한다. 정부는 정부다워야 하고, 시민단체는 시민단체다워야만 가능한 일이다. 국가의 간섭을 최소화하고 정부와 언론, 시민사회를 구분 짓고 행동해야 한다. 국가, 시민사회, 가정, 개인이 각각의 영역에서 주어진 가치의 철학과 원칙을 바탕으로 자유민주주의와 시장경제의 가치와 철학을 실천해야 가능하다.

다름과 다양성이 존중받는 사회

현재의 한국 문화는 고구려, 백제, 신라의 삼국시대와 고려 천
오백 년의 불교, 조선왕조시대의 신분제 유교에 기저를 둔 수직
적인 사회 구조와 의사결정 구조가 우리의 생활 속에 뿌리를 두
고 내려오고 있다. 《조선왕조실록》등 독특한 기록과 유배 문화
는 한국 사회의 긍정적 에너지로 전승되고 승화되었다.

내 탓이 아닌 네 탓의 중상모략과 배신, 음모와 찬탈의 인조,
중종 반정과 4대 사화의 피비린내 나는 반전과 음모의 역사는
끝도 없이 거친 역사를 품고 있다. 가난하고 곧은 선비 정신이
숱한 문학과 예술, 빈곤에 지친 슬픈 민중의 애환까지 녹아내린
정서의 한 많은 정(情) 문화가 우리의 삶 속에 정착되어 있다.

인간 본연의 모습을 찾아가고자 했던 조선의 문예 부흥은 겸
재 정선의 〈진경산수화〉, 오원 장승업의 〈호취도〉, 단원 김홍도
의 〈풍속화〉, 신윤복의 〈미인도〉, 추사 김정희의 〈세한도〉를
탄생시키고 발전시켰다. 주자 성리학 일변도에서 벗어나 불교와
유교의 소통과 사람 냄새나는 이야기들은 한국의 미(美)와 정(情)
이 가득한 본성과 존재 가치를 뚜렷하게 표현하고 특유의 DNA
로 발전 계승하면서 뻗어나갔다.

영조와 정조, 경화사족들, 뛰어난 조선 천재들의 삶 속에 내재된 이야기들은 오천 년 유구한 문화와 역사를 지닌 채 지금의 한국 문화를 만들어가고 있다. 주자 성리학적인 삶, 피맺힌 유배의 한 많은 회한의 세월, 핍박과 원통한 죽음, 굴욕적인 삶 속에서 피어난 슬프지만 위대한 이야기가 펼쳐진 이 땅의 문화는 늘 힘들고 거친 삶 속에서 잉태되면서 찬란한 꽃을 피웠다.

정조의 갑작스러운 죽음과 다산 정약용의 유배, 혜장 스님과 초의선사, 다산 초당과 차, 추사 김정희의 추사체, 소치 허련의 이야기에서 잉태된 조선 후기의 문화, 남도의 정취가 흠뻑 담긴 시, 서, 화의 정수를 엿볼 수 있다.

조선 말기 정조 사후 순조, 철종, 고종, 순종 어린 왕들의 출현과 세도정치는 주자 성리학의 조선을 병들게 했다. 비참한 노비 제도의 가난하고 힘없는 농경 문화의 왕조 국가 조선을 망국의 시대로 이끌었다.

우리 것을 찾아가는 꿋꿋한 선비 정신과 유배 문화, 꺼지지 않은 하층 민중의 지치고 고된 삶이 응축된 이 땅의 문화는 동학혁명, 3·1 만세 운동, 항일 독립투쟁과 광주 학생운동을 탄생케 했다. 코로나 팬데믹, 디지털 시대에 새로운 불타는 에너지가 되어 이 땅과 사람들에게 꿈과 소망의 횃불이 되어 통일과 번영의 삶으로 인도할 것이다.

역설적으로 6·25 한국전쟁은 한국 사회를 주자 성리학의 이상을 실현하고자 했던 사대부 중심 신분제 유교 국가, 양반/상놈의 병폐적 사슬에서 보통 사람들의 시대로 일거에 벗어나게 했다.

상호 배타적인 이율배반적 이념, 지역과 계층, 세대 간 갈등과 분열의 에너지는 이 땅의 민주화와 산업화의 기틀을 만들어 활활 타오르게 했다. 강한 힘의 원천은 스스로 절제하고 사고하는 행위와 행동하는 양심에 있다. 상식과 믿음에서 벗어나 인간의 못된 탐욕의 어두움이 만들어낸 타율의 반민주적이고 비양심적인 사고와 행동이 만연되었다. 이는 새로운 시대가 요구하는 다양성과 자율 독창적인 삶의 방향은 아닐 것이다. 네 탓이 아닌 내 탓의 모습을 만들어가야 민족 분단의 상황을 극복하고 통합과 번영과 통일의 길을 찾아갈 수 있다.

한정된 자원의 분배를 가지고 싸우는 어리석은 행동은 버리고 새로운 가치의 성장 자원을 찾아 나서야 한다. 폐쇄적인 신분제도와 격변하는 시대 변화의 흐름을 놓친 조선은 결국 망국으로 접어들었다. 오늘날의 우리는 우리와는 전혀 다른 외국인들이 이 땅에서 함께 살아 숨 쉬는 문화를 만들어가야만 한다. 외국인이 자유롭게 살아가는 사회, 다름과 다양성이 존중받는 사회가 되어야만 강한 패권국의 지위에 오를 수가 있다.

누구든지 로마를 위해 헌신하는 사람에게는 시민권을 부여하는 제도가 있던 로마는 천년 제국의 역사를 가질 수 있었다. 전 세계 부의 40%를 가진 당나라, 옛 중국이 지닌 패권의 핵심은 신분, 지역, 인종, 국가를 초월한 인재의 등용에 있었다. 지중해 연안의 패권국 오스만 터키는 노예 신분이라도 술탄의 최고 참모가 될 수 있다. 아프리카 출신의 흑인 후손인 버락 오바마가 미합중국의 대통령이 될 수 있는 사회가 되어야만 강한 패권국의 위치에 오를 수가 있다. 로마, 옛 중국 당나라, 오스만 터키, 현재의 미국이 살아있는 증거이다.

닫힌 사회에서 열린 사회로 가는 길

수도권 집중화는 한국 사회의 블랙홀이다. 수도권 집중화는 이 땅을 흔들어대고 황폐화시키는 예측불허의 불확실성과 절망을 만들어낸다. 부동산값 폭등의 불균형을 심화시키는 자폐적 사회현상이다. 국가 균형 발전은 혁신도시, 자족도시의 외관적 구조변경만 가지고서는 안 된다. 코로나 팬데믹과 디지털 시대의 세상이 요구하는 것을 깨닫고 혁명적 변화와 개혁을 추진해야만 한다.

한국 사회는 모든 곳이 빠져드는 블랙홀의 현상인 수도권 집중화의 폐해를 극복하고 글로벌 시장에서 생존과 번영을 창출하는 소프트 앤 하드(Soft & Hard)콘텐츠를 개발해야 한다. 전국 주요 대도시에서 주변 농어촌 마을까지 확대된 꿈과 소망이 살아 숨 쉬는 공동체 삶을 스토리가 있는 환경과 경제벨트로 만들어 갈 수 있도록 설계해야 한다.

전국에 산재한 주요 사찰, 교회, 성당과 대학과 학교와 마을, 커뮤니티 중심으로 다양하고 독창적인 공동체를 만들어가야 한다. 한국 사회에서는 지방도시, 혁신도시와 농어촌이 빠른 속도로 파멸의 땅, 소멸의 땅으로 가고 있다. 수도 서울의 부동산과 잉태된 많은 문제도 우리의 삶을 변화시키는 혁명적 개혁의 테두리에 있다는 사실을 자각하고 다른 각도에서 관찰 분석하고 변화시켜야 한다.

주자 성리학의 삶은 입신양명의 길에 있다. 한국 사회는 경쟁이 강하게 요구되는 사회이다. 한국 사회는 닫힌 사회에서 다양성의 다름을 이해하는 열린 사회로 이동하는 길목에 서 있다. 열린 사회는 교육의 다양한 가치를 실현하는 길을 찾아주어야 하는 데서 만들어진다.

한국 사회는 중앙집권화 일체의 아날로그에서 지방 분업 협동 자율의 디지털 시대로 급격하게 이동하고 있다. 5G, 전기차, 자율주행차, 빅데이터, 사물 IoT, 도심 항공 교통, 전자상거래, 디지털화폐, 암호화폐의 AI 로봇의 가상시대가 현실화되었다.

부의 원천과 삶의 질에 있어서도 혁명적인 변화를 경험하고 있다. 우리는 일찍이 경험하지 못한 새로운 도전을 맞고 있다. 기후 변화에 따른 인간 삶의 양식은 크나큰 도전에 직면해 있다. ESG 경영은 선택이 아닌 필수가 되고 탄소 제로를 선언하고 이산화탄소 방출을 줄여야만 개인과 기업, 미래의 인류가 생존 가능하기에 이르렀다.

코로나 팬데믹은 인류 탄생 이후 전쟁을 사라지게 하고 있다. 시리아 내전과 IS의 준동이 소리 없이 막을 내리고 있다. 동토의 땅 북한은 절대 식량 부족 긴급사태와 의료체계 붕괴에도 불구하고 국경을 폐쇄하고 악전고투 생존의 싸움을, 제2의 새로운 고난의 행군을 선언하였다. 평양의 외교관들은 평양을 떠나고 있다. 러시아 공관마저도 필수요원을 제외하고 전원 철수했다. 이 땅의 젊은 세대와 변화의 기업은 생존과 자유를 찾아가는 본능적인 길을 선도적으로 스스로 개척해가고 있다.

국가는 근원적인 개혁과 제도를 준비하고 실천할 수 있는 기반을 마련해주어야 한다. 근시안적인 대중 인기 영합에서 벗어나서 국가 담론과 철학의 기초를 만드는 일에 전력 질주해야 한다. 우리의 생존과 자유의 가치는 저절로 만들어지지 않는다.

우리는 누구일까? 왜, 무엇 때문에 혐오와 갈등을 부추기는 삶을 살아갈까? 이 땅의 존재 가치와 정체성은 어떤 것인가? 어떻게 살아야 할까? 항상 자신의 위치를 되돌아보아야 한다. 항상 비우는 삶, 양보하는 삶, 패배를 부끄러워하지 않는 삶, 꼴찌됨을 자책하지 않는 삶, 늘 처음으로 되돌아가는 의지를 갖고 살아가는 삶, 인간에 대한 믿음과 사랑으로 묵상하고 기도하는 삶, 늘 기쁨과 소망을 이야기하는 삶을 일상에서 찾아나서야 할 것이다. 우리는 진실로 작게 갖고 천천히 걷고 느릿한 맘으로 살아가야만 행복해질 수 있다.

새 시대를 열기 위한 새로운 헌법

공화·민주 양당이 지배하는 민주국가 미국에서조차도 트럼프 전 대통령에 의한 "America First", 바이든 대통령의 "America is Back"을 외치면서 동맹의 가치를 회복하고 문화 민주국가로의 화해와 통합을 추구하고 있다. 자유민주주의와 시장경제를 주도하는 미국의 가치와 철학이 정체성 혼돈의 시대를 맞고 있는 한국 사회의 혁명적인 변화와 개혁을 요구하고 있다.

차기 대통령과 한국인들은 최소한 단 한 번만이라도 동맹 세계 유일의 패권국 미국이 내걸고 있는 글로벌 패권, 미국인 통합 가치와 철학을 준용해서 한국의 미래 가치, 한국인의 통합을 위한 새로운 슬로건으로 'Korea First/Korea is Back' 에 대해 생각해 보아야 한다.

한국 사회는 잘못된 탈원전/탄소 제로 정책의 산업과 기업들이 맞고 있는 폐해에 대해 반성하고 분석하여 재수정해야만 한다. 정부 주도의 일방적 탈원전/탄소 제로, 부동산 정책은 공급과 수요의 시장경제 철학에 맞지 않다.

한국형 뉴딜과 정부 주도의 일방적 공급과 규제 중심의 사회주의 경향의 부동산 정책은 시대착오적 가치와 철학의 산물이다. 혼돈과 미지의 평등, 착함의 공정을 표방하는 각종 규제의 경제 정책들과 함께 검증되지 않은 대중인기 영합적 정치 슬로건에 불과하다.

현재의 고착화된 분단 상황은 국제정치의 패권 쟁탈과 북한 내부의 긴급 돌발 상황에 상시 연동되어 예측 불허한 변화에 직면해 있다. 따라서 새로운 헌법은 프랑스형 대통령 결선 투표제를 채택한 4년 중임의 정부통령제의 이원집정부제를 최선의 선택, 대안의 차선의 선택으로 받아들이고 차기 대통령 취임 1년 이내에 헌법 개정을 정부 입법과 국민투표를 거쳐서 실천해야 한다.

단, 차기 유력 대권주자 반열에 있는 후보들은 대통령 선거 과정에서 차기 헌법 개정에 관한 생각과 일정을 밝혀야 한다(차기 대통령은 5년 단임, 차차기 대통령 선거에는 불출마 원칙).

차기 국회의원 선거인 총선거(General Election)를 통해 차기 헌법 개정을 거친 국정 운영을 실행해야 한다. 즉, 차기 대통령과 정부를 구성한 정당과 상관없이 국회 과반수 의석을 차지하는 정당은(단, 국회 제1당이 연합정권을 구성할 권리를 갖는다) 대통령과 협의를 거쳐서 차기 정부(외교/안보 제외. 국방부, 외교부와 국가정보원)를 구성한다.

5년 단임 대통령 직선제, 산업화/민주화, 국민소득 1만 불의 아날로그 87년 민주화 체제를 뒤로하고 코로나 팬데믹 승자독식의 플랫폼 디지털 시대에 국민소득 4만 불, 분단 조국의 상황에 맞는 새로운 권력 분점과 통합의 시대를 열어가야만 한다. 이 땅의 2022/2023 새 시대의 체제를 준비하고 만들어내야 한다.

우리는 빈약한 부존자원 없이 이웃 일본과 함께 현재 세계 10대 경제 강국으로 도약했다. 더 많이 갖고자 하지 않아도 될 자원과 불필요한 권력은 다툼과 갈등의 증오와 원한의 촉매제가 되었다. 분노와 증오의 어리석음이 반복되는 역사의 궤적에 놓여 슬픈 공간과 시간을 만들어가고 있다.

진정한 깨우침의 자아(自我) 발견, 진아(眞我)의 세계를 찾아가는 여정은 아득하기만 하다. 광활한 우주 안에 갇힌 삶은 별과 구름 속에 묻혀 떠돌고 있다. 자기를 낮추고 버리며 낮은 데로 임하는 삶, 헌신과 믿음의 일체감은 사라지고 없다.

다름의 철학, 인간 탐욕과 불평등과 공정의 개념과 가치의 재정립을 통해 새롭게 깨달아야 한다. 칼 마르크스의 《자본론》과 아담 스미스의 《국부론》, 이 땅의 자유민주주의와 시장경제를 깊게 고민하고 생각하고 행동해야 한다. 미국과 중국의 글로벌 패권전략, 미·중 패권 경쟁을 깊게 생각하고 묵상해야만 한다.

The road to hell is paved with good intention(지옥으로 가는 길은 선의로 잘 포장되어 있다). 빠른 생각의 위험성을 늘 경계하면서 행동해야 한다.

4장

생존과 자유의 기로에 선 한반도

우리는 지정학적으로 가파른 환경에서 뼈아픈 치욕과 가난,
압제와 굴욕의 역사에서 겨우 빠져나와 새로운
전환기에서 코로나19라는 힘든 일상 속에서 살고 있다.
민주화와 산업화의 기틀을 마련해서 분단 조국의 먼 미래를
향해 살아가고 있다. 코로나 팬데믹과 디지털 시대를
준비하는 전환기를 맞고 있다.

이제 생존과 자유의 본질에 대한 철학과 가치를 새롭게
만들 때가 되었다. 한국 사회는 국회 인사청문회와 각종
선거 시에는 성인군자같은 삶과 인간상을 요구한다.
지난 세월의 잘잘못을 따지기에 앞서서 오늘과 내일의
일을 생각하고 새로운 길을 찾아 나서야만 한다.

국제 정치의 냉혹한 현실

코로나 팬데믹, 디지털 AI 시대의 혁명적 변화, 분단의 조국 현실, 북한 비핵화 난제, 인구 대재앙의 초월적 과제, 미 · 중 패권 경쟁과 미국의 인도 · 태평양 전략이 우리의 생존과 자유의 길을 위협하고 강제하는 난해하고 험난한 도전과 응전의 상황에 있다. **새로운 동북아 질서 안에서 국가의 핵심 전략, 이념을 새롭게 세우고 세대, 지역, 계층, 이념의 분열과 갈등을 뛰어넘어 국가와 국민의 생존과 자유의 본질을 찾아 혜안의 길을 걸어가야만 한다.**

주변 강대국인 미국, 중국, 러시아, 일본의 굴기와 한때의 패권 국가들인 영국, 프랑스, 네덜란드, 독일, 이탈리아, 스페인, 포르투갈의 흥망과 국토를 빼앗긴 나라들인 이스라엘, 폴란드, 베트남, 아프가니스탄, 아프리카 나라들의 과거와 현재, 미래를 살펴봐야 한다. **인간의 생존과 자유는 만인에 의한, 만인의 투쟁의 역사이다.**

현재의 대한민국은 토마스 제퍼슨이 기초한 미 독립선언서에 구현된 기독교의 자유민주주의와 개인의 자유사상으로 구한말 미 선교사들에 의해서 이 땅에 전해졌다. 공동체의 삶보다 개인

의 삶이 위대하다는 기독교 사상의 극한 개인(Absolute individual)
의 자유가 만들고 응축한 에너지는 이 땅을 힘없는 허약한 가난
의 나라에서 국민소득 4만 불의 자유민주주의와 시장경제의 세
계 10대 경제 강국의 기적을 이룬 원동력의 큰 에너지원으로 만
들었다.

장 자크 루소의 사상은 어설프고 순진한 착한 사람 코스프레
에 함몰된 현 정부를 못난 사회주의 정책조차도 제대로 집행하
지 못하고 무능과 무책임, 혼돈의 시대를 만들어가고 있다.

문재인 대통령은 중국 방문에서 대한민국을 중국의 '큰 봉우
리 옆에 있는 작은 나무'라고 표현하고, 신년 기자회견에서는
한·미 합동군사훈련을 북한과 협의할 수 있다고 했다. 〈한겨
레〉신문이 단독 보도한 북한의 개정된 조선로동당 규약을 보
고 정부의 대북 전문가들과 이종석 전 통일부 장관 등은 북한 김
정은 정권을 민주평화 정권인 양 해석하고 행동하려는 의도를
드러내고 국가보안법 폐지를 이야기하고 있다.

2021년 6·25 호국보훈의 날을 앞두고 문재인 대통령은 〈뉴
욕타임스〉 기자회견에서 북한의 독재자 김정은을 국제 감각이

뛰어난 결단의 지도자로 극구 칭송하는 인터뷰와 청와대의 억지 해명에 대해 변명으로 일관하였다. 대통령이라면 결코 해서는 안 되는 발언을 했고 국제 사회의 비난과 조소에도 아무렇지도 않게 행위하는 현실이 암울하다.

이란 혁명수비대가 페르시아만에서 우리 유조선을 해양 환경오염을 빌미로 나포했다. 불법 나포된 유조선과 선원들의 석방 협상에서 이란 핵 개발에 대한 UN 안보리와 미국 압박과 제재의 이차적 불매운동(secondary boycott), 국제 정치의 현실과 원칙을 벗어나는 행위는 미국을 비롯한 전 세계의 웃음거리가 되었다.

이 사건은 한국과 이란의 우호적인 관계에도 불구하고 우리의 생존과 자유를 심각하게 위협할 수 있는 상황에서 어색하고 어정쩡한 관계를 만들고서야 매듭을 짓는 상황을 만들었다.

미국 정부는 즉각적으로 한국은 UN 안보리와 미국의 압박과 제재 의무를 깨닫고 책임 있는 행동을 해야 할 것을 요구했다. 국제정치 현실을 직시해야 할 무지몽매한 정부의 어이없는 품격 낮은 행위는 비난받아 마땅하다.

코로나19에 내몰리는 위기의 국민을 위해서

위대한 이 땅은 지정학적인 위치에서 세계와 동북아 지역 패권을 쟁탈하고자 하는 미·중·러·일의 4대 패권국의 협력과 상충하는 이해와 대립, 전쟁의 시공간에 놓여 있다. 한국 사회의 재출발은 코로나 팬데믹과 디지털 시대의 생존과 자유의 가치와 철학의 실천 환경을 만들어갈 수 있느냐에 달렸다.

코로나 팬데믹은 소상공인과 자영업자들의 일터를 빼앗고 생존과 자유를 힘들게 하고 있다. 실물 경제는 추락하고 많은 사람이 힘든 시간을 보내며 소중한 일터를 잃었다.

전 세계는 실물 경제 추락을 막고 일자리를 창출하기 위해 최저금리를 유지하고 유동성을 확장하고 재정 확대 정책을 통해 전방위적으로 경제 활성화와 고용 창출을 위해 애쓰고 있다. 미국은 4조 달러의 경기부양책을 집행하고 2022년에는 완전고용을 향해 질주하고 있다.

백신 접종이 1차적으로 마무리되는 금년 말까지 금리 인상은 생각할 수도 없지만, 테이퍼링 실행, 조기 금리 인상과 인플레이션 압박은 더 한층 가중되었다. 지난 2008년, 미국의 금융 위기와 같은 쓰나미형 징후의 금융 위기의 경고가 신흥시장을 초긴장 상태로 몰아세우고 있다.

코로나 팬데믹의 진원지인 중국은 미·중 패권 경쟁과 코로나 팬데믹이라는 최악의 국면을 벗어나고자 악전고투 끝에 V자형 회복 국면 상황을 만들어가면서 중국몽과 일대일로의 패권 전략을 지속적으로 펼쳐가고 있다.

주요 7개국(G7) 정상은 '세계를 위한 더 나은 재건(Build Back Better for the World · B3W)' 구상으로 중국의 일대일로 패권전략을 무력화시키고자 한다. 중국은 철도, 항만, 고속도로 등 인프라 건설 프로젝트가 2,600개가 넘고 3조7,000억 달러(4,200조 원)에 달한다. 반면, B3W는 2035년까지 40조 달러(약 4경4,640조 원)를 투자해 중·저소득 국가의 인프라를 구축하겠다는 파트너십을 시작한다고 선언하고 중국을 봉쇄하는 전략을 발표했다.

시진핑의 중국공산당은 창당 100주년을 자축하고 중국몽과 미국에 대항한 절대 패권을 향해 가는 여정을 선언했다. 중국 런민은행의 거듭된 공식 부인에도 불구하고 테이퍼링 실행, 금리 인상과 미국의 압박과 제재에 맞서서 극한 생존 차원의 중국 내수시장 활성화를 위한 쌍순환 전략 실행, 국유기업의 구조조정 형태의 채무조정 등으로 미래 거대한 파국 위기를 준비하고 있다.

현 정부의 덜 떨어진 사회주의 경제 정책, 소득 주도 성장, 최저임금의 급격한 인상, 정부 주도의 단기 일자리 양산, 승자독식의 플랫폼 시대에 코로나 팬데믹과 부동산 급등, 실물 경제가 최악인데도 착함을 내세우고 착한 사람들을 최악의 상황에 몰아넣고 있다. 최악의 청년 실업, 양질의 일자리 창출 대실패로 인한 천문학적인 재정 지출, 자영업자와 중소기업인들의 비명 소리가 끊이지 않고 있다.

전 세계 모든 국가는 재정 확대 정책을 통해 재난지원금을 보편적으로, 또는 선별적으로 지원하고 있다. K-방역 국뽕에 빠져서 제때 백신 확보에 실패한 현 정부의 상식 이하의 자가당착적 일관된 변명은 유치하고 어리석음이 가득한 슬픈 민낯이 아닐 수 없다.

질병관리본부는 K-방역 국뽕에 취해 백신 접종 최후진국으로 전락했는데도 반성과 참회는 없다. 코로나 방역과 집단면역의 실상을 제대로 알리지 않고 머뭇거리다가 백신 접종을 제때 준비하지 못하고 대통령부터 기상천외한 촌극을 벌이다 뒤늦게나마 백신 접종이 순조롭게 진행되었다.

한국은 바이오, 의학 선진국이 아니다. 기초과학 연구와 원천기술에 뒤떨어져 있다. 우리는 정부와 국회, 시장 모든 곳에서 인재, 시설(연구소, 병원, 대학, 기업)이 태부족이고 기초가 빈약하다. 그런데 정부는 특정 기업의 회장과 연구진들의 K-방역과 치료제 개발에 전적으로 의지하고 질본의 백신 확보를 안이하게 처리했다. 현 상황을 국가와 국민은 어떻게 대응하고 있는지에 대한 종합적이고 체계적으로 조사가 필요하다.

K-방역과 마스크 대란과 뒤늦은 백신 접종 사태를 있게 한 질병관리본부의 코로나 치료제와 백신 개발과 도입, 접종의 상황 일체를 국민들에게 진솔하게 이야기해야 한다.

정부는 이타적인 기본소득 논쟁, 재난지원금 집행에 대해 당정과 차기 대권주자들의 보편적, 선별적 집행 논쟁을 하고 있다. 이런 점에서 코로나 팬데믹 디지털 시대에 맞서 국민과 기업은 현명하고 지혜롭게 대응하고 있다.

한정된 자원을 배분할 때는 진영 논리를 전환의 시대 상황에 맞는 보편적 선택을 적용하고 실천하면 된다. 코로나 팬데믹 상황에서의 재난지원금의 지급을 두고 논쟁을 하기 전에 작지만 풍요로움을 잉태시키는 사유를 갖는 넓은 마음을 갖도록 애써야 한다.

우리는 미래를 위해 실수와 잘못을 두려워하지 않고 늘 반성과 회개할 수 있는 참 깨달음의 사유와 자세를 갖도록 노력해야 한다.

재난지원금을 지급하는 문제는 국가재정이 허락한다면 보편적이든, 선별적이든 논쟁의 대상이 되어서는 안 된다. 국민 합의를 바탕으로 적기에 필요한 방법에 따라서 집행하면 될 것이다. 천문학적인 국가재정이 필연적으로 요구되는 보편적 기본소득 지급, 이익공유제, 각종 손실 보상 및 세제지원은 자유민주주의와 시장경제의 가치와 철학에 근거한 한시적 혹은 선별적이 될 수밖에 없고 논쟁의 대상이 될 수도 없다.

한국 사회가 직면한 근본적인 문제는 우리가 어떻게 살아왔고, 살고 있고, 살아가야 할 것인가다. 코로나 팬데믹의 미증유의 재난 사태에 대해 국가는 이 땅의 진정한 주인인 국민과 기업을 상대로 겸손하고 솔직해야 한다. 차기 정부는 있는 그대로 조사하고 코로나 백서를 반드시 만들어야 한다. 델타 변이 바이러스 팬데믹에도 불구하고 그나마 뒤늦은 백신 접종이 순조롭게 진행되면서 코로나 팬데믹이라는 불확실한 상태에서 힘든 일상에 지친 사람들은 작은 꿈과 희망의 삶을 품어가며 미래를 향해 살아가고 있다.

생존을 위한 현명한 선택이 주는 선물, 자유

합리적인 비판 세력과 이타적인 반대 진영을 반개혁 세력으로 매도해서는 안 된다. 함께 지혜로운 방식으로 해법을 찾아야만 한다. 민주주의와 시장경제 본질의 가치와 철학이 권력을 가진 자들의 이상을 추구하는 도구가 되어서는 안 된다.

공적인 사법 권력을 행사하는 공정거래위원회, 국세청, 감사원, 경찰, 검찰, 국가정보원, 사법부는 더더욱 아니다. 이 땅의 생존과 자유를 향한 길고도 머나먼 여정의 길목에서 지혜롭고 현명한 선택을 해야만 한다.

이스라엘인은 갖은 박해에도 2000년의 디아스포라(이산)를 마감하고 조상의 땅에 나라를 세워 선진국 반열에 올랐다. 그들 유대 민족은 《탈무드》를 통해 자손들에게 현명해야 한다고 가르치고 있다. Be wise(현명해져라)! 어떤 선택이 현명한 것인지 자문자답해야 한다.

현실에서의 국제 정치는 항상 강자 편에, 승자 편에 서는 것이 현명한 선택이다. 현명한 선택을 위해서는 우리는 늘 반성과 회개를 일상화해야 하고 묵상과 기도, 깨우침의 참회에 서 있어야만 한다.

제주도는 오롯이 평화의 섬으로 남아야만 한다. 제주 강정마을의 해군기지에 반대하고 수동적인 작은 군사기지로 쓰는 것이 현명한지를 자문자답해야 한다. 미 태평양 함대가 일본 요코스카항을 모항으로 사용하듯이 제주 강정마을 해군기지를 미 태평양 함대가 일본의 요코스카 항구와 함께 자유롭게 사용할 수 있게 항만 확장공사 등 필요한 조치를 할 필요가 있다. 우리 2척의 경항모 전단의 역할을 극대화할 수 있는 전략적 해군기지가 되어야 한다.

중국은 새 항공모함 건조와 함께 해상 물동량의 길목을 장악하기 위해 호르무즈해협부터 인도양, 남사군도, 말라카해협, 필리핀해역, 대한해협에 이르기까지 패권을 확장하여 미국의 인도·태평양 전략에 맞서고 있다.

여기에 우리는 바라만 보는 선택을 할 것인가?

중국, 일본, 한국은 생존을 위해 절대 필요한 석유의 약 80%를 이집트의 수에즈운하, 페르시아만의 호르무즈해협부터 말라카와 필리핀해협의 해상 수출입 물동량에 의존하고 있다. 미국의 강한 힘과 한미 동맹이 우리의 생존과 자유의 가치를 결정지을 핵심 요인이 된다는 것을 간명하게 보여준다. 우리의 현명하고 지혜로운 길은 강한 힘이 바탕이 된 생존과 자유의 실천 전략이어야만 할 것이다.

한국이 가야 할 길이 아직은 험하고 힘들고 멀다는 것을 잊어서는 안 된다. 한국 사회는 다름의 철학, 다름의 존재 가치를 인정하는 정치를 통해 삶의 본질을 이해하고 실천해 가야 한다. 정치는 국제정치의 현실을 엄중하게 직시해야만 한다.

현 정부의 오만과 무능은 해양 세력을 대표하는 미국과, 중국의 전랑 외교 대국굴기에 어정쩡한 상태의 굴욕적 친중 사대, 종북 굴욕의 외교 전략에 있다. 국제 정치에 동맹과 적국을 혼동하면서 '우물 안 개구리식'의 국뽕에 취한 한국 사회를 만들어가고 있다.

한국 사회는 자유민주주의와 시장경제의 정체성 분열과 대립, 갈등의 혼돈을 양산하고 있다. 자유민주주의와 시장경제의 가치와 철학을 부정하고 어설픈 사회주의에 호도된 가치에 함몰되어 있다. 이 땅의 꿈과 소망인 자유와 번영의 기회를 빼앗고 절망과 소멸의 땅으로 몰아가고 있다.

인간의 본능과 탐욕에 대한 몰이해, 경제와 노동의 가치에 대한 편견과 무능, 가진 자들의 소유에 대한 뿌리 깊은 적개심과 증오, 불평등과 공정의 개념에 대한 혼돈과 공포, 시대착오적인 주자 성리학적 유산과 배타적 행동방식이 절제와 검약, 양보와 감사, 헌신과 희생의 공동체 삶을 파괴하고 있다. 빠른 가족 해체의 슬픔과 아픔이, 공동체 침몰의 비애 현상으로 급속하게 내달리고 있다.

한국인의 피에 흐르는 주자 성리학의 가치와 철학은 기독교 사상과 융합되어 북방 유목민의 DNA가 살아 움직이는 독특한 형태의 유산으로 계승되었다. **우리는 지금 꿈과 소망이 만개하는 축복의 시대를 만들어가고 있다. 우리는 현재의 삶에서 행복하기 위해 경제, 정치, 교육, 군대, 부동산, 가족해체 등의 잘못된 관행적인 집착과 아집에서 벗어나 혁명적 변화와 개혁에 서야만 한다.**

이제는 애국가를 새로 바꿀 때다

For being a more strong nation across reunified Korea in global political economic world(세계 정치 경제에서 더 강한 국가, 통일 한국을 위해).

우리는 분단 조국의 통일을 이루고 세계사적인 변화와 개혁을 추진하고 동북아의 패권국 위치에 서야만 한다. 이 땅의 생존과 자유의 길은 험난한 여정임에 틀림없다. 이 땅의 위대한 역사는 하루아침에 쓰여서 만들어진 게 결코 아니다. 우리의 피와 땀으로 일궈서 만들고 지속적인 성장 과정을 통해 이루어졌다. 국가(國歌)는 한 나라를 대표하는 상징적인 노래이다. 국가의 가사에는 그 나라의 역사와 가치관이 담긴다. 최근 호주는 원주민의 역사를 반영하고자 국가를 개사했다.

새로운 국가를 세우고 시대성을 반영하여 사회적 합의와 국민 여론을 수렴하여 국가를 새롭게 만들자.

유튜브를 통해서 세계 패권 국가인 미국, 영국, 프랑스, 독일, 러시아, 중국, 터키, 스페인, 포르투갈, 일본의 국가를 들어보고 묵상하자.

국가에 담긴 그들의 과거, 현재, 미래의 삶과 꿈과 소망은 무엇인가?

생존과 자유의 길을 찾는 그들의 여정을 살펴봐야 한다. 반쪽짜리 동포, 적국인 북한의 국가를 들어보자.

현재의 애국가는 국민의 자유의지에 따라 애용되고, 위대한 대한민국을 대표하는 국가를 새롭게 만들어야 한다. 대한민국과 한국인의 생존과 자유를 추구하는 가치와 철학이 담긴 새 국가를 국민적 합의(국민투표)와 사회적 합의를 거쳐서 만들어가야 한다. 차기 대통령 선거 과정에서 국민적 합의를 이룰 수도 있다.

새 국가는 대한민국과 한국인의 과거와 현재, 미래를 담을 수 있어야 한다. 한반도의 시작은 단군 고조선의 역사를 거쳐 고구려, 백제, 신라, 고려 시대의 불교, 주자 성리학의 조선왕조 시대의 유교적 도덕, 윤리와 생활 규범이 어우러져서 만들어진 전통과 문화의 DNA가 유산으로 계승 발전되어 오고 있다. 현재는 자유로운 폭넓은 개인 사상이 존중되는 기독교의 신앙이 제공하는 한국화된 서양의 문화가 혼용되어 있다.

천오백 년의 한국 불교의 쇠락과 부흥은 선불교의 수많은 국사, 대사, 고승, 선승들의 용맹정진의 삶이 융해되어 있다. 주자 성리학의 조선의 억불숭유, 제국주의 일본의 조선 불교 탄압, 국부 고(故) 이승만 전 대통령의 억불정책의 역사를 뒤로하고 한국 불교는 오늘에 이르기까지 한국인의 삶에 살아 숨 쉬고 있다. 한국 불교는 세계화 길에 들어서고 있다.

부처님의 제자적인 삶을 실천하고자 "부처님의 법대로 살자!"라고 결의하였던 성철 스님과 선승들의 1947년 문경 봉암사 용맹정진의 결사를 시작으로 한국 불교는 끊어진 맥을 다시 이어가고 있다. 박정희 정권의 개발독재와 반민주에 항거하고자 민중불교운동연합 중심으로 민주화운동에 참여하기도 했다.

민중의 삶을 정화하고 위로하는 역할을 맡지 못한 아쉬움과 회한의 약 천오백 년의 고구려, 백제, 신라, 고려의 불교, 약 600년의 조선왕조의 유교, 약 200년의 기독교 문화가 한국 사람의 지치고 힘든 삶을 회통시키고 산업화와 민주화를 이룬 세계 10대 경제 강국에 서게 했다. 현대인의 삶을 행복하게 해주고 생존과 자유의 길을 찾아가는 여정을 올바르게 이끌어주었는지를 돌아봐야 한다.

이제 생존과 자유의 본질에 대한 철학과 가치를 새롭게 만들 때가 되었다. 한국 사회는 국회 인사청문회와 각종 선거 시에는 성인군자와 같은 삶과 인간상을 요구한다. 현실의 삶과 괴리된 이율배반적인 전환 시대에서 자유민주주의와 시장경제의 가치와 철학의 부재로 영혼과 육체의 불일정한 불일치 혼돈 상태에 놓여 있다.

차기 대통령 선출과 국회의원 선거를 비롯한 각종 선거와 국회 인사청문회를 비롯해 고위공직자, 대학, 기업, 체육계, 문화예술 분야, 각종 사회문화 이익단체에 이르기까지 초등학교 시절 순간의 실수까지를 망라하여 '아니면 말고' 식의 비행 들추기, 무조건 망신 주기, 무차별적인 인신공격까지 분노와 혐오로 가득한 세상에서 불평등과 불공정의 가치를 회복하고자 하는 거센 들끓는 에너지가 우리 사회 이곳저곳에서 강하게 분출되고 있다.

'수신제가 치국평천하(修身濟家 治國平天下)'라는 유교적 명제는 한국 사회에서 다시 환생하여 우리의 일상을 휘감고 거센 파고를 만들어간다. **우리는 지난 세월의 잘잘못을 따지기에 앞서서 오늘과 내일의 일을 생각하고 새로운 길을 찾아 나서야만 한다. 지난 오천 년 역사의 여정은 험난하다 못해 굴욕과 치욕의 삶이었다. 가난과 억압이 일상이 되었던 한 많은 삶의 슬픈 역사인 것을 기억하고 잊지 말아야 한다.**

최악의 한일 관계와 세월호의 아픔과 슬픔 속에서, 북한의 연평도 포격과 천안함 폭침에 일체의 분노를 떨치고 굳건하게 일어서야만 한다. 분단 조국의 현실에 서서 우리는 용서와 화해 없이 어떤 일을 할 수 있는지 생각해야 한다.

우리는 굳건한 열정과 신념, 용기를 가지고 모두 용서하고 용서받을 수 있어야만 한다. 인간은 지극히 미약하고 많은 잘못을 순식간에 행할 수도 있고 행하고 있다. 우리 인간은 타인을 용서하고 지난날의 삶을 되돌아보고 반성하고 회개하고 기도하면서 축복으로 다가갈 수 있다.

우리는 지정학적으로 가파른 환경에서 뼈아픈 치욕과 가난, 압제와 굴욕의 역사에서 겨우 빠져나와 새로운 전환기에서 코로나19라는 힘든 일상 속에서 살고 있다. 민주화와 산업화의 기틀을 마련해서 분단 조국의 먼 미래를 향해 살아가고 있다. 코로나 팬데믹과 디지털 시대를 준비하는 전환기를 맞고 있다.

우리는 이제 국가와 개인의 시공간의 역사를 뛰어넘는 용기를 가지고 과거 일체의 과오를 잊지는 말고 용서하며 새로운 시대를 준비해야 한다. 우리의 생존과 자유의 숭고한 가치를 향유할 수 있는 길을 준비하고 찾아가야만 한다.

스스로 생존과 자유를 결정할 강한 힘이 필요하다

포스트 코로나 시대는 세상을 송두리째 뒤엎으며 코페르니쿠스적 변화를 요구하고 있다. 중국에서 시작한 우한 폐렴이 전 세계를 강타하면서 백신을 개발하여 접종하고 있다. 인간은 일찍이 경험하지 못한 혁명적인 변화를 겪고 있다. 지구 온난화는 시베리아 동토층을 빠른 속도로 녹이고 있다. 인간의 삶은 미지의 바이러스 공격을 막아내고 격퇴하는 진화의 굴레에 있고 현재도 진행이 계속되었다. 인간의 위대한 노력으로 삶의 진화를 거듭하는 역사가 계속되었다.

한국 사회는 포스트 코로나 시대에서 새로운 꿈과 소망이 살아 숨 쉬는 기회의 땅으로 재탄생되어야 한다. 분단 조국의 통일을 이루고 세계사에 우뚝 서는 위대한 대한민국의 미래를 개척해야 한다.

미국의 변화된 새로운 세계 패권 전략인 인도·태평양 전략에 있어서 한국은 린치핀(linchpin: 마차 바퀴의 가장 중요한 역할을 하는 지지축)의 존재 가치와 행위를 수행해야 한다. 한미 동맹의 중심 행동 실천 전략인 'Go together(함께 갑시다)!'를 기억하고 실천해야 한다. 국제 정치의 현실을 이해하고 한미 동맹의 가치를 새롭게 정의하고 실천해야 한다.

미국 주도의 대중국 압박 체제인 쿼드(미국, 일본, 호주, 인도)에 참여하지 않은 것이 참 다행이라는 인식의 현 정부의 한미 동맹 기본 인식은 잘못됐다. 이 땅의 생존과 자유의 본질적인 가치와 철학의 바른 선택인지 제대로 판단하고 주어진 운명의 정도(正道)를 걸어가야 한다. 우리는 생존과 자유의 핵심 실천 전략인 한미 동맹의 가치를 새롭게 정의하고 쿼드에 책임과 의무감을 갖고 참여해야 한다.

오늘날 미·중 패권 경쟁은 한미 동맹의 새로운 가치와 길을 깨닫게 한다. 한미 동맹의 길은 군사 동맹과 함께 경제, 문화 공동체의 역할을 통해 세계 시장을 주도하고 재편하는 혼연일체의 내재적인 동맹의 길을 추구해야만 한다.

한국 사회는 자유민주주의와 시장 경제의 가치와 철학의 국제 질서에 능동적으로 대처하는 변화와 개혁을 해야 한다. 국제 정치, 경제, 군사, 외교 안보와 의료와 문화에 있어서도 국제 사회와 적극적으로 협력해야 한다.

신냉전(新冷戰) 후 세계화와 신자유주의 물결이 쓰나미로 이어지는 거대한 물결이 사라지고 GATT와 WTO 체제가 저물어가고 있다. 미국 동맹의 회복과 함께 독자적인 행동과 자존의 철학을 배격하고 모두 함께하는 세계관이 담긴 새로운 질서를 변화시키는 미·중 패권 경쟁의 격렬한 물결의 파고에 있다. 험난한 기존 질서 안에서 주변 패권 국가들, 미·중 패권 경쟁에 분명한 정체성을 가지고 대처해야 한다.

경중안미(經中安美), 즉 '경제는 중국, 안보는 미국' 이라는 잘못된 기존 패러다임이 갖는 냉혹한 국제 정치의 현실과 질서를 직시해야 한다. 미·중 패권 경쟁의 진행과 승패를 예단할 수는 없다. 분노와 증오, 파멸과 파괴의 전쟁을 상정하지 않는 자유와 평화는 없다.

미국과 전쟁했던 나라들인 영국, 독일, 이탈리아, 일본, 소련,

중국, 베트남은 미국이 동맹을 맺었거나 맺은 나라 또는 현재 함께하는 나라들이다. 미국에는 영원한 친구도 적도 없다. 미국의 이익만 있을 뿐이다. **우리는 국제 정치의 기본 전략에 따르지 않더라도 우리의 친구와 적을 냉철하게 이성적으로 구분할 수 있어야 한다.**

제국주의 일본은 미국의 히로시마, 나가사키 핵폭탄 세례와 플라자 합의로 무릎을 꿇었다. 베트남은 오랜 전쟁의 역사가 있었음에도 미국과 동맹을 맺고 강한 전략적 파트너 국가로 중국을 견제하고 강한 경제 국가로 맞대응에 나서고 있다. 우리는 국제 정치 전략과 과거, 현재와 미래의 역사 관점에서 미·중·일·러를 바라볼 수 있어야 한다. 우리의 친구, 동맹, 전략적 파트너, 적을 구분할 수 있어야 한다.

친중사대(親中事大), 종북굴욕(從北屈欲)의 현 정부의 외교, 안보, 군사 전략의 어리석은 정책과 철학, 자아도취형 행동 방식은 안된다. 우리는 강한 힘과 뚜렷한 정체성과 원칙을 가지고 한미 동맹의 기존 틀을 정치, 경제, 문화로 확대하는 방향으로 나아갈 길을 찾아가야 한다.

중국과 러시아, 일본의 관계에 있어서 일희일비(一喜一悲)하지 않아야 한다. 자유민주주의와 시장경제의 가치와 철학의 역할을 만들어가는 해양 세력의 동맹 세계 유일의 패권, 미국과 함께해야만 한다. 미국, 중국, 일본, 러시아 모두 우리는 함께 가야 한다. 국제 정치는 강한 힘을 바탕으로 조국의 이익을 최우선하는 것이다.

몽골의 7차례 고려 침략과 원 나라의 속국, 명청 교체기의 청의 정묘, 병자호란의 혼돈과 굴욕, 임진왜란과 정유재란의 치욕은 망해가는 명나라만을 주군으로 섬기고자 했던 이 땅의 어리석은 사대부 양반들의 무능과 현실을 도외시한 가식적인 삶의 인과응보의 역사적 사실이다. 이 땅의 주인인 민중에게 굴욕과 착취와 억압의 삶을 살게 한 고난과 치욕의 역사 발자취이다.

이 땅에서 그들만의 패권 경쟁인 러일과 청일전쟁, 일제 36년의 씻을 수 없는 치욕적인 역사가 발생했다. 만주사변과 중일전쟁, 제2차 세계대전의 태평양전쟁, 동족상잔의 비극적인 전쟁 6·25 한국전쟁과 미·소 냉전의 베트남 전쟁의 역사가 증명했듯이 우리의 생존과 자유는 늘 그들의 패권 경쟁의 한가운데에서 존재하였다.

여야 유력 대권주자들의 미숙한 역사 논쟁과 이를 보수, 진보 진

영의 싸움의 대결로 부추기는 한국 언론의 한심한 모습은 개탄스럽다. 우리 스스로 생존과 자유를 결정할 강한 힘을 갖고 선택할 수 있어야 한다.

분단된 한반도는 국제정치의 상황 논리에서 한 치도 벗어나지 못하고 있다. 미·중 패권 경쟁의 시작과 북한의 핵 보유 생존 전략의 국제 정치 현실은 암울하고 살얼음판을 걷는 듯하다. 지난 치욕과 비극의 역사를 통해 통찰의 길을 찾아나서야 한다.

지난 시대의 삶은 우리 스스로 선택한 운명이 아니었다. 분단의 비극은 얄타회담의 제2차 세계대전의 승전국들이 결정하였다. 이제 우리의 생존과 자유를 결정하고 지배하는 타율의 잘못된 역사 인식에서 벗어나야 한다.

통일을 위한 전략, 북한 비핵화

분단의 아픔을 북한의 비핵화라는 옳은 선택으로 해소하여 통일의 길에 서는 전략을 마련하여야 한다. 북한 비핵화를 위한 UN 안보리와 미국의 제재와 압박은 북한을 다시 고난의 행군으로 몰아세우고 있다. 북한은 핵을 강화하고 포기할 수 없는 국가 생존 전략을 공언하고 있다. 북한 비핵화를 제재하고 압박하기

위한 미국의 핵심 실천 전략은 이차적 불매운동(secondary boycott)
이다.

대한민국은 UN 회원국으로 한미 동맹의 책임과 의무를 충실
하게 준수하는 분단의 당사국이다. 한 핏줄의 동포로서 인도적
인 지원과 협력을 통해 상호 신뢰 관계를 만들어가야 하는 현실
적 제약에 있지만, 미국의 핵심 전략을 준수하고 반드시 이행해
야 한다.

**북한 비핵화를 현재의 패러다임에서 벗어난 새로운 전략적, 혁명
적인 선택을 통해 미국이 주도하는 기본 전략에서 긴밀하게 협의하
고 우리가 주도하는 전략이 새로운 위치에 서야 한다. 북한 김정은과
군부, 핵심 집권세력의 핵 포기와 그들의 체제 안전과 번영, 미국 주
도의 동북아 신질서와 미 · 중 패권 경쟁의 인도 · 태평양 전략에 대
한 큰 책략으로 내세울 수 있어야만 한다.**

북한의 비핵화와 밀접한 상관관계가 있는 미국의 중동 정책,
이스라엘과 이란 및 사우디아라비아와 함께할 수 있어야 한다.
고(故) 김대중 대통령의 햇볕 정책, 이명박 정부의 비핵 3000, 문
재인 정부의 친중사대 종북굴욕 대북 정책을 새롭게 분석하며
대응 전략을 세워야 한다.

미국 주도의 가치 구현의 혼돈 상태에서 벗어나서, 제재와 압
박, 당근과 채찍의 완충 전략 경험과 가치를 공유하고 미 · 중 패

권 경쟁을 뛰어넘는 책략으로 세계사에 우뚝설 수 있어야 한다. 북한의 비핵화와 통일은 이 땅과 한민족의 자유의지를 실천하는 최우선의 국가 전략이 되어야 한다.

우리는 제2차 세계대전 후 봉건 제국주의 압제와 침략 시대를 넘어서 가난과 착취를 벗어나 민주화와 산업화를 단기간에 이룩한 위대한 국가이다. 세계 유일의 분단국가이며, 민족 간의 비극적인 한국전쟁을 겪고 처절한 남북이념 전쟁이 현재 진행형이다.

지혜로운 국민이 실행한 산업화와 민주화 성취를 밑거름 삼아서 국가적인 체계적인 대비와 전략을 준비해야만 한다. 국가와 정부는 근간을 마련하고 민간이 중심이 된 체제로 시장에서 현재와 미래를 이끌어갈 수 있어야 한다. 한국 사회는 국가 외교, 안보, 군사, 교육, 법률, 경제와 사회 전 분야에 걸쳐 이념적 투쟁과 함께 지역, 계층, 세대 간의 극심한 갈등과 대립, 분열의 혼돈 상황을 만들어내고 있다.

그러나 이제 대전환의 시기를 맞아 새로운 길을 찾아나서야만 한다. 대한민국은 새로운 국가 철학과 정체성으로 군사, 외교, 경제, 교육, 문화의 혁신적 변화와 개혁을 추구하는 길에 나서야 한다. 포스트 코로나 시대는 북한 비핵화, 한반도 통일에 버금가는 국가 생존 전략으로 군건하게 세워야 함이 무엇보다 심각하고 시급함을 깨닫게 하고 있다.

광장의 촛불과 외침이 사라지는 이유

———

2022년 3월 9일, 대한민국의 20대 대통령 선거가 다가오고 있다. 문재인 대통령의 무능하고 무책임한 사려 깊지 못한 국정 통치행위는 이 땅을 흔들어대며 힘들게 하고 있다. 국정 통치능력의 상실은 조기 레임덕 현상을 가속화시킨다. 더불어민주당 집권세력의 내로남불, 후안무치, 아시타비 행동은 서울, 부산 광역시장 선거에서 참패하는 결과를 낳았다. 차기 대통령 선거를 앞두고 정권 심판론을 선택한 민심은 급속하게 확산되었다.

문재인 정부의 촛불 혁명과 적폐청산, 공정의 가치가 무너지면서 지지 기반 붕괴가 가속되고 정권 재창출은 적전분열 현상에 직면하고 있다. 지리멸렬한 국민의힘은 더불어민주당의 집권세력에 대한 강한 거부감에 대한 반사이익만을 쫓고 있을 뿐 국민에게 희망을 주지 못하고 있다.

젊은 패기의 이준석의 등장은 실의에 빠진 한국 정치의 새로운 희망으로 떠오르고 있다. 국민의힘은 더불어민주당과 쌍둥이 형제인 양 거대 정치 기득권에 도취되어 국수주의의 양대축으로 나태하고 오만한 행위를 반복하고 있다. 고(故) 박원순, 오거돈의 성추행 범죄로 인해 실시된 양대 서울시장, 부산시장 선거에서 승리한 후 물거품이 될 수도 있는 정권심판 여론에 압도되어 있다.

정치적 중립과 민생을 편하게 해야 할 검찰권 최고책임자인 직전 검찰총장이 대통령과 청와대, 더불어민주당의 집권세력과 현직 법무부 장관들과 갈등을 빚고서 현직에서 물러나자마자 차기 대통령 적합 여론조사에 1위에 오르는 현상은 계속되었다. 현 정부의 오만함과 내로남불의 필사의 정권 재창출을 위한 불순한 의지는 윤석열 전 검찰총장을 '반드시 죽여야만 우리가 살아남을 수 있다' 는 식의 공수처 수사의 오묘하고 교묘한 방식을 취함으로써 차기 유력 대권주자 반열에서 제거할 대상으로 선정하는 막다른 선택을 했다.

공수처와 검찰 개혁의 필요성이 절실히 요구되는 분명 잘못돼도 한참 잘못된 한국의 비상식적 상황은 계속되었다. 윤석열 전 검찰총장의 차기 대통령 적합 여부를 떠나서 현실 정치와 검찰, 대통령과 집권세력의 무능함의 민낯은 만천하에 공개되는 숨길 수 없는 사실로 각인되었다.

현 정치권에 실망한 사람들의 지지를 한데 묶을 수 있는 제3후보의 등장을 원하는 국민의 꿈과 소망의 열망은 계속되고 있다. 국민은 현실 정치권을 심판하고 꿈과 소망을 실현하는 새 정치를 이끌 수 있는 새로운 정당, 세력과 인물을 통해 한국 사회의 변화와 혁신을 꿈꾸고 있다.

더불어민주당의 차기 대통령 후보 방정식은 숨은 보물 찾기식으로 난항에 빠져들고 있다. 김경수 경남지사, 조국 전 법무부장관, 유시민 노무현재단 이사장, 이광재 의원, 김부겸 현 국무총리와 같은 친문 후보들은 국민들 시선에서 사라지고 없다. 추미애 전 법무부장관만이 경선에서 겨우 명맥을 이어가고 있다. 민주노동당 출신으로 재선한 50세의 비교적 젊은 국회의원 박용진이 부상하고 있다.

친문 후보는 국민의 신 적폐청산 대상이 된 지 오랜 현실이다. 더불어민주당의 경선 결선투표에서 친문의 지지와 반(反) 이재명 당내 여론을 바탕으로 대역전을 꿈꾸는 동아일보 동경특파원 출신의 전직 전남지사, 총리, 서울 종로의 현직 국회의원, 전 집권당 대표인 전남 영광 출신 이낙연과, 전북 진안 출신으로 서울 종로구 지역구를 가졌던 전직 국회의장, 전 당대표 정세균의 호남 후보 단일대오는 추진 동력을 잃어가고 있다.

분노와 혐오의 '대깨문'을 버리고 식상한 문재인 계승정치, 호남 대통령의 프레임 정치에서 탈피해야 한다.

새로운 시대를 여는 사명의식으로 국민의 선택을 받아야 한다. 기본소득, 기본주택, 기본대출, 기본정치 시리즈의 이재명 경기도지사의 정치 슬로건은 기존 정치권에 대중인기 영합의 포퓰리즘 충격과 함께 차기 대권을 향한 자기의 브랜드를 만드는 데 성공한 듯하다.

분단 조국의 대통령을 꿈꾸는 사람은 해서는 안 되는 정치 지향의 슬로건을 가지고 중산층과 서민, 사회적 약자를 불행에 빠뜨리는 포퓰리즘의 정책으로 포장하여 국가와 국민을 현혹하고 있다. 이재명 경기도지사의 기본정치 슬로건은 자유민주주의와 시장경제의 가치와 철학을 내팽개치고 분열과 갈등의 정치를 예고한다.

기본정치 시리즈 실현을 위한 천문학적인 재원 조달 구조와 방안에 대해 반(反)시장경제적인 빈약한 억지 논리와 모순된 설명에 기대고 있다. 자신의 입맛에 따라서도 현실과는 거리가 먼 부적절한 반(反)시장 이야기만을 반복하고 있다.

기본 시리즈 어젠다 프레임은 1차적 승리를 구가하고 본선 승리를 위한 새로운 프레임 '성장과 국가 부흥'을 내세우고 있다. 이재명 경기도지사는 차기 대통령 선거에 나가서 사전에 정부의 국정 철학과 어젠다를 분명하게 털어놓아야 한다.

이재명 경기도지사가 국정 최고통치권자 대통령이 되기 위해서는 자신의 역할을 정리하고 이 땅의 꿈과 소망을 실현할 자유민주주의와 시장경제의 가치와 철학을 담은 대선 공약과 어젠다를 수정하고 정직하게 다가서야 한다.

중국공산당의 시 황제(Emperor Xi) 시진핑, 러시아 연방의 짜르(황제) 푸틴, 오스만 터키의 옛 영광과 부활을 꿈꾸는 21세기 술탄 터키의 에르두안 대통령처럼 전제 독재주의 국가의 반자유민주주의와 시장경제의 정책, 즉 스트롱맨식 사고(Strong man' s way)와 철학을 닮으면서 행동해서는 안 된다. 이 땅의 생존과 자유의 본질에 어긋나는 진부한 정책과 사고의 철학에 다가서는 오류를 벗어나는 정치를 통해서 국민의 선택을 받아야만 한다.

늘 경계해야 할 전형적인 포퓰리즘 정치 슬로건을 버리고 이 땅의 생존과 자유를 위한 멀고도 긴 여정을 함께하는 패기와 신념이 있는 정치인의 위치에 서야만 한다.

현 집권세력의 탈원전 정책과 4대강 감사에 현 정부의 입장에 반하는 입장을 견지하고 공정한 가치를 회복하고자 감사원의 정치적 중립에 서고자 애썼던 최재형 감사원장은 사퇴 후 정치 선언과 함께 차기 유력 대권주자 반열에 오르고 있다.

여전히 적지 않은 이 땅의 공정과 분노의 큰 에너지가 응축되어 표출되었다. 분단 조국의 상황을 깨닫고 글로벌 시대를 이끌어 갔던 민주화의 아버지 고(故) 김영삼 대통령의 대도무문(大道無門), 고(故) 김대중 대통령의 '행동(行動)하는 양심'의 정치를 거울삼고 가야 할 것이다.

내로남불, 아시타비, 후안무치의 더불어민주당은 차기 대권을 두고 적전분열의 기로에 서 있다. 더불어민주당의 절대 지지 기반인 호남과 수도권의 호남인들의 지지를 고착화시키고 중도층의 이반을 차단하는 필사의 노력이 전개될 것이다. 차기 대통령 선거에서 국민의 국정 심판론이 대선 국면을 강하게 지배하게 될 것이다.

더불어민주당 후보는 문재인 정부와 차별화를 할 수도 없고 안 할 수도 없는 혼돈 속에 갇히게 될 것이다. **더불어민주당 차기 대통령 후보는 문재인 대통령과 정치, 외교, 안보, 경제, 부동산 정책에서 차별화된 정책을 내세우지 않고서는 차기 대통령 선거에서 승리를 가져올 수 없을 것이다.**

이 땅의 생존과 자유의 가치, 자유민주주의와 시장경제의 회복을 위해서는 더불어민주당의 집권을 중단, 저지시켜야 한다. 제3지대 후보 정당들과 국민의힘 야권 민주연합세력의 집권 전략으로 정권을 빼앗아야 된다. 어떤 경우에서든 더불어민주당의 정권 재창출은 이루어질 수 없는 신기루가 될 것이다. DJP연합 정권을 뛰어넘는 원칙과 철학을 뒷받침할 자유민주주의와 시장경제의 가치와 철학을 바탕으로 야권 민주연합정권 협약서를 국민과 함께 만들어가야 한다.

한국 정치의 퇴행을 반복하고 있는 언행불일치 아시타비(我是他非)의 감성과 지성 능력이 현저하게 떨어지는 후보는 제외해도 될 것이다. 정치의 기본 소양, 감성과 지성이 빈약한 정치인들은 이 땅에서 선택을 받지 못할 것이다.

민주적 절차, 국민적 합의의 야권 민주연합정권과 정부구성 협약에 의해 탄생되는 후보는 국민의 과반이 넘는 득표를 얻게 될 것이다. 매 선거에서 전략적 투표 성향으로 나타나는 더불어민주당의 절대지지 기반인 호남과 수도권의 호남인들의 지지를 상당 부분 잠식하고 2030~3040 청년세대, 4050~5060 장년세대와 여성, 중산층의 결정적인 지지 기반을 얻게 될 것이다.

이 땅의 생존과 자유의 가치와 철학의 비전을 제시하고 실천하는 행동을 통해 얻어질 것이다. 무능, 무개념, 무책임과 반상식, 비민주 문재인 대통령과 더불어민주당이 주장하는 산업화, 민주화, 촛불혁명, 적폐청산의 생명력은 끝이 났다.

이 시대가 필요로 하는 차기 대권후보

국민에게 희망을 주지 못하는 정치 공학적 퇴행적 행위에만 몰두한 국민의힘은 더불어민주당과 함께 질긴 생명력을 유지하고 있다. 작은 순간의 승리에 취해서 비틀거리지 말고 젊고 패기 있는 이준석 대표를 중심으로 늘 대오각성하고 제3지대 정당후보들과 연합하여 민주정권과 정부구성에 전력을 다해야 한다.

야권 민주연합정부의 구성을 위한 절차, 방법 T/F 구성을 민주적 합의로 정하고 중앙선관위 유권해석을 받아서 실행해야 한다. 이를 주관할 범국민 야권 민주연합 단일후보 선출위원회를 만들고 최종 정권 창출 시까지 범국민 자발적 온라인/오프라인 운동을 전개해야 한다.

한국 정치의 퇴행적 불확실성과 불안정성을 제거하고 투명하고 공정한 국민의 꿈과 소망을 담는 철학과 내용을 담은 국민이 참여하는 민주연합정부협약서(국민적 합의로 도출된 양해각서)가 중요하다.

범국민위원회의 중재와 국민적 합의를 거쳐서 민주연합정부 협약서는 차기 대통령 단일후보 결정 방법 및 절차, 국정 철학과 가치 공유, 국가 안보, 국방, 경제, 사회와 교육 등 주요 국정 어젠다와 개혁 과제, 정부 구성 등에 관한 구체적인 사항과 내용이 포함되어야 한다. 차기 대통령 단일후보를 결정하는 과정에서 기존 관행과 퇴행의 관습을 버리고 민주적 절차를 거쳐 국민의 입장에서 만들어야 한다.

범국민위원회는 국가와 국민의 민주적인 힘을 증거하는 범국민 자발적 조직이야 한다. 범국민 단일후보가 해야 할 일은 차고 넘치는 듯해 뵈지만, 자유민주주의와 시장경제의 가치와 철학을 통해 전력을 다해 국가와 국민을 위해 봉사하고 헌신하면 된다. 이 땅의 생존과 자유의 본질에 대한 가치와 철학의 자유의지를 실천할 수 있고 이 땅의 최고 국정 통치권자인 대통령의 자유민주주의와 시장경제를 신봉해야 한다는 명제가 담겨 있어야 한다.

이렇게 탄생한 차기 대통령은 행동하는 양심 의지를 실천하는 인

격을 가지고 있어야 한다. 여성과 사회적 약자, 자유와 인권을 억압당하는 사람들의 영혼을 끌어안을 수 있는 감성과 이성, 지성을 갖고 진정한 용기를 실천할 수 있어야 한다. 한미 동맹의 협약을 실천하고 이웃 일본과 새로운 미래를 위한 동맹적 파트너십을 맺고 한·미·일 새 시대를 열어갈 수 있는 국제 정치의 리더가 되어야 한다. 친중 사대, 종북 굴욕, 반일종족주의의 자세를 버리고 국가와 국민의 품격을 높이는 지성과 감성의 정치 지향의 가치관을 갖고 임하면 된다.

시진핑의 중국공산당, 푸틴의 러시아연방과 전략적 파트너십을 강화하고, EU를 비롯한 중근동과 아프리카, 남미와 북아메리카, 아세안과 질적 및 양적 교류를 확대하는 담대한 정책을 펴갈 수 있어야 한다. 북한을 한 핏줄의 동반자로 더불어 함께 갈 수 있는 국제 감각과 국제 정치의 현실을 이해할 수 있어야 한다.

포스트 코로나 시대의 이상과 현실을 이해하고 실천하는 역할을 할 수 있는 강인한 육체와 영혼을 소유하는 삶의 리더가 되어야 한다. 국민의 생명과 재산을 보호하고 꿈과 소망을 찾는 긴 여정을 함께 할 수 있어야 한다. 늘 묵상기도와 묵언수행의 자세로 국가와 국민을 위해 기도하는 수행자의 삶을 꿈꾸는 참 인간이어야 한다.

국민의 애환에 함께 웃고 울 수 있는 봉사와 헌신, 사랑과 희생을 모토로 삼는 담대한 인간이어야 한다. 다양한 형태의 삶을 이야기하는 새로운 시대를 구현할 수 있는 감정과 지성의 지도자가 되어야 한다. 인간이 매번 되풀이하는 실수, 자만, 오만에 두려워하거나 취하지 말고 늘 반성, 회개, 감사의 기도를 실천하는 보통의 삶을 견지하면 될 것이다.

예부터 민중은 종교에 의지하며 살아왔다. 오천만 명 인구의 절반 이상은 기독교, 천주교, 불교, 원불교와 기타 종교와 직간접적인 관계를 맺으며 살아간다. 한국인들의 일상은 종교적인 삶과 동행해오고 있다. 한국 종교는 기독교의 서구와 다른 경향의 흐름 안에서 민중과 소통을 함께하고 있다. 이 땅의 산업화와 민주화운동 과정과 생존과 자유를 향한 투쟁에서도 많은 에너지를 제공하는 역할은 계속되었다.

한국 종교는 사회의 모든 영역에서 시공간을 공유하고 있다. 범사의 감사기도와 봉사와 헌신을 통해서 심신의 강건과 영혼의 회복을 위한 길을 찾아가는 종교의 시대적 소명에 부응해 왔다. 한국 종교가 갖는 소중함은 더할 나위 없이 귀한 일이고 모두 함께해야 할 기쁨 가득한 일이다. 종교는 심신에 지친 영혼, 외로운 사회적 약자, 탈북민과 난민, 맘이 가난한 사람들에게 늘 빛과 소금이고 피난처이고 안식처가 되었다.

한국 종교의 묵상과 기도는 코로나 팬데믹과 예측불허의 디지털 혁명의 시대를 준비하는 이 땅과 사람들에게 평온한 안식과 평화를 인도하고 축복을 예비할 것이다. 권력 독점을 방지하고 개인의 삶이 존중시되는 다름과 다양성이 꽃피우는 자유민주주의와 시장경제의 실천의 출발점은 2022년 3월 9일 차기 대통령 선거일이다.

범국민위원회 구성을 위한 실행안

차기 대권을 향한 여야의 치열한 경쟁과 공방이 벌어지고 있다. 여야의 차기 대통령 후보 선출을 위한 경선 국면이 시작되었다. 한국의 미래, 이 땅의 생존과 자유를 향한 자유민주주의와 시장경제의 가치와 철학의 자유의지를 지키는 차기 대권 이야기가 전개되고 있다.

차기 대권에서 승자와 패자는 기본적으로 51:49 경쟁을 하게 된다. 51:49 정권 심판론과 창출론의 프레임은 이념, 지역, 계층, 세대에서 격화된다. 문재인 대통령과 더불어민주당의 강력한 정권 재창출 의지와 신념은 허술하고 치열하지 않은 야당 국민의 힘과 안일한 소수 야권후보들과 불로소득을 기대하는 장외 세력 간의 갈등과 난립으로 차기 야권 연대세력의 패배를 예상할 수도 있을 만큼 잠재적 요소들이 이곳저곳에서 벌어지고 있다.

국정 통치능력을 상실한 현 정부는 집권 연장의 야욕에 불타고, 정권 획득에 사활을 걸고 행동하는 여권 유력 대권주자들을 극한 경쟁 상황으로 내몰고 있다. 서울, 부산 보궐선거에서 확인된 정권 심판론은 강하게 지속되었다. 범야권 후보들은 국민의 시선을 사로잡는 열정과 신념을 제대로 보여주지 못하고 있다. 범여권의 저돌적인 집권 연장 노력은 증강될 것이 틀림없다.

더불어민주당 부동의 여권 대권주자인 이재명 경기도지사는 기본소득 시리즈를 뒤로하고 성장을 화두로 국가 부흥을 전면에 내세운 순발력과 유연성을 보여주고 있다. 야권 유력 대권주자들, 보수 진영의 언론매체들과 여권의 타 경쟁후보들로부터 거센 비판을 받고 있지만, 국민과 시장에는 새롭고 강하게 다가설 수 있을 것이다.

현 정부의 저력을 절대 무시하면 안 된다. 현 정부는 친문 후보, 반문 후보라는 선택의 갈림길에 서 있다. 더불어민주당의 차기 대통령 후보를 쟁취하기 위한 이재명 경기도지사의 행동 거취와 선택은 현 정부의 선택과 국민의 시선을 사로잡는 중심 위치에 있다. 국민의힘은 국가와 국민의 꿈과 소망을 담아내지 못하고 있다. 야권 유력 대권주자 반열에 서 있는 윤석열 전 검찰총장은 장모의 법정 구속, 아내의 황급한 언론 인터뷰와 X파일로 후보 본인의 진정성에도 불구하고 차기 대권 일정에 치명적인 타격을 받고 있다.

기존 정치권을 벤치마킹하며 국민과 만나는 대화에서 예상치 못한 정제되지 않은 언어와 메시지는 불필요한 외연을 만들었다. 한국의 미래를 위해 공정과 불평등만이 전부가 아닌데도 전환기적 시대가 요구하는 집권세력의 정체성과 방향성을 담은 메시지를 전달하지 못하는 한계를 드러내고 말았다.

차기 집권세력의 조국 분단 상황과 경제에 대한 화두를 선점하는 어젠다를 찾고 프레임을 선점하는 정책적 선택적 노력이 강하게 요구된다. 서울, 부산 보궐선거는 분노한 국민의 강한 한풀이만으로는 충분했지만, 차기 대통령 선거는 전혀 다르다는 것을 반드시 인식해야만 한다.

2030의 선두주자 이준석의 등장으로 불공정에 분노하고 좌절하는 2030, 3040 젊은 청년 세대의 피 끓는 에너지가 활활 불타오르고 있다. 4050, 5060 세대가 생기 있는 새로운 기대와 희망을 찾아가면서 한국 사회의 격동성에 대한 격려와 찬사를 쏟아내고 있다. 인류 문명은 늘 젊고 패기 있는 후세대에 의해 발전하면서 진화하고 있다. 환희와 격동의 한국 사회는 다시금 힘찬 발걸음으로 희망의 행진을 시작하고 있다.

차기 대권주자는 코로나19, 분단 조국이라는 이 시대의 숙제 앞에서 미래를 위한 담대한 담론과 철학, 현상을 뛰어넘어서는 새로운 힘찬 비전과 국가 개혁의 어젠다를 제시해야 한다. 현 정부가 망가뜨린 자유민주주의와 시장경제의 가치와 철학을 회복시켜야 한다. 한반도의 지정학적 정체성을 상실한 채 국제 정치 힘의 논리와 질서를 망각한 순진하기 짝이 없는 한반도 평화프로세스 진행은 당장 중단해야 한다.

강력한 범여권에 대응한 범국민 야권 단일후보의 당선을 위해 새로운 정권 창출, 범국민 운동의 횃불이 꺼지지 않게 활활 타오르게 해야만 한다. 2030의 젊고 패기 있는 신념과 용기의 청년 세대와 3040, 4050의 피 끓는 확신에 가득한 에너지를 분출하는 청장년 세대가 5060, 6070 세대의 완숙한 지혜와 경험을 바탕으로 새로운 여정에 기쁨 가득한 맘으로 동참하고자 하는 7080 노년 세대와 함께하는 순수와 열정이 무섭게 타오르고 있다.

차기 대통령 선거에서 승리하기 위해 범국민 야권 단일후보를 성공적으로 선출하여야 한다. 범국민위원회는 야권 민주연합세력의 단일후보를 선출하는 공정하고 투명한 민주적 절차를 진행해야 한다. 후보 선출과 승리를 위해 범국민위원회는 전 국민의 자발적인 참여와 야권 각 정당 후보들의 직접적인 지지를 받는 인사들이 참여해야 한다. 전 세대가 융합한 자연발생적 온/오프 형태로 탄생, 출범되어야 한다.

범야권 후보들은 각각 정당의 대통령 후보 선출을 거친 후 차기 대통령 후보 등록 선거일 최소한 한 달 전에 범국민 야권 민주연합세력의 단일후보 경선의 범국민 대회에 참여해야 한다.

범국민 대회에 참가하는 야권후보의 자격 및 참여는 야권 주요 정당 선출 대통령 후보와 각종 여론조사를 통해 인정받은 후보를 범국민의 합의를 거쳐서 3~4인의 예비후보를 정한 후 국민과 함께하는 범국민위원회의 추인을 거쳐 결정해야 한다. 범국민위원회는 범국민 대회에 참여하는 소속 야권 정당과 후보의 추천을 받은 인사들로 구성해야 한다. 위원은 대한민국의 법을 준수하고 중앙선거관리위원회의 제규정과 유권해석을 지키는 한국 사회 각 분야, 세대별 양심적인 인사들이어야 한다.

범국민위원회는 국민의 자발적인 참여와 후원을 통해 운영하고 집행해야 한다. 범국민위원회 구성은 야권 각 정당과 후보들의 직접 참여와 합의를 거쳐서 늦어도 2021년 11월 30일까지 탄생해야 차기 대통령 선거 승리와 국가개혁의 큰 에너지를 만들어갈 수가 있다.

향후 국민의힘 차기 대통령 후보 선출 경선에서 누가 어떻게 선출되든지 간에 범 야권 연대세력의 단일후보 선출이 차기 대권의 승패를 결정하는 핵심 사안이 될 것은 틀림없다. 따라서 범 야권 단일후보 선출을 위한 범국민 운동이 전개되어야만 한다.

이 땅의 위대한 생존과 자유를 향한 여정의 자유민주주의와 시장경제의 가치와 철학을 송두리째 뒤엎고 친중 사대, 종북 굴욕의 내로남불의 무능하고 파렴치한 부도덕하고 뻔뻔한 행동을 서슴지 않는 문재인 대통령과 더불어민주당의 현 정권을 심판하는 범국민 운동을 전개해야만 한다.

범국민 운동 전개와 단일후보 선출을 주도하는 집행위원회를 구성해서 차기 정권 창출 국민운동을 전개하는 전국 시도별 국민운동본부를 조직하고 실행해야 한다. 전국 시민사회단체, 노동조합, 대학, 직장, 각종 친목회 및 동호회의 구분 없이 조직되고 운영되어야 한다.

　범국민 야권 단일후보 선출을 위한 범국민위원회의 정체성은 자유민주주의와 시장경제의 가치와 철학을 믿고 실천하고, 특정 정당, 지역, 이념, 세력과 무관해야 한다. 현 정치권의 국민의 힘, 정의당, 국민의당과 더불어민주당 출신의 탈당 인사를 포함한 어떤 정치세력과도 무관한 순수한 국민 자발적 운동을 지향해야 한다.

　국민의힘과 야권 유력 대권주자 반열에 있는 후보들은 현 정권을 심판하는 국민운동과 선거 전략에 한국의 미래가 결정된다는 사실에 비전과 신념의 시대적 소명 의식을 가져야만 한다. 1987 민주화 체제를 뛰어넘는 코로나 팬데믹, 승자독식의 플랫폼 디지털 시대의 국민소득 4만 불의 남북 평화공존 시대를 준비하는 권력 분점과 균형과 대화의 가치를 실현하는 새로운 헌법 개정을 제기해야만 한다.

　차기 대권을 결정짓는 중도 층과 함께하기 위한 시대를 준비하는 실용가치의 경제(부동산), 교육, 국방, 외교 안보(북한 비핵화), 선거 공약을 제시하고 행동하는 신념과 철학을 보여주어야만 한다. 국민의 깨어 있는 행동하는 양심에 동행하는 자유 실천의지의 범국민 운동을 전개해야만 한다.

범국민위원회의 야권 단일후보를 선출하기 위한 완전국민경선방식(Open primary election)에 진출한 3~4인의 후보는 사전에 차기 민주연합세력의 집권 양해각서를 범국민이 참여하여 소속된 정당과 단체에서 함께 만들어내야 한다. 이에 선출된 단일후보를 중심으로 차기 대통령 선거를 승리로 이끈 후 자유민주주의와 시장경제의 가치와 철학의 자유의지를 명확히 하는 새 정부를 세운다.

범국민 단일후보 선출 후 차기 대통령 선거기간 중에는 자발적 공동정권 창출을 위한 범국민 운동으로 비판적 시각으로 공정하고 투명한 선거를 감시, 감독하는 역할을 자임해야 한다. 그리고 선거에서 승리한 후 즉시 해체한다.

인간의 삶은 미묘하고 신비롭고 복잡하다. 정치인이 대중의 삶에 직접적인 영향을 미치려는 생각에서 벗어나야만 한다. 국민을 편하게 해주는 사법권력은 단순해져야 하고 국민의 삶에 위해를 가하는 행위를 절제해야 한다.

차기 대통령 선거가 다가오고 있다. 한국의 미래, 차기대권론의 시작과 끝은 우리의 삶에 응축된 일상의 이야기가 되어야 한다. 세계 10대 경제 강국의 한국의 미래는 새로운 시대를 맞아서 자유민주주의와 시장경제에서 특별한 준비를 해야만 한다. 전경련과 중소기업중앙회를 비롯한 각종 경제이익단체의 경제문화 역사연구소 신설과 함께 대기업, 대학과 분야별 학회의 다양한 형태의 분석과 연구, 융합적 토의와 학술적 토대를 마련하는 기반 조성에 심혈을 기울이고 힘써야 한다.

국가의 힘은 지정학적 위치와 체제의 근접성과 이질성에 의해 쉽게 균형이 깨질 수 있다. 우리는 너무나 다른 길을 찾아가야 하는 비현실 속에서 살지 않는다. 자유민주주의와 시장경제를 추구하는 국가와 사람들과 함께해야 비극적인 조국의 분단상황을 극복할 수 있다. 나아가 동북아의 평화와 발전하는 강한 중심 국가로서 이 땅의 번영과 통일, 행복을 만들어가는 역할을 맡을 수 있다.

이 땅의 생존과 자유를 향한 위대하고 새로운 대한민국의 여정을 시작해야 한다. 동북아의 강대국, 패권국, 통일 대한민국의 미래를 위해 묵상하고 기도하는 실천 행위를 가지고 전진해야 한다. 한층 성숙한 한미 동맹의 길을 만들어가야 한다. 새로운 가치와 철학의 길에 설 수 있는 한미일 동맹의 관계를 만들어 가면 된다.

5장

정치개혁의 출발선에서

한반도의 주변 지정학적 상황의 미중일러 글로벌 전략은

우리의 생존과 자유를 결정하는 실로 막중한 영향을

주고 있다. 현실은 국제 정치의 약육강식 질서에 굳건한

신념과 용기를 가지고 임해야 한다는 것이다.

글로벌 국제 정치의 세계관에서 출발해야만 하는데도

작은 국가 담론과 철학, 정체성의 발자취를 찾기도 쉽지 않다.

분단 조국의 정치 상황을 마무리하고 이끄는 힘은

우리의 정체성과 역량이 명쾌해져야 생성된다.

국제 정치의 상황을 지혜롭게 판단하고 선택해야 한다.

결속된 강한 힘과 역량에 따라서 결정될 것이다.

미국의 세계 전략과 함께 한미 동맹의 책임과 의무를 가지고

양식 있는 행위와 역할을 수행하는 데서 이 땅의 운명은

선택되고 마무리될 것이다.

실종된 한국의 정치를 찾아서

한국의 미래, 차기 대통령 선거 일정이 시작되면서 한국 정치가 죽었다가 다시 살아날 수 있는 전기가 마련되었다. 더불어민주당 1차 예비후보가 결정되고 토론과 면접을 통해 지지율 변화가 감지되었다. 차기 대통령 예비후보 1호로 중앙선거관리위원회에 등록한 윤석열 전 검찰총장, 6·25 전쟁영웅인 부친상을 치루고 차기 대통령 선거에 뛰어든 최재형 전 감사원장, 국회의원 3번의 낙선으로 단 한 번의 당선 경험조차도 없는 '헌정 사상 최초의 30대, 최연소 제1야당 대표 및 원내 교섭단체 당대표' 36세 이준석이 경선 버스에 올라타는 대권 후보로 이제 버스는 만원이다.

젊은 이준석은 현 정부의 정치의 무력함에 정권 심판론의 현실적 인식이 이 땅을 몰아치면서 커진 물결을 타고 압도적인 지지를 얻어 제1야당 국민의힘 당대표가 되었다.

"정치학은 물리학보다 더 어렵다."

일본 본토 상륙을 앞두고 원자폭탄 실험이 성공하고 과학자들의 생각보다 훨씬 더 가공할 폭탄의 위력에 압도당한 과학자들의 걱정 가득한 질문에 대답한 알버트 아인슈타인 박사의 넋두리에 가까운 답변이다. 정치는 신학적 고찰보다도, 과학의 실증적 진리와 종교의 가치를 쓸어담고도 남을 만큼 인간의 삶을 예측불허의 궤적을 통해서 진행케 하는 질척거리는 사바 세계의 놀라운 투쟁 현장이다. 우리는 탐욕스러운 인간의 행위가 응축된 뺏고 빼앗기는 투쟁의 연속선상에 서 있다.

민중의 함성은 개발 독재, 군사 독재 체제를 무너뜨리고 1987 민주화 체제의 국민소득 1만 불, 대통령 직선제 5년 단임의 헌법을 탄생시켰다. 아날로그 시대를 뛰어넘는 글로벌 시장에서 생존과 자유, 코로나 팬데믹, 국민소득 4만 불, 미·중 패권 경쟁, 북한 비핵화, 자유민주주의와 시장경제의 승자독식의 플랫폼 디지털 시대, 분단의 한반도를 하나 되게 하는 국가와 민족의 운명, 위대한 통일을 준비하는 혁명적인 정치 개혁을 실행해야만 한다.

이명박, 박근혜 전 대통령은 중형을 선고받고 투옥 중인 상태이다. 촛불 혁명에서 구시대 정치 적폐 청산을 국민으로부터 명받은 문재인 대통령은 사면권 행사에 대해 유체이탈 화법으로 촛불의 함성을 배신하고 있다. 위대한 이 땅의 품격을 위해서라도 큰 정치의 실현은 어떻게 할 것인지를 고민하기 전에 특별사면을 단행하는 여유도 배짱도 없이 촛불 정신과 적폐 청산의 시대적 소명을 왜 천명했는지를 알 수가 없다.

젊은 이준석의 등장에 환호하는 대중의 심리는 강한 기대와 바람으로 새로운 시대를 거부할 수 없는 새로운 상징으로 삼은 것은 분명하다. 현 정부의 검찰 개혁에 대한 광분과 혼돈은 내로남불의 추악한 참상을 빚고 사라져갔다. 박원순과 오거돈의 추악한 성추행 사건으로 실시했던 양대 보궐선거는 현 정부의 부도덕과 무능, 무책임의 내로남불을 증명하는 참패로 끝이 났다.

여야 국회의원들은 국회에서 국민의 대표자로서 반듯한 의정 행위는 뒤로하고 자신들만의 생존을 위한 행위에 몰두하고 있다. 한국 정치는 양치기 길잡이도 없이 미로를 찾아헤매는 길 잃은 외롭고 가엾은 양 신세가 되어가고 있다. 여야 차기 대권주자들은 한국의 미래를 위한 대선 공약을 국민 앞에 제시하고 선택받아야만 한다.

현 집권세력은 작은 권력에 취해 휘청거리고 있다. 국민의힘을 비롯한 야당은 국민의 정권 심판에서 작은 승리에 취해 국민의 열정과 신뢰를 뒤로하고 한국의 미래를 결정지을 차기 대권 쟁취를 향한 패거리 정치의 소아병적인 일상에 허우적거리고 있다.

이념과 이익 다툼에 찌든 시민사회단체와 언론은 감시와 비판은 내팽개치고 진보/보수 진영만을 위한 병적인 거짓 환상과 허구를 만들어내는 일상에 빠져 있다. 타락한 순수이성 비판은 아집과 집착의 깊은 수렁에서 빠져나오지 못하고 있다.

내가 만난 정치인 천태만상

더불어민주당과 함께 한 무책임하고 한심한 야당, 국민의힘 지도부와 부산지역 정치인들의 더러운 매표 행위는 비난받아야 마땅하다. 국민의 분노와 투쟁, 행동하는 양심은 흔적 없이 사라져가고 없다. 암울하고 비극적인 현실만이 공허감과 함께 밀려들게 한다. 2021년 서울과 부산 시민은 위대했다. 민주 시민의식과 공공의 상식은 먼 옛날 사람들의 헛 외침으로 회자되고 있지만 늘 살아 숨 쉬고 있다.

야바위 정치꾼들의 한판 푸닥거리가 허공에 메아리친다. 매번 미사여구만을 쏟아내고자 애쓰는 속 빈 강정의 겉멋 든 정치인, 그 정반대의 품격 떨어지는 말에 익숙한 저급한 모리배 정치인, 항상 착한 척은 하면서 맹탕인 내로남불 이미지의 덜떨어진 정치인, 자신은 고고한 척하면서 대안은 제시하지 못하고 비판만을 일삼는 한심하고 고루한 먹물 정치인, 똑같은 말을 하더라도 진실을 가장한 거짓 프레임 양산의 달인인 정치인, 지식인의 겉모습만의 행위가 일상인 반드시 퇴출되어야 할 정치인, 자신이 알고 하늘이 알고 있는 범죄 행위에 아랑곳하지 않으며 하룻강아지 범 무서운 줄 모르고 민주 질서에 역행하는 변화와 개혁을 외치는 하루살이 정치인, 뻔뻔하고 불통의 외계인 행태의 유치하고 파렴치한 행위가 일상인 저급 정치인, 늘 양심은 감추고 위장한 채 온갖 사안에 달변의 궤변만을 이야기하는 이율배반의 식상한 정치인, 이중적인 인성과 양심을 갖고 착한 가난 코스프레에 치장하는 스토리에 기대어 호시탐탐 기회를 엿보는 날탕의 정치 흉내만을 내는 정치인, 가난과 어려운 현실 속에서 꿋꿋하게 살았지만 국민을 현혹하는 생활 정치 프레임을 가지고 현재의 판을 뒤집기에는 역부족의 탐욕이 가득한 자기 확신의 정치인, 각종 시민단체의 검증 받지 않은 영역에서 패거리 논리와 행태에 힘입어 정치권과 권력에 기생하며 살아가는 몰염치 뻔뻔한 정치인, 젊은 시절 민주화와 산업화의 격동의 삶을 내던지고 얼치기 민족주의와 사회주의 향수에 취한 젖비린내 풍기는 친중사대와 종북굴욕 행위에 익숙한 미숙아 정치인, 현재 권력에 취해 알랑거리는 사회 경험과 막말을 앞세우는 막가파 초짜 정치인, 노년의 붉은 석양을 물들이고 싶은 강한 욕망을 숨긴 채 초조해하는 자기 확신의 정신병 취향의 퇴물 정치인, 국가와 국민을 위한 봉사와 헌신의 역할을 내던지고 무능한 대통령과 정권 지킴이를 자처하는 자칭 타칭 민주화 투쟁의 삼류 정치인 등 필자가 만난 정치인들은 자유민주주의와 시장경제의 가치와 철학을 내던지고 품격 낮은 행위로 백주 대낮부터 해대곤 했다.

보통 사람들의 상상과 예상을 뛰어넘고 하룻밤 사이에 유력 대권주자 반열에 서는 게 일상이 되는 비정상 상황이 만들어지고 있다. 간 보는 정치, 현란한 말들이 쏟아지는 저급 미디어 정치, 벼락치기 대권 열공에 빠져 초짜 대권주자 반열에 서게 된 평생 공무원 출신들은 정치를 너무 쉽게 생각하고 일시에 권력을 쟁취하는 헛된 망상을 좇고 있다. 공정과 유토피아 세상의 대리 만족, 자기 확신의 생존과 자유를 향한 삶을 위해 의로운 듯해 뵈는 사생결단의 성자 행세를 하는 코미디 정치 장세가 계속되고 있다.

침묵을 깨고 정체성 회복부터 시작하라

각종 국책사업의 예비타당성 면제와 가덕도 신공항 특별법 제정, 부동산 시장 급등과 정부의 허무맹랑한 대책과 LH 사태, 종

부세 등 세금 폭탄이 상징적으로 늘어나고 있다. 한국 정치는 민주화와 산업화의 성취에 취해 점차 탄력을 잃어가고 급격하게 쇠락해가고 있다.

정체성의 혼돈과 상상력의 부재, 미래에 대한 궁핍한 세계관, 시대착오적인 증오와 분노의 이탈 행위만이 가득하다. 현재의 제왕적 대통령 제도와 분단의 문제는 이념, 계층, 세대, 지역의 분열과 갈등의 핵심 사안으로 점점 확대 재생산되었다. 현재와 미래 권력의 불확실성과 불안정성은 대한민국의 화합과 통합, 번영과 통일에 있어 큰 장애물이다.

서울, 부산시장 보궐선거에 집권 여당인 더불어민주당은 후보를 내지 않은 게 상식과 순리의 민주주의 질서이고 국민과 한 약속의 신의이다. 더불어민주당을 지지하는 진보 언론과 사람들도 정치적 약속 파괴와 무원칙의 비상식적인 부도덕한 행위에 묵시적 동조와 함께했던 행위는 비판받아야 한다.

한국 정치는 진보 정권의 잘못된 불평등과 공정의 개념, 땅에 대한 무지와 집착에서 비롯된 반자유민주주의와 시장경제의 철학과 가치관 부재에서 비롯되는 혼돈과 무질서 상황에 빠져들어 허우적대고 있다.

내로남불의 비민주, 비상식, 부정직과 무능에서 비롯된 부동산 문제는 LH 사태로 이어져 확대 재생산되고 혼돈 상황에 빠져들었다. 부동산값 폭등과 LH 사태는 한국 사회의 분노를 집어삼키는 블랙홀이 되었다. **한국 사회는 언행 불일치, 불공정과 내로남불의 공감 능력이 상실된 채 어둠의 사회로부터 헤어나오지 못하고 깊은 수렁에 빠져 있다.**

문재인 대통령의 위선 가득한 페이스북 메시지와 촛불 혁명 정신의 부활을 약속하며 지키지 못한 공약을 사과하는 행위는 국민을 분노케 하고 허탈케 한다. 더불어민주당과 집권세력의 낯 두꺼운 위선적인 언행들은 국민의 분노와 공분을 자아내기에 충분하다.

민주주의 가치와 품격을 지키는 행위는 생존과 자유를 지키는 행동하는 양심과 함께 이 땅에서 살아가는 사람들을 위한 최소한의 도덕이다. 보통 사람들이 지켜보고 가져야 할 윤리적 책임이자 의무임을 늘 깨닫고 실천해야 할 덕목이기도 하다.

코로나 팬데믹과 디지털 시대에서 혁명적인 정치 개혁의 출발은 자유민주주의와 시장경제의 가치와 철학, 정체성의 양심 회복에 있다. 인권 변호사를 자처한 문재인 대통령과 민주세력을 대표하는 더불어민주당은 지난 홍콩 사태에서 티베트, 신장 위구르 인권 탄압, 시리아 난민사태, 북한 인권에 대해 의도적 침묵을 계속하고 있다.

최근 미얀마 유혈 사태를 우려한 입장 표명은 광주민주화운동을 부끄럽게 하기에 충분하다. 유엔이 감시해야 할 인권 탄압국에서 불명예의 위치에 있고 동맹인 미 의회 인권 청문회에서 인권 탄압 국가의 불명예를 만들어내는 지경에 이르렀다.

우리는 자유민주주의와 인권 탄압에 저항하는 사람들의 외침에 비민주적인 침묵과 탈민주주의 행위로 일관하면 절대 안 된다. **이 땅의 민주세력은 민주화운동의 과정에서 자유민주주의와 시장경제, 인권 탄압에 저항하며 투쟁했다. 세계 각지의 자유민주주의와 시장경제 지지 세력의 절대적인 격려와 지지를 바탕으로 성장해왔다.**

한국은 일본 제국주의의 침략과 폭거에 항거하며 비폭력 3·1 만세운동, 광주학생운동, 4·19 학생의거, 부산·마산·광주 민주화운동의 자랑스러운 역사에서 잉태되어 발전하고 있다. 북한 김정은 정권의 북한 동포 인권 탄압에 대해 침묵으로 일관하면서 그들의 비인간적 행위에 의도적, 묵시적 동조를 하는 행위는 비판받아 마땅하다.

북한 김정은 조선로동당 정권의 전체주의 독재 패륜적 상황은 계속되고 있다. 우리가 민주화와 산업화의 성공을 자부하는 것은 인간의 천부 인권과 권리를 위해 죽음을 각오하고 참 인간다운 투쟁을 했기 때문이다. 국제 사회에서 민주주의를 추구하는 사람들의 인권과 언론 자유에 대한 조언과 비난을 애써 외면하는 철면피 행위는 일상화되고 행동하는 양심이 사라지고 있다.

자유민주주의와 시장경제의 국가, 촛불 혁명을 자랑스럽게 말할 수 있어야 한다. 자유 민주국가 대한민국, 한국인의 자유와 민주를 늘 이야기할 수 있어야 한다. 현 정부는 촛불 정신의 승리와 정체성에 취해 위선적인 자기 확신과 망상에 자꾸만 빠져들고 있다. 자유민주주의와 시장경제, 촛불 정신을 뼛속까지 철저하게 반성하고 회개해야만 한다.

한반도 평화 프로세스의 최종 목표

남북 간 통신 연락선이 복원되었다. 한반도 평화 프로세스는 김정은 정권의 코로나 팬데믹과 미국의 제재와 압박 정책이 가져온 경제 파탄과 식량 위기로 인해 붕괴하기 일보 직전에서 파국 위기에 부응하는 상황을 만들어갔다. 문재인 대통령은 대북 정책에 대해 종북 굴욕 외교 전략을 고집하고 있다. 이에 대해 북한 비핵화를 원하는 UN 안보리와 바이든 정부의 제재와 압박 기본 방침에 대해 어떤 방식으로 대화를 풀어나가겠다는 것인지 불분명하다.

김정은 정권은 바이든 정부의 대북 정책과 한국의 차기 대선 국면을 맞아서 현재의 위기 상황을 타개하고 차기 정권과 유리한 국면을 만들어가기 위한 전략적 파트너십을 구축하려 할 것이다. 미국의 인도 · 태평양 전략에 따라서 중국에 대한 미국의 압박 전략적 접근에 가능한 대화가 제기될 수도 있는 상황이 전개될 수도 있다. 북한 비핵화는 인도 · 태평양 전략에서 중국공산당을 압박하는 새로운 인계철선이 될 수도 있다.

문재인 대통령의 한반도 평화 프로세스는 종북 굴욕 외교 자세를 타파하고 미 · 중 패권 경쟁의 현재와 미래를 직시하고 차기 정부에게 부담을 줄 수 있는 행위는 자제해야 한다. 국제 정치에 대해 상식을 갖고, 이 땅의 생존과 자유의 길을 찾아가는 가치와 철학의 자유의지로 대화해야만 한다.

정부는 한반도 평화 프로세스의 최종 목표가 무엇인지 진술하게 국가와 국민에게 이야기해야 한다. 한반도 평화 프로세스의 최종 목표는 북한 비핵화와 개혁 · 개방과 번영을 통한 북한 동포들의 평화와 인권신장에 있지 않고, 자신들의 집권 연장에 최종적인 목표가 있다고 진실 되게 이야기를 해야 한다.

차기 집권을 하게 될 야권 민주연합정부는 한반도 평화 프로세스의 친중 사대, 종북 굴욕, 반일 토착왜구로 상징되는 비상식적인 전략 외교의 처음과 끝을 하나하나 명명백백하게 밝히고 법적인 문제가 생기면 그에 합당한 적법한 법적 책임을 지게 해야 하는 백서를 만들어야 한다.

정부는 일본 제국주의에 빨려들어가 극우의 망망대해에 사는 일본에 대해 혐오와 적대적 감정을 뒤로 숨긴 채 느닷없이 대화를 제의하는 웃지 못할 촌극을 보여주고 있다. 오락가락하는 남북 화해 시도, 갈팡질팡하는 꿈과 소망의 한반도 평화 프로세스 도쿄 구상은 코로나 팬데믹을 명분 삼은 북한의 불참 공식화 선언으로 물거품이 되었다.

한반도 평화 프로세스 실행의 마지막 장소가 될 2022년 2월 베이징 동계올림픽의 성공적 개최도 불확실하다. 중국공산당 창당 100주년의 행사 자축에 연이은 베이징 동계올림픽 성공 개최는 시련의 연속이다. 시진핑의 중국공산당의 홍콩, 티베트, 신장 위구르 인권 탄압을 비판하고 대만해협과 남중국해에서 항행의 자유작전을 수행하는 미국과 서방은 베이징 동계올림픽 성공 개최에 매우 비판적인 시각을 보내고 있다.

정부는 미국의 바이든과 일본 스가 정부를 상대로 아슬아슬한 줄타기 처신을 하고 있다. 미국 민주당의 낸시 펠로시 하원의장의 공개적인 보이콧 선언은 전 세계 주요 정치인과 인권단체 중심으로 광범위하고 지속적으로 펼쳐지는 운동에 기폭제가 되었다. **미국의 인도·태평양 전략을 애써 무시하고 한미 동맹의 기본조차도 저버리려는 무책임한 행위를 지속해도 좋은 것인지 현 정부는 자문자답해야 한다.**

시진핑의 중국공산당의 동의를 얻기 위해 한미 동맹의 외줄타기 처신은 애처롭게 뵈지만, 무능한 정권임을 만천하에 홍보하는 결정적인 증거가 되었다. 2022 베이징 동계올림픽 개최 전에 시진핑 방한을 지속적으로 추진하고 친중 사대 자세와 행위는 계속되고 있지만, 코로나 팬데믹 지속과 델타 변이 바이러스 대유행에 물거품이 되어가고 있다.

중국공산당 초청으로 미·중 정상과 남북한 정상회담을 북경에서 열고 한반도 평화 프로세스 미완성의 대미를 만들어가며 종국적으로 차기 집권을 연장하고자 하는 듯한 어리석은 행위에 국가 품격이 끝없이 추락하고 있다. 국가와 국민의 귀와 눈을 가리고 진행하면 한반도 평화 프로세스에 성공은 없다. 평창의 꿈 같은 봄날의 향기는 언덕 저편으로 넘어 뜬구름처럼 사라지고 추악한 발자취와 어둠의 역사적 진실은 남게 된다. 왜 이렇게 해야 하는지 이해는 하지만 위대한 민주국가 대한민국의 품격을 지키려는 최소한의 노력만은 해야 한다.

분노와 증오의 역사에서 우리는 "용서는 하되 잊지는 말자 (Forgiveness without Forgetting)!"의 정체성을 유지하고 행동하는 양심 있는 국가와 국민이 되어야 한다. 남아프리카공화국의 극단적인 인종차별 정책과 제도, 아파르트헤이트(흑·백 분리 정책)를 종식시킨 성자 넬슨 만델라의 영원한 메시지를 깨닫고 기억해야 한다.

2021년 7월호 〈뉴욕타임스〉 인터뷰에서 문재인 대통령의 김정은에 대한 평가는 우리의 눈과 귀를 의심케 하기에 충분했다. 김정은을 문 대통령은 '정직하다'고 평가했으며, 김정은 북한 노동당 총비서에 대해 '매우 솔직하고 의욕적이며 강한 결단력, 국제적인 감각도 있다'며 긍정적인 평가를 내렸다. 이에 〈뉴욕타임스〉는 문 대통령의 발언에 대해 김정은은 숙청, 고문, 강간, 장기적인 기아 유발을 포함한 '반인권, 반인류 범죄'를 주도한 사람임을 잊지 말아야 한다고 부정적인 뉘앙스로 다뤘다.

거짓 위장 평화 공세, 핵과 탄도미사일 발사, 잦은 공갈 협박과 막말을 일삼는 북한 조선로동당의 김정은 정권이 가하는 고통과 핍박, 죽음이 일상이 된 북한 동포들의 인권과 권리에 대해 침묵하며 동조하는 것은 있을 수 없는 일이다.

거짓으로 위장한 개정된 조선로동당 규약을 순진하게 믿고 북한 정권을 재해석하는 〈한겨레신문〉과 이종석 전 통일부 장관의 해설은 참으로 이해하기 힘든 현 정부의 위선이고 순진한 무능한 인식임을 입증하고 있다.

이 땅의 생존과 자유의 길이 시작부터 잘못된 편향된 친중 사대, 종북 굴욕의 한반도 평화 프로세스의 구걸 외교를 통해 정권 재집권의 대미를 장식하고 국가를 송두리째 망치고 싶은 것인지 솔직하고 진솔하게 밝혀야 한다.

예타 면제, 적폐 vs 간소화라는 함정

'모든 역사는 반드시 기록된다'는 것과 '나쁜 역사는 항상 반복된다'는 점을 기억해야 한다. 위대한 이 땅의 역사가 국제정치의 외톨이 바보로 전락할 수도 있는 슬픈 현실에 놓여 있다. 퇴행 진보와 얼치기 사회주의 이념 논리에 빠져서 위대한 이 땅의 정체성을 잃어버린 채 지나친 민족주의 행위가 계속되고 있다.

냉혹한 약육강식의 국제 정치 현실을 망각하고 동맹과 우군,

주적과 가상 적군의 존재 자체를 멍하게만 바라보는 소아병적 세계관에 빠져들고 있다. 지지 기반 확대를 위해 거짓 가공의 프레임 전쟁과 포퓰리즘에 근거한 혹세무민의 허무맹랑한 빈 공약의 듣기 좋은 말들의 성찬 행위가 계속되고 있다.

집권 연장과 권력 투쟁의 승리를 위한 온갖 매표 행위는 국민의 비난에도 아랑곳하지 않고 대담하고 뻔뻔한 선동 전술로 코로나 전 국민 재난지원금으로 포장된 채 교묘하게 진행되었다. 자유민주주의와 시장경제의 가치와 질서에 반하는 저질 선동전술에 능한 '문빠'들과 '대깨문('대가리가 깨져도 문재인 지지'를 칭하는 정치 비속어)', 거짓의 좌파 유튜브에 의존하는 집권세력의 몰골은 비참하고 처량하기까지 하다.

각종 선거 승리만을 위해 자유민주주의와 시장경제의 도도한 흐름의 이 땅의 미래를 심각하게 훼손하고 민주 질서를 단절시키고 암울하게 만드는 구조를 정착시키고 있다. 한국 사회의 분단, 지역, 이념, 계층, 세대 간의 갈등과 분열을 치유하고 화해와 통합의 길을 찾는 것은 원초적으로 포기하고 정반대 방향으로 찾아가는 사악한 일에 몰두하고 있다.

인간의 끝없는 탐욕과 본능에 따라 부정행위는 멈추고 있지 않지만, 점점 지능화되어 가고 장막 뒤편의 어둠이 짙게 드리운 곳으로 무모할 정도로 대담하게 향하고 있다. 현 정부의 대담한 국가사업에 대한 예타(예비타당성조사) 면제는 급기야는 자신들이 공약한 사안에 대해서도 일시에 뒤엎고 있다. 자신들 스스로 한탄하는 자조와 회한이 가득한 독백의 메시지를 내뱉고 있다.

가덕도 국제공항 건설 프로젝트 예타 면제 및 특별법 긴급 제정은 한국 정치가 반드시 심판받아야 할 암울한 사례가 되었다. 이 땅의 민주주의 역사에 영원히 비난과 저주를 받는 최악의 수가 될 것이 틀림없다.

가덕도 국제공항 건설 추진에 있어서 여야 모두 자신들이 저지른 행위에 대해 양심의 가책은 눈곱만큼은 있을 것이다. 늘 최소한의 진실은 숨기려고 애써 행동해야만 했던 옛 정치인들이 쏟아냈던 깡통 공약마저도 아련한 옛 추억이 되기에 충분하다.

포스트 코로나 시대의 새로운 선거 전략

무능과 무지, 무책임의 착한 코스프레 연출에 익숙한 내로남불의 현 집권세력은 어느 날 갑자기 검찰총장 출신의 윤석열, 판사 출신의 감사원장 최재형, 경제 부총리 출신의 김동연을 야당 유력 대권주자 반열에 서게 했다. 서울, 부산 보궐선거에서 확인된 분노한 민심에 뿌리째 흔들리는 집권기반 붕괴, 엉망진창의 서투른 국정 공백은 이어지고 레임덕은 가속화되면서 권력 투쟁은 활활 불타고 있다.

여야 차기 대권을 향한 자칭 타칭 대권 이야기를 만드는 행위, 닥치고 퍼주기 복지 차별화의 감별 논란에 휩싸인 차기 대권을 향하는 내우외환(內憂外患)의 감상법은 사뭇 슬프기만 하다. **미 · 중 패권 경쟁의 세계사적 흐름을 맞아서 국가와 국민의 변화와 개혁을 이끄는 진지한 새 후보를 만들어가는 정권 창출의 기회를 만들어야 한다.**

새 후보는 진보/보수의 진영, 지역에 연연하지 않고 새 시대를 이끌 수 있는 신념과 열정이 가득한 현실 정치의 멋과 조화를, 양보와 상생을 이끌 수 있는 분권과 권력 분점의 시스템을 실천할 수 있는 인재여야 한다.

이 땅의 의인(義人)을 찾아가는 여정인 한국의 미래, 차기 대권 이야기는 시작부터 이 땅의 생존과 자유를 향한 처절한 격전지로 변화하고 있다. 이 땅의 꿈과 소망의 혁명적인 정치 개혁은 저 멀리서 미몽의 역사를 품고 다가서고 있다.

1517년 독일 마틴 루터의 종교개혁은 하나님 말씀의 진정한 뜻에 따라 외친 행동하는 양심과 신앙의 출발이었다. 마틴 루터

킹 목사의 "우리는 꿈이 있습니다(We have a dream)." 라는 외침을 기억해야 한다. 존 F. 케네디 대통령의 "국가가 무엇을 해줄 것인지를 묻지 말고 국가를 위해 무엇을 할 것인지를 생각해야 한다"를 묵상하며 기도해야 한다.

한국 정치의 새로운 출발은 현 정부의 집권 연장을 중단 및 저지시켜 자유민주주의와 시장경제의 질서를 회복케 하는 데 있다. 자유민주주의와 시장경제의 가치와 철학의 새 역사를 만들어갈 야권 민주연합정부를 탄생시키는 일이다. 야권 민주연합세력의 정권, 정부 창출 구성을 위한 범국민위원회를 결성하고 자발적이고 선도적인 온라인/오프라인 범국민 운동을 전개해야 한다.

DJ 김대중의 새천년민주당과 JP 김종필의 자유민주연합의 DJP 연합은 장막 뒤에서 후보 중심의 주고받기 식이었다. 노무현, 정몽준의 연합은 여론조사에 의한 단일후보 선출 방식이었다. 정몽준 후보의 예상을 뛰어넘는 기이한 돌출 행동으로 불발의 단일화 협상이 역사의 한 페이지에 기록되었다. 모두 아날로그 방식의 87년 민주화 체제의 정치적 산물이다.

코로나 팬데믹과 디지털 시대에 적합한 방식은 국민의 참여와 민주적 절차에 의한 범국민 축제형 합의를 바탕으로 중앙선거관리위원회 유권해석에 근거해서 야권 민주연합정권을 창출하기 위한 연합 단일후보를 선출하는 것이다. 대통령 후보 법적 선거 등록 마감 최소 보름 전까지 지난 한 달간의 상호 합의된 국민 여론조사 및 공개 예비선거(Open primary)를 거쳐서 선정된 2인의 후보 중에서 범국민 대회(Grand people 's convention)를 열고 국민적 합의로 차기 대통령 최종 연합 단일후보를 선출하여야 한다.

더불어민주당의 집권세력이 전방위적으로 펼칠 의도된 네거티브 공세를 개인 후보가 막아내기는 쉽지는 않다. 범국민의 참여와 지지 언론의 혹독한 비판과 검증을 거친 지성과 감성, 야성에 단련된 범국민 후보는 자신의 최악의 약점에도 견디고 최종 순간까지 차기 대권의 대장정의 길에 설 수가 있을 것이다.

단일후보의 행보는 후보 선출 과정에서 지역, 계층, 세대, 이념의 갈등과 분열 상태에서도 국가와 국민의 꿈과 소망, 화해와 통합의 미래, 시대와 역사의 소명을 받게 될 것이 틀림없다. 범국민 민주연합 단일후보 선출위원회는 차기 연합정권 협약서(양해각서)를 만들어가는 데 공정한 중재 역할을 해야 한다.

"보통 사람들의 꿈과 소망을 이루자"는 한국 정치의 신뢰 회복과 정화 운동이 일어나야 한다. 6 · 25 한국전쟁에서 이승만 대통령께서 하신 말씀 "뭉치면 살고 흩어지면 죽는다"를 기억하고 실천해야 한다. 야권 민주연합세력의 민주 정권, 정부 창출 범국민 운동은 하늘의 축복을 받게 될 것이다.

한국 정치는 품격 있고 고결한 이 땅의 주인인 보통 사람들의 꿈과 소망을 위해 현 정부의 집권 연장을 저지시키고 범국민 운동을 통해 한국의 미래, 새 시대를 열어야 한다.

국제 정치의 냉혹한 현실 파악과 미래 예측

우리 주변 4대 패권국을 둘러싼 국제 정치의 냉혹한 현실을 직시해야만 한다. 트럼프 전 대통령이 선도하고 실행했던 미국 국민의 절반에 가까운 절대다수가 지지하는 미국 우선주의 'America First', 바이든 대통령의 미국 패권 중심의 가치를 우선하고 동맹의 가치에 따른 책임과 의무를 요구하는 'America is Back'.

미국은 제2차 세계대전 후 이 땅의 해방과 독립, 신탁통치에서부터 6 · 25 한국전쟁, 월남전과 한국의 산업화와 민주화의 알파요 오메가인 전부인 것으로 평가되어도 부족함이 없을 것이다. 그렇다고 항상 따뜻한 어머니의 품처럼 우리의 조국이 찾아 나서야 할 생존과 자유의 가치와 철학을 잉태시켜주는 것은 절대 아니다.

국제정치에서는 절대 우방도, 적국도 없다는 단순하고 명백한 진리에 눈떠야 한다. 미국은 자국의 이익에 우선할 뿐이다. 우리나라도 우리의 이익과 명예를 우선하여 자유민주주의와 시장경제 정체성의 유산으로 남게 될 것이고 역사에 기록될 것이다.

전후 냉전 시대의 한 축인 소련 연방의 붕괴, 대영제국의 쇠퇴 후 미국은 미 달러 기축통화를 기반으로 전 세계의 유일무이한 패권국의 위치에 섰다. 한국의 과거와 현재, 미래의 운명에 가장 중요한 한미 동맹에서의 미국은 시진핑의 중국공산당을 무너뜨리는 세계 질서 개편에 미·중 패권 경쟁 실천 행위, 대중국 포위 압박 인도·태평양 전략 쿼드를 강력하게 펼치고 있다. **어떤 가치 판단에서 출발하더라도 동맹의 책임과 의무의 당사국으로서 우리의 생존과 자유를 향한 신념과 의지, 용기와 신의를 가지고 미국과 함께 한국의 미래, 꿈과 희망의 길을 찾아가야 한다.**

중국은 중화민족을 중심으로 반드시 그리될 것이고 그렇게 되어야 한다는 철학과 신념의 '중화사상' 행위로 일관되게 행동하고 있다. 시진핑의 중국공산당 패권 전략인 중국몽과 일대일로, 군사 패권 행위는 미국의 패권을 대신하는 정치, 경제, 문화 침탈에 이르기까지 일거에 장악하려는 듯한 거침없는 탐욕으로 질주하고 있다.

지구촌 사람들의 일상에 깊숙하게 파고든 중국몽과 일대일로 정책은 미국을 중심으로 전 세계 자유민주주의와 시장경제주의를 지키고자 하는 국가들로부터 광범위하고 지속적인 견제와 압박, 제재의 거센 저항에 부딪히고 있다.

14억 인구의 중국과 5천만 인구의 한반도는 정치와 군사, 역사와 문화, 경제가 한 테두리 안에 존재한다. 한중관계 역사와 문화는 맘대로 끊으려야 끊을 수 없는 관계이다. 우리는 중국을 새롭게 관찰하고 체계적으로 분석하고 엄중하게 대해야 한다. 미·중 패권 경쟁의 현재와 미래는 승패와 상관없이 머나먼 숙명적 여정의 연속이다.

한중 관계는 일희일비해서는 안 된다. 미·중 패권 경쟁은 장사꾼 속성이 강한 유구한 역사와 문화의 전통을 가지고 있는 중국과 중국인을 현명하게 만들 수 있을 것이다. 시진핑의 중국공산당 세계 패권 전략인 중국몽과 일대일로의 가치와 철학을 새롭게 만들어가는 강한 채찍이 될 수도 있다.

국제 정치의 냉정한 현실 앞에서 중국과 중국인, 시진핑의 중국공산당에 대한 우리의 시야를 좀 더 넓고 깊게 지혜롭게 가져야만 한다. 현재 중국은 미·중 패권 경쟁에서 미국의 압박과 제재로부터 미국과 정치, 경제, 외교 첨단 원천기술의 종속 관계에서 탈피하고자 중국공산당과 국가 생존 차원에서 필사의 노력을 기울이고 있다.

전 세계 기축통화인 달러에 대한 방어 대응 전략에서 출발한 런민은행의 디지털 위안화, 암호화폐는 세계 최초로 시범 시행을 성공적으로 진행하고 2022 베이징 동계올림픽에서 공식 인증 화폐로 전 세계를 향해 발행을 준비하고 있다. 미국을 비롯한 전 세계 중앙은행들이 디지털 암호화폐 발행을 검토하고 있다.

중국공산당은 빅데이터, 반도체, 5G, 로봇, 드론, 항공, 통신의 IoT 미래 빅테크 산업과 금융 개방 전략을 채택하고 있다. 전기차와 자율주행차, 인공지능과 바이오, 항공우주 개발산업에 박차를 가하며 포스트 코로나 시대의 변화와 개혁을 선도하고 있다. 14억 인구의 소비, 유통과 수출입을 동시에 움직이는 내수 시장을 개척하여 중화권의 새 시장을 만들고자 하는 쌍순환 전략은 세계를 긴장시키기에 충분하다.

국제 정치의 냉혹한 현실은 강력한 힘에 의존한 지배 질서 안에서 태동하고 행위된다는 원칙을 잊지 말아야 한다. 다른 한편의 세계 질서는 바이든의 미국과 푸틴의 러시아 간 차원이 다른 전략적 대응에 새로운 거대한 물결이 태동하고 싹트는 데 있다.

푸틴의 러시아는 시진핑의 중국공산당의 굴기를 마냥 편안하게 바라보지만은 않고 있다. 러시아의 안정과 성장을 위해서는 시진핑의 중국공산당과 동맹적 협력 방안을 마련하고 추진해야 한다. 하지만 반드시 그리 진행되는 것이 바람직하다고 생각하지는 않을 것이다. 미국과 러시아는 이율배반적인 협력과 견제의 시간을 갖게 되기 때문이다.

미·중 패권 경쟁과 향후 세계 패권 질서의 향배는 외부 세력과의 대결에 있지 않고 내부의 혼돈과 투쟁의 과정과 결론에 깊은 영향을 받게 될 것이다. 중국은 지고도 지지 않는 초기 군사적 충돌의 패배가 가져다주는 전략적 승리를 이뤄야만 하기에 위대한 승리의 선동 선전 전술을 강화해 나갈 것이다. 중국민을 하나로 묶을 수 있고 효과적으로 반대파 정적들을 제거하는 극적인 상황이 연출될 수도 있다.

새로운 권력 투쟁과 함께 시진핑식 덩샤오핑의 도광양회 재평가와 중국몽, 일대일로, 쌍순환 전략의 새로운 가치를 부여하고 미·중 패권 경쟁을 정리하려 들 것이다. 새로운 질서를 위해 상호 견제와 경쟁, 각자도생의 길을 찾게 되는 시진핑의 중국공산당은 태생적 모순에도 불구하고 미·중 거중 조정을 기반으로 미·중 패권 경쟁의 질서를 정리하려 들 것이다.

미국 주도의 세계 패권 질서는 예상 밖으로 험난한 과정과 시행착오를 거치고 예측불허의 형태가 만들어질 것이다. 미·중 패권 경쟁의 초기 대결 국면에서 국지전 충돌이 미·중 양국과 세계를 혼돈과 파국으로 빠져들게 할 수도 있다. 거대한 전쟁을 뒤로하고 미·중 양국 간 예상치 못한 거중 조정 방식의 합의를 만들어갈 것이고 이는 또 다른 세계 질서의 서막이 될 것이다.

미·중 패권 경쟁은 트럼프가 시작은 했지만, 끝도 시작도 없는 격렬한 투쟁적 양상의 혼돈과 불안의 불확실성이 가중되고 있는 것은 자명하다. 미·중 양국과 불확실성이 가중되고 파국으로 치달을 수도 있는 불안정한 시장에서 현 상황을 정리할 필요충분조건이 강력하게 대두되었다. 미·중 양국의 정치, 경제, 군사의 문명 문화적 요인들이 결부된 내부 모순들이 잠재해 있다. 그렇기에 중도 포기와 확전이 쉽지 않은 반전과 대반전의 여정임에 틀림없다.

미·중 패권 경쟁은 새로운 시각에서 다시금 전열을 정비하고 변형된 형태로 전방위적으로 새로운 출발을 하게 될 것이다. 코로나 팬데믹 백신 접종이 시작되고 시장이 안정되고 새로운 출발을 위해 미국과 중국을 비롯한 모든 나라들은 숨 돌릴 시간이 필요하게 될 것이다.

미·중 패권 경쟁에서 주변국인 일본과 한국, 김정은의 북한은 초기 충돌 전개 과정에서부터 각자의 입장과 역할을 정리하고 대응하는 세심하고 현실적인 상황을 판단하고 준비해야만 한다. 미국은 우리의 절대적 동맹이고 최혜국의 패권국이고 항상 함께 가야만 한다.

중국은 우리의 전략적 파트너십의 이웃 강대국이지만, 늘 경계해야 할 공포의 가상 적국임에 틀림없다. 친중 사대와 종북 굴욕의 관계를 일소(一消)하고 중국의 무례한 국제 외교와 행동 양식에서 벗어난 일방통행식 패권적 행위에 경고와 강력한 대응으로 맞설 필요가 있다. 국제법에 근거한 상호호혜 평등원칙의 사전·사후 방지 원칙과 상호존중의 가치와 존재로 정리하고 협력 관계로 존재 원칙을 정착시켜야 한다. 국가적인 담론과 철학, 절대적인 가치 부여와 정체성 확립이 절대적으로 요구된다.

승자도 패자도 없는 미·중 패권 경쟁

바이든 대통령의 동맹의 회복, 미국 우선주의 슬로건은 불확실성의 미·중 패권 경쟁의 수렁에서 벗어나서 4조 달러 경기부양책의 강한 추진력을 실행하고 있다. 트럼프와 바이든 정부의 대중국 강력 압박 포위 전략 실천에도 불구하고 미국은 국내외적으로 동맹의 회복, 화해와 통합의 실천 행위라는 적지 않은 도전에 직면해 있다.

특별하게 자유민주주의 국가들이 동맹에 대한 가치를 회복하는 데 있어서 적지 않은 어려움이 예상된다. 미국은 머지않아서 미·중 패권 경쟁의 초기 주도권을 장악하고 동맹의 가치를 이끌어내는 빠른 상황을 만들어내야만 하는 시대적 상황에 내몰리게 될 것이다.

미·중 패권 경쟁은 투키디데스의 함정(새로운 강대국이 부상하면 기존의 강대국이 이를 두려워하게 되고 이 과정에서 전쟁이 발발할 수 있음)을 자초하며 예측불허의 변화와 반전의 출발점에 서 있다. 미국 우선주의라는 앵글로 색슨의 조급함과 우쭐한 자만심에 사로잡혀 월등한 우월성을 가진 군사적 충돌을 통해 시진핑의 중국공산당을 제압하려는 유혹에 빠져들 것이다.

미·중 패권 경쟁의 의도된 기획, 운명적 충돌은 남중국해에서 미·중 양국의 국지전 충돌로 이어지게 될 것이다. 미국의 일방적 완승으로 전개될 수도 있고, 큰 패착의 실패로 귀결될 수도 있다. 중국 정부는 각각의 경우의 수를 상정하고 준비할 것이지만, 당장은 미국을 상대하기에는 역부족이고 함량 미달의 한계를 드러내보일 것이다.

미·중 패권 경쟁의 초기 충돌은 미·중 양국을 비롯해 전 세계는 일순간에 큰 충격과 혼란에 휩싸일 것이다. 현재 출렁이는 국제 금융시장과 원자재와 식량, 석유시장은 광란의 패닉 현상을 보일 것이다. 미·중 패권 경쟁의 초기 군사적 충돌지역은 대만해협이 아닌 남중국해, 남사군도가 될 것이다. 대만해협과 서해, 남중국해, 남사군도에서의 초기 충돌 양상은 절대적인 차이가 있을 것이다.

무엇보다 서해에서의 충돌은 미·중 양국과 남북한, 일본을 일시에 전쟁의 울타리로 만드는 제3차 세계대전의 시발점이 될 수도 있다. 미·중 양국의 현명하고 지혜로운 전략가들은 출구전략을 동반한 경쟁을 만들어가며 파멸의 상황을 피하려 할 것이다.

대만해협에서의 충돌은 승패를 떠나서 중국 정부는 절대 물러설 수가 없을 것이다. 중국과 중국인, 중국공산당에게는 하나의 중국 원칙이 자리 잡고 있고, 대만인에게는 처절하고 피맺힌 본토인들에 대한 불신과 생존에 대한 공포가 있기 때문이다.

중국공산당의 대만 공격 징후를 사실로 인정하고 실제 대만 공격을 기정사실화하는 보도를 일삼는 서방 언론은 잘못되었고 그들의 일상적인 기만적 보도 행위는 비판받아 마땅하다. 대만해협에서의 패배는 중국공산당의 몰락을 가정해야만 하는 것이기 때문이다.

 전쟁 수행이 불가한 일본의 스가 총리 정부의 집단적 자위권 차원에서의 중국의 대만침공 시 자동개입선언은 미국의 대중국 포위 압박 제재 전략의 결정판이다. 중국은 최악의 상황에서도 승리할 때까지 미국과 군사적 충돌에서 물러서고 싶어도 물러설 수가 없는 상황을 맞게 될 것이다. 남중국해, 남사군도에서의 군사 충돌 시 초기 패전 양상을 맞더라도 중국 정부는 능란한 선동선전 전술을 통해 지고도 지지 않는 이기는 상황을 만들어갈 것이다.

 미국 정부는 남중국해, 남사군도에서의 무력 충돌의 전략적 승리를 거두고 동맹의 회복, 미국 우선주의와 화해와 통합, 세계 패권의 새로운 시작을 만들어갈 것이다. 미 · 중 패권 경쟁의 초기 군사적 충돌은 미국 존재가치의 회복과 미국 주도의 세계 패권 질서를 다시 만들어 갈것이다. 미국 정부가 화합과 통합의 힘을 갖게 하는 데 큰 원동력이 될 것이다.
 미 · 중 패권 경쟁의 험난한 긴 수렁에 빠져 있는 중국공산당의 자연스러운 퇴로와 활로를 동시에 제공하는 역설적인 상황이 전개될 것이다. 긴 수렁의 복잡 미묘한 상황을 정리하는 특별한

계기를 마련할 수도 있다.

미 · 중 패권 경쟁에서는 승자도 패자도 존재할 수 없다. 코로나 팬데믹과 디지털 시대에서 세계 질서는 예측불허 광란의 속도로 새로운 세상을 향해 전진하고 있다. 광란의 새로운 세계 질서와 패권은 미 · 중 상호의존적 출구 전략으로 전개될 것이다. **미 · 중 패권 경쟁에 투키디데스 함정에 빠진 깊은 진흙탕 수렁에서 흡사 다윈의 진화론이 마법을 만들어내는 듯한 믿기 힘든 기이한 현상이 일어나게 될 것이다.**

미 · 중 양국의 주적끼리 생존의 진화 과정이 몰입되는 극적인 순간의 상호 작용/반작용이 생존의 진화 과정에서 자연발생적으로 만들어질 것이다. 우주의 신비하고 역동적인 질서와 순리가 펼쳐지는 역사의 순간을 맞이할 수도 있다. **미국은 중국 전투기 격추와 함정, 잠수함 격침 등 TV에서 미국민과 전 세계가 환호할 듯한 승리를 거둘 수도 있다.**

미 항공모함, 중국의 동펑 대함미사일이 동원되는 전쟁 양상은 벌어지지 않을 것이다. **미국은 전략적 군사 충돌의 초기 승리에도 불구하고 이겨도 이기지 않은 듯한 작은 기쁨만을 갖게 될 수도 있다.**

세계가 지켜봤던 1968년 공산 월맹의 자유 베트남 구정 공세와 1973년 키신저와 레득토의 파리 평화회담, 그리고 1975년 자유 베트남의 패망과 통일 베트남의 탄생이 던져주는 생생한 이야기, 미국과 공산 베트남의 전략적 승리와 패배의 실상을 기억하고 관찰 분석해야 한다.

전쟁의 군사, 정치적 승패는 확연하게 다르며 예측불허의 전개 양상은 자연스러운 일이다. 미·중 수교를 이끈 미국 외교의 보수파 태두이자 현실 국제 정치의 살아 있는 전설인 헨리 키신저 전 미 국무장관은 미소 냉전시대의 대결을 승리로 만들고, '죽(竹)의 장막' 너머 베일에 싸인 중국 개혁 개방의 문을 열었다.

키신저는 시진핑의 중국공산당 초청에 명쾌하게 화답했다. "미국과 중국은 거대한 다른 문명과 문화의 배경을 가지고 있다. 늘 상호 존중하고 협력해야 한다"는 고언을 기억하고 잊지 말아야 한다.

미·중·일·러 글로벌 전략

현 정부의 철학과 사고 체계는 늘 불확실하고 불안정한 관계와 행위를 만들어내고 있다. 세계관은 불행하게도 많은 국민과 우방들에게 국제 사회의 민주 질서와 상식에 반하는 어리석음이

관통해 있는 듯 판단되고 관찰되었다.

찬란한 역사와 문화를 지닌 중국과, 세계 유일 초패권국 동맹의 미국에 대해 우리는 역사와 문화의 정체성을 확립하고 원칙에 충실한 약육강식의 국제 정치 현실을 깨달으며 항상 단호하게 대처해야 한다.

한족 문화 중심의 중국이 미래에는 자유민주주의와 시장경제의 가치와 철학을 위한 체제 변화를 추구하며 보편타당한 국제 질서를 존중하는 국가로 탄생할 수도 있다. 새롭게 탄생할 수도 있는 거대한 중화연방은 현 러시아연방보다 정치, 경제, 군사, 역사, 문화적으로 더 결속되고 자유로운 가치를 추구하는 세계 역사의 주인공으로 또다시 부상할 수도 있다. 당장은 국가의 GDP의 단순 비교를 떠나서 중국은 미국을 절대 이길 수도 없고 우위에 설 수도 없다. 국제 사회의 존경받는 대상으로 인정받는 단계까지는 먼 훗날의 이야기가 될 것이다.

미·중 패권 경쟁의 미래는 혼란스럽고 복잡 미묘한 상황을 계속해서 만들어갈 것이다. 시진핑의 중국공산당, 현 정부의 개혁과 대내외 정책은 단순 공산사회주의 체제로 평가해서는 안 될 것이다. 중국공산당은 많은 시행착오와 내부 권력투쟁과 부패, 빈부 격차와 불평등을 해결하는 과정의 혼돈과 무질서 속에서 갈등과 분열의 존재 자체가 불투명한 것은 사실이다.

시진핑의 중국공산당과 중국, 중국인을 하나로 결속시키는 큰 에너지의 생성은 끊임없이 분출되고 결집되고 있다. 큰 에너지가 지속적으로 생성되는 것은 유구한 중국 역사와 문화의 특별한 상황이라는 인식에서 자리 잡고 있다는 사고에서 출발해야 한다.

오늘날 중화인민공화국은 강력한 중국공산당 정부가 중앙집권적으로 통치하는 국가로 한족(91%)과 55개 소수 민족으로 구성된 다민족 국가이다. 독특한 정체성과 거대한 원동력으로 독자적인 문화적 정체성과 뚜렷한 종교와 지역 특성이 있는 홍콩, 대만, 티베트, 신장 위구르, 만주의 동북 3성과 남부 소수 민족 지역의 정체성에 대해 중국이 생각하고 걱정하는 그들만의 배타적 민족의식이 강하게 태동되었다.

거대 중국의 분리 독립과 소수 민족의 자치는 거대 중국 역사와 문화의 큰 물결을 따라 향해 끊임없이 변화하며 전진하게 될 것이다. 시진핑의 중국공산당과 정부가 생각하고 싶지 않은 중국공산당의 붕괴는 어찌할 수가 없는 대우주와 자연의 위대한 질서이다.

대우주가 끊임없이 팽창하며 탄생과 소멸을 반복하듯이 거대

영토와 인구, 다양한 종교와 문화의 중국은 대내외 예측불허의 상황과 격렬하게 분출하는 강한 내부적 다양한 요구와 함께 역사의 전개 과정에서 머지않은 미래에 다민족국가연방으로 재편될 것이 분명하다.

100년 역사와 문화의 중국공산당이 영도하는 중국은 러시아연방과는 전혀 다른 형태의 자유민주주의와 시장경제의 글로벌 중화연방으로 탄생할 수도 있다. 미국을 제치고 새로운 패권국의 주인공으로 자리매김하는 역사의 여정에 정리되어 존재할 수도 있다.

공산주의 종주국으로 위대한 러시아 부흥을 꿈꾸는 푸틴의 전체주의 패권 야욕은 러시아의 정치, 경제, 군사, 문화를 쇠락시키는 데 가속화하는 큰 에너지가 되었다. 러시아 국민과 연방의 위대함과 강건함을 일체화시키는 데 큰 장애물이다. 광활하고 심오한 러시아연방은 세계 패권국의 위치를 회복하는 데 많은 시간이 소요되겠지만, 머지않은 미래에는 지구촌 패권국의 위치에 다시 서게 될 것이 틀림없다.

러시아는 비록 GDP는 대한민국의 비슷한 수준이지만 러시아연방과 유럽, 중근동, 남미, 중앙아시아, 아프리카에 막강한 영향력을 행사하고 있다. 러시아는 한반도의 과거와 현재, 미래의 운명에 매우 중요한 국가이고 반드시 우리의 가상 적국이 아닌 전략적 동반자로서 상호 긴밀한 관계를 격상하고 협력하게 해야 한다.

북한의 비핵화와 통일 후 위대한 대한민국은 러시아의 전략적 협력과 동반 성장하며 상호 보완적이고 호혜적이어야만 한다. 에너지, 우주와 극동과 시베리아 개발, 첨단 기초과학, 군사, 경제, 학술, 문화와 예술 등 상호 협력 분야는 무궁무진하다.

아베와 스가의 극우 제국주의 부활 움직임에 힘입은 군사 부흥과 2021 도쿄올림픽 개최의 경제 재건을 도모하는 일본의 국가 굴기는 코로나 팬데믹과 디지털 시대에 전 세계의 우려와 비난, 기대를 동시에 받고 있다. 대중적 포위 압박 전략의 미국, 시진핑의 중국공산당, 중국을 주적으로 상정한 인도 · 태평양 전략과 쿼드의 핵심 동맹인 일본은 외교, 군사, 정치, 경제 등 각 분야에서 미국의 강한 동맹의 역할을 다하고 있다.

우리는 이명박, 박근혜, 문재인 정부가 맺은 최악의 한일 관계를 정리하고 다시 새롭게 출발해야 한다. **한 · 일 양국은 적대적 감정을 청산하고 합리적 지성과 이성을 회복하기 위해 최우선적인 현안들을 새로운 시대의 세계사적 관점에서 사고하고 행동하는 지성**

의 양식으로 갖춰야 한다.

'천황' 호칭, 소녀상, 위안부, 징용 배상 한국 대법원 판결 등을 우선적으로 해결해야 한다. 한일 양국의 과거와 현재, 미래는 지구의 탄생, 현생 인류의 출현과 함께하고 있다. 동일본 대지진과 거대한 쓰나미가 발생한 재난에 한국인들은 자발적으로 일본과 일본인들의 아픔과 고난에 동참하고 지원을 아끼지 않았다. 2021 도쿄 올림픽을 계기로 한 · 일 양국은 다시 출발해야 한다. **한 · 일 양국은 이웃 자유민주주의와 시장경제의 국가로서 양국 동맹인 세계 유일 패권국 미국과 함께 세계사의 새로운 주인공으로 평가받고 행동해야 한다.**

한반도의 분단, 북한 비핵화에 직접적인 책임이 있는 일본과 한반도의 통일과 통일 후 양국의 미래 협력 관계 중요성은 아무리 강조해도 부족함이 없다. **한 · 일 양국은 적대적 감정, 지성, 이성과 신뢰를 바탕으로 정치, 경제, 종교와 역사, 문화의 학술적 공동연구의 틀을 양국의 기금을 만들어서 역사와 문화를 새롭게 만드는 출발을 해야 한다.**

미국은 현재 코로나 팬데믹 후 세계의 정치, 경제, 군사, 외교, 문화를 재편하고 있다. 미 · 중 패권 경쟁의 과정을 매우 엄중하게 관찰하고 분석해야 이에 따르는 즉각적인 행위를 동시 반사적으로 할 수가 있을 것이다.

현 정부의 위선적이고 모호한 방관자적 행위와 태도는 비난받아 마땅하다. 한미 동맹의 상호 존중과 질서에 반하는 행위는 행동하는 양심의 가치와 철학적 고백을 통해서라도 절제되고 반복되어서는 안 된다.

한미 동맹이 이 땅의 절대 수호신의 방패가 아닌 것은 분명하고, 그리 될 수도 없고, 되어서도 안 되기에 한미 상호 존중의 실천 행위는 중요하고 명예스러운 일반적 행위로 인식되어야만 한다. **한미 동맹의 과거 혈맹의 역사적 진실에 근거한 현재와 미래는 항상 막중하고 위태로운 상황으로 만들어갈 수도 있다는 사실을 냉정하게 직시해야 한다.**

한반도의 주변 지정학적 상황의 미·중·일·러 글로벌 전략은 우리의 생존과 자유를 결정하는 실로 막중한 영향을 주고 있다. 현실은 국제 정치의 약육강식 질서에 굳건한 신념과 용기를 가지고 임해야 한다는 데 있다. 글로벌 국제 정치의 세계관에서 출발해야만 하는데도 작은 국가 담론과 철학, 정체성의 발자취를 찾기도 쉽지 않다. 분단 조국의 정치 상황을 마무리하고 이끄는 힘은 우리의 정체성과 역량이 명쾌해져야 생성된다.

국제 정치의 상황을 지혜롭게 판단하고 선택해야 한다. 결속된 강한 힘과 역량에 따라서 결정될 것이다. 미국의 세계 전략과 함께 한미 동맹의 책임과 의무감으로 양식 있는 행위와 역할을 수행하는 데서 이 땅의 운명은 선택되고 마무리될 것이다.

차기 대권주자가 실행해야 할 정치 개혁 시무 10조

소년등과(小年登科: 너무 일찍 커다란 성공을 거두었을 때 하는 말)가 2021년에 일어났다. 강남대학에서 고려대 국문과에 편입학한 여자 대학생 25세 박성민이 청와대 1급 청년비서관에 전격 발탁됐다. 급기야 '박탈감닷컴'이 탄생하는 황당한 일이 발생했다. 잡코인이 하룻밤 새 수만 배 폭등하는 '아사리판' 상황과 다를 바 없는데도 문재인 대통령과 청와대 참모들과 극소수의 정부와 더불어민주당의 집권세력은 볼멘 변명으로 일관하였다.

국민의힘에 의해 선출된 36세 이준석의 국민의힘 당대표 현상에 대응하는 더불어민주당의 임기응변의 졸작임에 틀림없다. 문재인 대통령에 의해 임명되고 차기 유력 대권주자 반열에 오르고 대권 출마를 선언한 윤석열 전 검찰총장, 최재형 전 감사원장을 향해 더불어민주당과 집권세력의 맹비난이 쏟아지고 있다. 한국정치가 시궁창 속에 뒹굴고 있는 내로남불의 극치이다.

더불어민주당의 새 대표 송영길의 부동산 문제가 있는 의원 12명 출당 권고 및 제명 조치, 대선 후보 경선 일정을 연기하지 않고 원칙을 지키는 행보는 의미 있는 정치 개혁의 작은 시작을 알리고 있는 듯하다. 우리는 자유민주주의와 시장경제를 성장 발전시키는 정치 개혁을 실천하고 혁명적인 파고의 역할을 절실하게 요구받은 시대 상황에 놓여 있다. **이 땅의 정치 개혁의 시작은 차기 대통령 선거에서 출발한다. 현 집권세력의 집권 연장을 저지시키고 정권 심판의 결실인 새로운 민주연합정권을 세우는 것에서부터 진정한 출발을 해야 할 것이다.**

차기 대통령 선거 과정에서 차기 대권주자들은 국민과 함께 새로운 시대를 준비하는 첫 번째 과제인 헌법 개정 범국민적 합의를 만들고 가고 실천해야만 한다. 위대한 대한민국 역사를 통찰하는 냉철한 마음으로 한국인의 꿈과 소망을 실현하기 위해 과감하고 혁명적으로 정치 개혁을 반드시 실행해야 한다.

아래에는 차기 대권주자가 대통령으로 당선된 후 실행해야 할 정치 개혁을 위한 시무 10조를 제안해 놓았다.

1. 국민투표를 거쳐 차기 대통령 취임 1년 이내에 헌법을 개정

하고 4년 중임의 결선 투표제를 채택한 프랑스형 이원집정부제 정·부통령 중심의 권력 구조의 헌법 개정을 검토하고 실천해야 한다. 시행은 차기 선거부터 시행하고 현 대통령은 차기 선거에서 불출마한다. 단, 헌법 개정 후 시행되는 차기 국회의원 선거는 차기 출범 정부의 국가적 개혁과 새로운 시대를 준비하는 중간평가 방식으로 실천하고 이원집정부제 국가 구조를 즉각적으로 실행한다(국회 제1당이 정부를 이끈다). 대통령 선거 과반수 미달 득표 시에 상위 득표 2명의 결선 투표를 1개월 후 실시한 후 최고 득표자를 대통령으로 선출하고 정·부통령 러닝메이트제를 시행한다(내각제형 권력연합 대통령제).

2. 이원집정부제 대통령 중심의 헌법구조와 코로나 팬데믹과 디지털 시대가 요구하는 자유민주주의와 시장경제 체제를 기반으로 해야 한다. 국가와 민주 시민사회의 합의를 기반으로 한 미래 통일 한반도, 강한 대한민국을 만들어가는 대통령의 제왕적 권한과 역할을 지혜롭게 만드는 구조로 가야 한다. 대통령과 부통령은 외교, 안보, 국가의 혁명적 개혁을 추진해야 한다. 청와대는 내각 역할을 극대화하는 현행 관료 중심 참모조직과 비상근 민간전문가 복수특보체제로 개편하고 청와대는 외교, 안보와 국가 혁명적 개혁에, 총리의 행정부는 경제와 복지, 행복한

나라 만들기에 개혁을 추진하고 실천해야 한다. 국회 제1당이 이끄는 정부는 국회의 다수당 출신의 국회의원 총리가 국회의 협력을 바탕으로 강력한 정부를 이끌어야 한다.

3. 국회의원 소선거구제 원칙으로 현행 비례대표 방식의 국회 의원 선발을 폐지하고 전원 지역구 국회의원 선출 방식으로 한 다. 단, 사표 방지 및 소수 정당 의회 진출을 위해 현행 지역구에 서 차점자 중 최고 득표율 순위를 정한 석패제를 채택하고 국회 의원 선출 및 의원 수 및 기타 규정은 국회 여야 합의에 따라 결 정한다. 현행 선거구 조정을 여야 합의에 따라 확정하고 국회의 원 지역구 정수는 현행 300인을 넘지 않게 한다(지방자치단체의 선 거에 있어서도 비례대표 선출 폐지, 지역구 선출 원칙의 선거법을 여야 합의에 따라 정한 후 시행한다). 국회의원 4선 출마 금지를 원칙으로 지역구 확정은 국회에서 여야 합의로 정한다(지방자치단체의 의회 포함).

4. 청와대는 한국 국적의 보유 구분 없이 외국인을 포함한 민간 인 복수특보(비상임)와 차관급 수석제도를 혼용하며 이원집정부 제 정 · 부통령, 총리 중심의 권력 구조의 청와대와 내각이 국정 을 이끌 수 있도록 하고 행정부의 각 부는 전문가 중심의 비상임 자문위원회를 설치 운용한다.

5. 헌법 개정 후에 대통령 직속(명예위원장:대통령, 위원장:부통령), 국가개혁위원회, 국가외교안보위원회, 국가교육 개혁실천위원회, 국가경제위원회, 국가과학통신기술위원회, 국가환경기후위원회, 국가예산위원회를 설치하고 민간인 출신의 비상임 위원장을 둔다.

6. 청와대를 제외한 국회를 포함한 모든 중앙 부처는 세종시로 옮긴다. 국무회의를 비롯한 주요 회의는 온라인 비대면으로 하는 것을 원칙으로 한다.

7. 국가정보원(대공수사권 경찰로부터 회수)의 위상과 역할을 재조정하고, 공수처의 지위 및 역할을 확립, 검찰수사 기소권 분리 및 기소 독점주의 폐지, 6대 중대범죄처벌수사청 설치, 국가경찰, 국가수사본부(K-FBI)의 위상과 확대 및 자치 경찰제 정착 등 정부의 사정 감독기관의 역할을 정리하고 개혁해야 한다.

8. 각 정당은 전환기적 시대를 준비하기 위한 정치 개혁을 실천하는 양식 있는 프로그램을 대학, 시민사회단체, 언론과 함께 만들어가야 한다.

9. 이 땅의 민주주의를 이어갈 차세대 인재를 양성하는 여름/겨울 방학 캠프부터 각종 프로그램을 만들고 시민사회단체 경험과 다양한 형태의 프로젝트를 진행하고 교육하는 제도를 운영하고 시행한다.

10. 통일 한국과 디지털 시대를 준비하는 국가 개혁 차원의 선거권 연령을 만 18세로 하고 정·부통령, 국회의원, 자치단체의 피선거권 연령 개정을 검토하고 시행해야 한다.

6장

새 나라 대한민국 국가 개혁 설계안

현재 국가 개혁의 목표는 세계사의 새로운 주역,
분단 조국을 하나되게 하고 인류의 보편타당한 인권을
존중하며 다함께 하는 데 있다. 국제 사회의 질서와 도덕을
지키는 문화시민이 사는 동북아의 강대국, 패권국으로
설계하는 것이 국가 개혁의 1차적 목표이다.
한국 사회의 다양성과 분방함으로 자유의 삶을 꿈꾸며
국가 개혁을 이끌어야 한다. 한국인의 특성에 맞는 국가 개혁을
꿈꾸고 실행하는 사회를 만들어가는 길은 쉽지만은
않을 것이다. 국가 개혁은 한국 사회의 생존과 자유의 길을
찾아가는 시작을 알리는 것이 되어야 한다.

국가 개혁의 기회를 또 놓칠 것인가

역사를 통해 한 국가의 시작과 끝, 그 다이내믹한 흥망성쇠를 알 수 있다. 우선, 고려 왕조를 무너뜨리고 새로운 국가를 설계하며 국가 개혁에 성공한 삼봉 정도전을 기억해 보자. 고구려, 백제, 신라의 삼국시대부터 고려시대까지 내려오는 천오백 년의 찬란한 불교 문화를 비판하고, 주자 성리학적 유교 문화 사상에 입각해 새로운 국가를 설계하며 천지개벽의 혁명적인 파고의 전환을 실행했던 정도전의 삶과 사상에 대해 깊게 생각하고 묵상해야 한다.

현재 국가 개혁의 목표는 세계사의 새로운 주역, 분단 조국을 하나되게 하고 인류의 보편타당한 인권을 존중하며 다함께 하는 데 있다. 국제 사회의 질서와 도덕을 지키는 문화시민이 사는 동북아의 강대국, 패권국으로 설계하는 것이 국가 개혁의 1차적 목표이다.

미 · 중 패권 경쟁과 코로나 팬데믹, 승자독식의 디지털 시대에서 예측불허의 새로운 질서 개편이 예고되고 있다. 한미 동맹의 굳건한 동맹국 위치에서 시진핑의 중국공산당, 푸틴의 러시아 연방, 경제 대국 일본과 함께 승자독식의 글로벌 패권 경쟁, 디지털 시대에 북한을 이끌어서 동북아와 새 시대의 강한 나라로 우뚝 서야만 한다.

우리는 국가 개혁을 통해 위대한 통일 대한민국과 동북아의 강한 국가의 새로운 글로벌 질서를 만들어가야 한다. 국제 정치, 경제 군사력이 강한 힘을 가진 국가, 문화 창달의 한국인의 꿈과 소망을 창조해가야 한다.

칭기즈칸의 세계 정복, 전 세계 GDP의 40% 중국, 당 · 송나라와 1000년의 로마 제국, 스페인의 아메리카 신대륙 발견, 산업혁명의 대영제국과 나치 독일, 일본의 제1, 2차 세계대전, 소비에트 연방과 미국의 달러 패권의 신냉전은 세상의 질서를 지배하는 패권국의 존재와 힘의 원동력에 대한 원초적인 사유를 제공하고 있다. 시진핑의 중국공산당의 중국몽, 일대일로와 미 · 중 패권 경쟁, 분단 조국, 북한 비핵화는 우리의 생존과 자유의 길을 찾아 가는 험난한 여정을 실체적으로 증거하고 있다.

천오백 년의 고구려, 백제, 통일신라의 불교 문화의 이 땅을 하루 아침에 송두리째 뒤엎은 주자 성리학 기반의 조선왕조 600년 역사의 불교와 유교의 혼재된 문화, 군신의 권력 투쟁, 처절한 당쟁과 사화, 노비 문화라는 발자취를 남겼다. 정묘호란과 병자호란, 임진왜란과 정유재란, 영·정조의 문예부흥 시대의 흥망을 뒤로하고 왕조 말기에 쇠락한 조선은 일본 제국주의에 의해 국권을 빼앗기고 말았다.

조선왕조는 약 300년간 주변 패권 국가 청나라와 일본의 적대적 외침의 소강 상태에도 불구하고 내적 역량 결집과 국가 개혁에 실패해 새로운 국제 질서에 편입되지 못하고 쇄국의 나락으로 빠지고 말았다. 서구 열강과 일본 제국주의 식민지 쟁탈에 국권을 상실해가면서 병약한 사회 질서를 유지하였다. 국가 개혁은 시도조차 하지 못하고 당쟁과 세도 정치에 빠져들고 외부 세계와 단절된 채 시대착오적인 이론과 사대부들만의 주자 성리학에 빠졌다.

조선은 무사 안일하고 나약한 사대부만을 위한 힘없는 허약한 군사력의 초라한 봉건 농업국가에 불과했다. 주자 성리학의 사상에 기대어 자국민 노비를 근간으로 한 비도덕적이고 이율배반적인 가난한 수탈 농업국가에 지나지 않았던 것이다.

일본 제국주의에 의해 국권을 빼앗길 때까지 개혁다운 개혁은 생각지도 않았고 시도조차 하지 못했다. 고려 왕조를 무너뜨리고 조선이라는 새로운 나라를 세웠지만, 개혁에는 실패하고 말았다.

갑오개혁은 일본 제국주의의 수탈 정책에 의해 이름뿐인 3일천하에 지나지 않았다. 일본 제국주의 36년의 수탈과 6·25 한국 전쟁의 상흔은 이 땅을 잿더미로 만들었지만, 시장경제의 가치와 철학을 체험하는 귀중한 혼적의 유산을 남기고 갔다.

스스로 이뤄야 할 국가 개혁의 자유의지

민주정부 수립과 동시에 이 땅은 미국이 가져온 자유민주주의와 시장경제의 가치와 철학, 하나님과 독립적이고 수직적인 자유로운 개인 사상이 꿈틀대는 기독교 사상이 전파되었다. 이 땅의 민중을 환희의 꿈과 소망이 만개하는 신세계로 이끌어갔다. 자유 대한민국을 건국한 이승만, 산업화의 박정희, 민주화의 김영삼·김대중·노무현 대통령의 시대에 들어서서 이 땅은 새 삶을 꿈꾸기 시작했다.

생존과 자유의 본질에 눈을 뜨고 변화와 개혁을 통해 이 땅의 미래는 살아 움직이는 행위를 찾아나섰다. 우리의 꿈과 소망을 찾아 위대한 전진을 하기 시작했다. IMF 금융 위기를 통해 우리가 글로벌 시장에서 이 땅에서 처음으로 생존과 자유의 처절함을 온몸으로 깨닫게 되었다. 미래의 운명을 결정짓는 중요한 전환점을 만나는 계기를 잉태하게 했다.

한국 사회는 코로나 팬데믹과 승자독식의 디지털 시대가 요구하는 생존과 자유의 길을 찾아가는 철저한 변화 개혁의 출발점에 서야 한다. 이 땅의 번영과 통일을 성취하고 생존과 자유, 평화의 지속 가능한 발전을 추구하는 국가 개혁을 이뤄야 한다.

한국 사회의 변화와 개혁은 이 땅의 모든 이들의 꿈과 소망을 예측불허의 다이내믹한 상태로 만들어간다. 불완전한 인간이 만들어가는 미완성의 불안정한 개혁은 갈등과 분열의 원천이 된다. 이 땅의 미래 변화와 개혁은 강한 힘의 원천이 있어야 한다.

국가 개혁이 실패했던 이 땅의 지난 치욕과 굴욕의 역사를 절대 잊지 말아야 한다. 이 땅의 위대한 미래를 위해 후회 없는 용서를 하고 통한의 역사는 영원히 잊어서는 안 된다. 늘 묵상과 기도를 통해 통찰의 의미를 갖는 꿈과 소망의 이야기를 만들어내는 국가 개혁의 큰 에너지를 분출시켜야만 한다.

우리의 삶이 순수 자유의지가 아닌 주변 패권 국가들의 선택과 판단에 의해 강제되어서는 안 된다. 남북이 하나 되기 위해 주변 패권 국가들과 힘의 역학 관계를 우리의 강한 힘을 바탕으로 만들어낸 순수 자유의지로 선택하고 결정해야 한다. 개혁은 단순하고 예측 가능한 순수한 우리의 선택과 결정으로 이뤄내야 한다.

'남 탓이 아닌 내 탓', '내 것보다는 네 것이 먼저' 라는 사회 공감

대 실천의 국가 개혁을 실행해야 한다. 타인의 잘못에 분노하지 않고 포용하고 용서하되 잊지 않는 절제와 침묵의 철학에서 출발해야 한다.

한국 사회의 생존과 자유를 향한 국가 개혁은 광범위하게 실천되어야 한다. 늘 범사에 감사하는 묵상 기도를 통해서 개혁의 신념과 용기를 굳게 가져야 한다. 참회와 회개, 결연한 용기와 행동하는 양심이 일상화하는 국가 개혁의 가치를 찾아야 한다.

인간의 욕망과 욕정, 탐욕은 끝이 없다. 광활한 대우주의 팽창과 흡사하다. 인간의 끝없는 욕망, 욕정과 탐욕은 이 땅의 모든 생명체의 탄생과 소멸의 다이내믹한 진화의 과정을 만들어내는 신비로움을 창조하고 있다. 인간의 욕망과 색욕, 탐욕이 끝이 없고 다르듯이 인간의 삶은 항상 다르면서 복잡 미묘하고 신비롭다. 한국 사회의 다양성과 분방함으로 자유의 삶을 꿈꾸며 국가 개혁을 이끌어야 한다. 한국인의 특성에 맞는 국가 개혁을 꿈꾸고 실행하는 사회를 만들어가는 길은 쉽지만은 않을 것이다. 국가 개혁은 한국 사회의 생존과 자유의 길을 찾아가는 시작을 알리는 신호탄이 되어야 한다.

새 대한민국을 위한 국가 개혁 설계안

국가 개혁은 동북아시아의 강대국의 역할을, 국력을 갖추어야 하는 한국 사회를 코페르니쿠스적 발상 전환과 굳은 신념과 용기로 실천해가야 한다. 국가 개혁의 시작은 1987년 민주화, 국민소득 1만 불, 계층·세대·지역·이념의 이분법의 체제 청산과 아날로그 사고방식에서 벗어나 코로나 팬데믹, 국민소득 4만 불, 승자독식의 글로벌 디지털 시대에 적합한 신헌법 제정에서부터 출발하여야 한다.

- 글로벌 경제대국의 체제 개혁은 자유민주주의와 시장경제의 가치와 철학의 자유의지부터,
- 저출산·고령화 정책은 유교적 민형사법 개정과 해외이민국 설치부터,
- 교육은 교육부 폐지와 현행 교육제도의 혁명적인 전환부터,
- 국방은 현행 징병제 폐지부터,
- 언론은 규제 일변도의 현 방송통신위원회 개혁과 KBS·MBC·YTN·연합뉴스(정부기관의 소유 지분 일체 매각)의 민영화부터,
- 신권력기관은 전 국민 동시 일반사면형 특별사면 실시와 검찰 독점기소권 폐지 및 구속수사 원천 금지부터,

- 노동은 노동과 삶의 개념 정리부터,
- 국가 전략산업 구조와 재벌과 경제는 승자독식의 글로벌 시장에서 생존 전략 실천부터,
- 세제와 복지는 순진하고 어설픈 착함의 코스프레 퍼주기 방식을 지양하고 보편타당한 삶과 단순한 시장경제의 원칙을 바탕으로 보편적 복지 기본 철학에 근거하여(불평등 해소를 위한 기본소득 개념 도입) 과감한 선택적 복지 실행 전략 개념 정리부터,
- 북한 비핵화는 현재 고착화된 UN 안보리와 미국의 제재와 압박 현상을 뛰어넘는 한·미·일 핵전략 상설회의 신설 등의 새로운 발상과 실천부터.

새 대한민국을 위한 국가 계획을 설계하여 출발해야 한다.

국가 개혁은 국가 개혁위원회를 대통령 직속 기구로 설치하고 명예 위원장은 대통령, 위원장, 부위원장 및 위원은 별도 규정으로 정하고 각 분야 학자 및 전문가 민간인 구성을 원칙으로 해야 한다. 국정 전 분야에 걸쳐 주요 채택된 의제에 대해 월 1회 정례, 별도로 수시 회의를 연다. 비상임 고문 및 자문위원은 별도의 규정에 따라 정하고 수시 자문을 한다.

사무총장은 1명과 상근 사무원과 비상근 각 분야 연구위원을

둘 수 있다. 대통령과 위원장은 월 1회 정례 회동을, 수시 회동에서 국가 개혁에 관한 건의 및 자문을 수행한다. 국가 개혁위원회의 운영, 인사·대우에 관한 사항은 별도 제도와 규정에 따른다.

국가 개혁을 위해 분야별 각 실천위원회를 대통령 직속으로 두고 혁명적인 개혁을 실천해야 한다. 예를 들어, 교육 개혁실천위원회, 국방 개혁 천위원회, 재벌개혁실천위원 회 등이다. 국가 개혁위원회는 정부와 입법, 사법, 행정의 개혁과 협력에 뒷받침되는 의제를 선택 자문 수행한다.

민간 자율의 글로벌 시장에서 경쟁력을 가진 선도 산업을 위해 전 분야에 걸친 개혁을 자문 실행한다. 정부(권력기관, 공수처, 국가 수사본부 경찰, 검찰, 국정원, 군 사법기관 포함), 재벌, 노동, 산업, 교육, 국방, 부동산, 언론, 사회시민단체 등 개혁의 본질과 방향을 제시하고 과감한 실행을 지원 협력한다.

위대한 대한민국을 위해 살아가는 우리들의 삶을 만들어가고 글로벌 정치, 경제, 군사, 문화 민족으로 거듭나게 해야 한다. 미·중 패권 경쟁과 분단 조국의 번영과 통일의 길목에 서서 북한 핵무장을 해체하고 비핵화를 이루는 현안에 대해 국가 개혁은 과감하게 추진되어야 한다.

자유민주주의와 시장경제의 정체성을 확립하고 번영과 통일의 위업을 성취해야 하는 국가적 책임을 갖고 국가 개혁에 나서야 한다. 이 땅의 생존과 자유를 향한 길고도 머나먼 여정의 길목에서 가장 중요한 한미 동맹의 길을 강화해 가야 한다. 새로운 가치와 철학의 근간을 마련하고 실천하는 국가 개혁 과제의 선택을 제대로 해야 한다.

자유로운 열린 New NGO 선택은 자유와 평화를 추구하는 고통받는 사람들의 꿈과 소망과 함께해야 한다. 새로운 지구촌의 문화로 성장하고 있는 K-Economy, K-POP, K-Food, K-Fashion, K-Drama, K-Movie와 K-방역 등 한류의 확산과 글로벌화 할 수 있는 선택에 중점을 두고 개혁의 방향성을 띠고 움직여야 한다.

글로벌 시장에서 선도 역할을 하는 한국 경제의 경쟁력을 위해 국가 개혁 대한민국으로 힘차게 출발할 수 있도록 선택해야 한다. 세계 평화와 자유, 번영을 위한 글로벌 교육은 개방되어야 한다. 국가 개혁이 실패했던 지난날의 치욕과 굴욕의 역사를 기억하고 새로운 미래 국가 개혁의 출발은 더불어민주당의 집권을 중단시키고 야권 민주연합정권의 집권을 통해 새로운 헌법 개정을 만들어내는 것이다.

7장

북한 비핵화를 향한 조용한 전쟁

북한 비핵화는 난제인 것은 분명하지만,
한반도 평화를 향한 여정에서 반드시 해결해야 할 국가와
민족의 최우선 사안임은 분명하다.
세계 유일 패권국의 지위를 잃지 않으려는 미국에 도전하는
유구한 역사와 문화를 품은 중국의 중국몽, 국가 부흥을 꿈꾸는
러시아와 일본, 영국, 독일과 프랑스의 미래는
우리에게 깊은 영향을 주고 있다.
남북한은 함께 북한 비핵화를 이루고 북미 수교와
남북 평화와 번영의 공존 시대에서 국가보안법 폐지를
이룰 수 있는 미래를 그려나가야 한다.

북한은 고난의 행군 중

우리의 생존과 자유의 본질적 가치와 철학의 원칙에서 북한 비핵화 대응 전략을 마련해야 한다. 자유민주주의와 시장경제의 가치와 철학과 동일시해야 한다. 북한의 비핵화는 이 땅의 생존과 자유를 결정짓는 핵심 사안이다.

바이든 정부는 트럼프 전 대통령의 탑다운(Top down, 하향식) 방식의 대북 정책을 폐기하고 현재까지의 모든 정책을 검토 후 동맹인 일본, 한국과 협의를 거쳐서 굳건한 미·중 패권 경쟁, 인도·태평양 전략, 쿼드 실행과 함께 UN 안보리와 미국의 이차적 불매운동 제재와 압박, 대화 원칙의 대북 비핵화 전략을 분명히 했다.

지난 5월 한미 양국의 정상회담 기자회견에서 바이든 대통령은 주한 한국대사를 역임한 성김 미국 국무부 동아시아태평양 담당 차관보 대행, 현 미 인도네시아 대사를 대북정책특별대사로 전격 임명했다. 최근 방한하여 한일 외교안보전문가 및 고위 당국자, 그리고 문재인 대통령을 방문했다. 북한에 대화 의사를 전달하고 중국의 한반도 특별대표와 화상 접촉을 했다.

바이든 정부는 자유민주주의의 서방 동맹들과 함께 전방위적인 중국 압막 포위망이라는 강력한 정책을 추진하고 있다. 북한 비핵화 대북 압박과 제재 정책은 그대로 유지하고 있다. 바이든 정부는 델타 변이 바이러스 코로나 팬데믹 최우선 대응과 4조 미국 달러 재정 투입 후 경제활성화, 미·중 패권 경쟁 강화 정책 등 미국의 현안에 집중하고 있다. 북한 김정은 정권의 특별한 태도 변화가 없는 상황에서 대북 정책 변화, 미북 정상회담 추진 및 대북 압박과 제재 완화는 기대할 수 없게 됐다.

현 정부는 바이든 정부의 인도·태평양 전략, 쿼드, 미·중 패권 경쟁과 북한 비핵화 정책, 전시작전권 조기 환수 실행 방안에 대해 동맹 미국과 한미 동맹의 가치와 철학에 있어서 적지 않은 갈등을 빚고 있다. 미국은 한미 동맹의 한 축인 한국의 책임과 의무 수행을 공식적으로 분명하게 요구하고 있다.

지난 한미 정상회담에서 한미 동맹의 정신과 실행의지를 강화하고 런던 G7+G10 서방 경제선진국 모임에서 북한의 비핵화와 시진핑의 중국공산당 포위 압박 전략 이행을 재확인했다. 현 집권세력은 여전히 탈한미 동맹, 친중 사대, 종북 굴욕의 외교 안보 기조는 변화하지 않는다는 자세를 유지하고 있다.

현재까지 수십 년간 변치 않은 북한 정권의 핵무장 정책, 북한 비핵화를 패권 미국의 강한 힘을 수반하지 않는 한, 대화만으로 해결할 수 있다는 생각은 잘못된 것이다. 김정은 정권은 절대로 핵을 포기하지 않고 핵무장을 공식화했다.

북한은 경제 붕괴와 식량 부족으로 인한 '고난의 행군'을 선언할 정도로 심각한 국면에 들어섰다. 코로나19에 델타 변이 바이러스 대유행까지 번지면서 국경 봉쇄를 완화하지 못하고 있다. 현재까지도 코로나 발병 상황이나 백신 반입이 파악되지 않고 있으며, 국경 폐쇄로 식량 수급이 중단되면서 심각한 식량난을 겪고 있다. 북한은 코로나19에 제대로 대응하지 못하면서 인민의 인권을 탄압하고 삶을 피폐하게 만들어가고 있다.

그러면서도 UN 안보리와 미국의 제재와 압박에도 아랑곳하지 않고 지속적인 핵무장과 미국을 직접 공격하는 신형 대륙간탄도미사일(ICBM)과 잠수함발사탄도미사일(SLBM) 개발을 지속하고 있다. 게다가 수천 명의 해커를 동원한 사이버테러, 해킹, 암호와 가상화폐 탈취 등을 실행하고 있다.

전 세계적으로 극심한 기후 변화가 야기되고 있고, 세상은 코로나 팬데믹에 델타 변이 바이러스 등 예측불허한 상황이 계속 발생되고 있다. 김정은 정권이 피해갈 수 있을까? 인류의 역사는 어떤 예외도 허용하지 않는다고 경고하고 있다.

문재인 정부의 한반도 평화 프로세스는 코로나 팬데믹과 델타 변이 바이러스 대유행에 미·중 패권 경쟁이 가져온 쓰나미형 전방위적 파고로 인한 붕괴 일보 직전의 북한 정권의 이탈행위에 대해 급격한 몰락과 붕괴에 따른 정치, 군사, 경제적인 대책은 준비하고 있는지에 대해 경고해야 한다.

북한 김정은 정권 붕괴와 예측불허의 한반도 위기 대응 전략인 컨틴전시 플랜(contingency plan)은 준비하고 있는지를 보여주는 실행 전략을 이야기할 수 있어야 한다. 차기 정부와 새로 선출되는 대통령은 이 모든 사안에 대해 상시 준비하고 극복할 수 있는 전략과 방안을 명쾌하게 국민에게 소상하게 밝힐 수 있어야만 한다.

비핵화를 위한 국제 협력의 중요성

한미 동맹의 재해석과 강화 방안, 미국의 미·중 패권 경쟁과 한미일 동맹의 가치를 살릴 수 있는 미국의 인도·태평양 전략, 쿼드 참가 전략은 이 땅의 생존과 자유의 문제를 해결하는 선택 사안이 아닌 절대적인 핵심 사안이다. 핵심은 결국, 어떤 경우에서든 우리가 반드시 강해져야 한다는 것이다.

우리는 국제 정치의 현실을 분명하게 인식해야 하고 현명하게 행동해야 한다. 미국, 일본, 중국, 러시아의 관계에서 우리의 원칙이 변해서는 안 된다. 우리의 원칙은 이 땅의 생존과 자유의 문제를 직접 해결해야 하는 당사자로서 국민의 힘을 바탕으로 만들어 내야 한다.

북한은 김정은 조선로동당 총비서 취임을 통해 김일성, 김정일, 김정은의 유일 영도체제를 공식화했다. 북한은 전술핵 개발, 핵잠수함 건조 등 핵무장화를 선언하고 핵 실험과 ICBM형 위성 발사 후 크고 작은 미사일, SLBM 시험 발사를 계속하며 미국 정부에 공공연히 대적하는 자세를 취하고 있다.

코로나 팬데믹이라는 최악의 상황을 맞은 북한 김정은 정권은 조선로동당 규약을 개정하고 UN 안보리와 미국의 제재 압박에 경제 파탄과 정권 붕괴 공포감에서 제2 고난의 행군을 선언하고 극한 초조함과 모호성의 통미봉남(通美封南)의 이중적 자세를 취하고 있다. 현 김정은 체제는 비대칭 군사력 강화와 핵무장의 강성 전체주의 독재체제로는 북미 관계에서 생존이 불가능하다는 상황을 깨달아야 한다.

미·중 패권 경쟁의 미국의 전방위적 공세로 인해 북한은 생존 차원에서 힘겨운 필사의 노력을 시진핑의 중국공산당에 기대는 절박한 상황에 놓여 있다. 코로나 팬데믹과 델타 변이 바이러스 대유행 상황은 이어지고 있다. 국가가 붕괴되기 일보 직전이라는 절체절명의 상황이 지속되고 있는데도 불구하고 국경을 계속 봉쇄하고 있다.

김정은의 북한 정권은 패권국 미국과 대한민국을 향해서 할 수도 없고, 할 능력도 없는 공갈 협박성 허풍은 걷어치우고 새로운 세계 질서를 이해하고 함께해야 한다는 현실을 직시해야만 한다. 공산종주국 소비에트의 몰락과 러시아의 현 상황을 직시해야만 한다.

덩샤오핑의 개혁·개방 후 40년 만에 미국을 위협하는 경제·군사 대국으로 굴기한 것은 미국 주도의 서방 세계 질서 WTO 체제 편입을 시작으로 서방의 지원과 협력으로 일거에 일어선 것을 깨닫고 실천해야 한다.

북한 김정은 정권은 현명하고 지혜롭게 선택해서 판단을 내려야 한다. 김정은 정권의 안전 보장에 대해서 대화를 통해 해결하는 방안은 미국과 대한민국이 제시하는 북한 비핵화 방안이어야 한다. 한반도 생존 차원의 현실에서 남북이 함께 진실을 다해서 찾아가야만 한다.

현재 세계 유일의 패권 국가는 미국이다. 미국은 자유 대한민국을 자유민주주의와 시장경제의 동맹의 국가로 존중하고 늘 함께하고 있다. 중국이 미국에 비견되는 패권 국가가 되기 위해서는 정치, 경제, 종교, 인종 등 보통 국가가 반드시 경험하고 해결해가야 하는 수많은 험난한 국면을 거쳐야 한다. 중국공산당 창당 100주년 축사에서 시진핑의 중국공산당이 선언한 중국몽, 일대일로, 샤오캉 사회가 인도할 수는 없다.

중국은 북한과 김정은 정권에 대해 중조우호조약에 따른 동맹의 선린 관계에서 출발한다. 중국공산당의 대장정(大長征, Great long march), 중화인민공화국 탄생, 6·25 한국전쟁 참전에서 출발한다. 중국과 북한은 시진핑의 중국공산당과 김정은 조선로동당의 지정학적 역사적 판단과 선택에 따라 숱한 여정의 변화에 서 있다.

김일성, 김정일의 시대를 거치면서 소비에트 연방, 동유럽 공산 사회주의 국가의 몰락, 덩샤오핑의 개혁·개방과 장쩌민, 후진타오, 시진핑의 중국공산당 시대를 거치면서 중국공산당 정권에 대해 시대착오적인 선린 관계에 적지 않은 불만과 불신의 벽이 상존해 있다. 북한 특유의 한민족 자존감이 강하게 작용하고 김정일 시대 고난의 행군부터 중국공산당의 행위와 언행 불일치에 대해 자존감에 깊은 상처를 받고 있는 듯하다.

한국, 북한과 중국은 정치, 경제, 역사, 문화, 군사적인 면에서 오랜 전통과 교류의 역사가 있다. 국제 정치의 약육강식 질서는 중국과 북한 사회주의 국가들 관계에 있어서도 어김없이 존재한다. 미·중 패권 경쟁의 인도·태평양 전략, 쿼드, 미국의 하나의 중국 정책 불인정 변화 시도와 미국의 대만 우선 호혜정책은 계속되었다. 시진핑의 중국공산당과 김정은의 조선로동당 정권을 상호 필요에 따라 밀접하게 행동하게 만들어가는 데 적지 않은 영향을 주고 있다.

한민족과 중국인은 기나긴 역사에서 상호 간에 존중받아야 한다. 중국은 한국과 북한을 존중하고 동북아의 주도 국가로서 상호 책임감 있게 신뢰의 메시지를 담은 자세와 행동을 보여야 한다. 한반도는 새로운 시대를 향해 남북이 함께할 것이고 대한민국과 북한은 피를 나눈 한 핏줄의 민족이다.

그러나 북한 김정은 정권은 대한민국에 대해 툭하면 막말하는 어처구니가 없는 망나니 행태에 익숙하다. 북한은 인민을 인권 탄압하고 핵무장을 향해 돌진하는 전체주의 비정상적인 사회주의 권력 구조를 가진 절대왕조 국가이다. 국제 정치에서는 약육강식의 냉엄한 현실에 기초한 남북 관계를 가져야만 하는 원칙이 있다.

한 핏줄의 동포로 영원히 이 땅에서 함께할 민족으로서의 존재감은 영원히 상존할 것이다. 한민족의 생존과 자유의 운명적 갈림길에서 미래를 위해 지혜로운 판단과 선택의 역사를 가져야만 한다. 남북한 신뢰와 대화는 긴 역사의 여정에서 판단되고 선택받으며 존중받아야 한다. 이 땅의 자유와 평화, 통일과 번영의 위대한 행진은 중단없이 계속되어야만 한다.

코로나19 위기 속 북한의 선택

———

한반도 주변 패권 국가들과 대한민국의 판단과 선택은 새로운 상황을 만들어내야 하는 시대적 요구에 직면하고 있다. 북한은 체제 붕괴의 공포감이 상존하는 절대적인 식량 위기, 의료체계 붕괴와 경제 파탄 상황을 겪고 있으면서도 코로나 팬데믹에 국경을 전면 봉쇄하고 있다.

제2, 3의 고난의 행군이 시작되고 있는데도 중국과 러시아의 국경 무역과 인민 경제의 출구인 장마당 문을 꽁꽁 걸어 닫았다. 평양 주재 외국 외교관의 탈 평양 행렬이 계속되고 있다. 국제사회의 부족한 지원에 기대면서 제대로 된 백신 접종을 시작하지도 못하고 우리의 인도적 지원마저 상황에 따라 선별적으로 수용과 거부를 반복하고 있다.

중국 관계에 전력투구하는 것도 코로나 팬데믹과 경제 붕괴의 파탄 국면에서 살 길을 찾기 위한 유일무이한 출구이기 때문이다. 중국공산당의 소극적인 지원 협력 자세는 김정은 정권을 분노케 하기에 충분하다. 중국과 북한은 바이든 정부의 조건부적인 전략적 대화에 참여하는 국제 정치의 현실을 받아들이고 행동해야 한다. 미·중 패권 경쟁의 험난한 파고는 고난의 행군을 재차 예고하고 북한 경제 붕괴와 인민 생활 파탄이라는 위기의 북한 김정은 정권을 옥죄고 있다.

UN 안보리와 미국의 압박과 제재의 이차적 불매운동은 계속되고 북한의 김정은 정권은 운명적 삶의 굴레에서 한치도 벗어나지 못하고 있다. 트럼프 전 대통령과 하노이 협상 결렬 후 바이든 정부의 바텀업(Bottom up, 상향식) 방식의 동맹 회복과 인권을 중시하는 대북 정책은 파탄 직전의 북한 김정은 정권을 공포스럽게 하기에 충분하다. 미국과 남한은 북한 비핵화에 대한 북한 김정은 정권의 효과적인 대처 방안을 찾지 못하고 있고, 주변의 중국, 러시아와 일본은 관망하고 있는 듯하다.

문재인 대통령은 신년사를 통해 메아리 없는 나 홀로 대화로 한반도 평화 프로세스를 외치고 있다. 3·1절 기념축사를 통해 2021 도쿄올림픽 개최에 맞춰 평창 동계올림픽의 랑데뷰 상황을 기대하며 변화 없는 일본을 향해 진정성이 없는 맥없는 대화 제의는 북한의 불참 선언과 함께 물거품이 되었다. 김정은 정권은 미국과 관계마저 공고하지도 않고 국민 지지도 현저하게 추락하고 있는 현 정권에 크게 실망하고 일체의 공식 대화와 접촉에도 나서지 않고 있다.

남북한 공동의 번영과 평화는 포스트 코로나 시대가 요구하는 신뢰 있는 실천 행위를 통해 공동체의 안정과 이익을 창출해야 한다. 북한 비핵화가 합의에 이를 때까지 남북한은 자주적인 공동체의 철학을 바탕으로 국제 정치의 선순환이 지향하는 보편타당한 절차와 정책을 만들어가야 한다.

북한 김정은 정권은 대한민국을 믿고 진보/보수 정권에 연연하지 말고 큰 틀에서 상호 진실된 믿음과 한민족의 공동체 인식을 갖고 행동해야만 한다. 김정은 정권은 북한의 생존과 자유는 대한민국과 함께해야만 실현된다는 사실에 대해 깊게 고민하고 판단하고 행동해야만 한다.

북한 비핵화에 대한 미·중·러·일과 남북한의 생각은 미·중 패권 경쟁의 파고까지 겹쳐서 예측불허의 가까운 난제로 부상하고 있다. 한미일 전략적 비전 공유와 행위는 동북아시아 패권정치의 핵심적 전략이다. 북한 비핵화가 달성 불가능한 사안이 된다면 한미일은 미국의 전술핵 한반도 재배치, 한미일의 정치, 군사, 경제 동맹수준의 전략을 갖고 새로운 압박과 제재를 강도 높게 단행해야 한다.

미국의 인도·태평양 전략, 쿼드 적극적 동참, 한국과 일본의 공동 핵무장과 관리 및 실행 등 신열전의 전략을 갖는 현실에 검토하고 실행해야만 한다. 미국은 어떠한 경우에도 사전, 사후 북한 비핵화에 상관없이 한국과 일본의 독자 핵무장을 결단코 반대하는 입장을 고수한다. 한미일은 미·중 패권 경쟁과 북한 핵무장에 대한 한일 양국 공동의 핵무장을 미국이 주도하는 상시 한미일 핵전략회의를 통해 잠재적 결론으로 적극적으로 검토하며 만들어가야 한다.

미국이 주도하고 한일 공동 핵개발, 무장, 관리체제가 현실화되면 중국과 북한은 현재의 북한 비핵화 정책과 새로운 동북아 패권 전략을 달리해야만 할 것이다. 세상은 늘 예측 불가능한 방식과 방향으로 변화한다. 한·미·일은 중국과 김정은 조선로동당 정권의 전체주의 대외 책략과 인권 탄압에 대해 자유민주주의의 가치와 철학의 원칙에서 대응해야만 한다. 미국은 북한 비핵화 UN 안보리 제재 위반 시에는 중국에 대해서도 강력한 이차적 불매운동 실행하고 있다.

비핵화를 실천하기 위한 새로운 제안

우리는 미국 정부의 대중·대북 정책에 대해 동맹의 책임과 의무를 수행하고 주변 당사국 중국, 러시아, 일본과 지속적인 대화를 이끌어가야 한다. 차기 대통령과 정부는 현 정부의 친중 사대, 종북 굴욕 정책을 즉각 폐기 처분해야만 한다. 한미 동맹과 한미일 전략적 협력의 틀을 굳건히 하고 미국과 협의를 거쳐서 우리가 주도하는 김정은 정권의 안전과 북한 인민들의 번영된 미래를 실천할 수 있는 열린 개방 대북 정책을 제안하고 실천할 수 있어야 한다.

코로나 팬데믹이 만들어낸 시대 상황은 혁명적인 사고와 행동의 전환을 요구한다. 이 땅의 생존과 자유를 찾아가는 여정의 북한 비핵화를 실천하기 위한 담대한 제안이 필요하다. 변화하는 세계 질서에서 강한 힘을 바탕으로 진정성이 담보된 신뢰와 행동만이 북미, 남북 대화를 정상화시키고 북한 비핵화를 합의하여 한반도의 평화체제를 만들어갈 것이다.

비핵화를 위한 새 제안은 담대하고 포괄적인 사고와 실천 행위를 담고 있어야만 한다.

1. 사전·사후 동맹 미국과 일본, EU, 러시아, 중국과 협의를

진행해야 한다. 비핵화에 대한 분명하고 포괄적인 일정에 대비한 정치, 경제, 군사 방안 및 일정을 제시, 협의해야 한다. 미국과 협의를 비롯해 주변국과의 지지와 동의를 통해 사전·사후에 철저히 검증된 제안을 제시해야 한다.

2. 남북한 및 북미 연락사무소 동시 교환 후 정전선언 및 평화회담, 국제 사회의 북한 정권에 대한 안전보장에 대해 미국, 중국, 러시아, 일본, EU가 국제 연대서명을 해야 한다. 북한 비핵화 합의 시에 북미 수교가 포함된 대북 제안은 미국과 함께 주변국들과 UN의 지지와 협력의 방안이 되어야 한다.

3. 북한 압박과 제재 완화 후 금강산 및 북한 관광, 개성공단 활성화와 북한 경제 개발 청사진을 제시해야 한다.

4. 북한 인권에 대한 북한 정권의 반대급부적인 혁명적 개선을 요구하고 반드시 실행케 해야 한다.

5. 대북전단 금지법은 민주주의의 철학과 가치를 실현하는 것임을 분명하게 해야 한다.

6. 최초 자본금 미화 100억 불 규모의 가칭 '북한개발국제은 행'의 설립을 검토하고 실행해야 한다. 북한은 비핵화 이행 후 주요 출자국 협의를 마치고 추가 증자에 참여하여 이사회에 주요 이사국으로 한다. 북한개발국제은행 부설 북한경제개발연구소를 둔다. 주요 주주는 한국, 미국, 중국, 일본, EU, 러시아와 글로벌 참여 희망 국가로 한다.

북한 비핵화 합의 후 북한 이사회 참여 직후 본점은 서울에, 평양에 제2 본점을 둔다. 뉴욕, 도쿄, 홍콩, 싱가폴, 두바이, 베이징, 모스크바, 파리, 런던, 프랑크푸르트에 지점을 둔다. 국내외 투자자와 지속적인 경제개발자금의 원활한 수급을 위해 서울과 평양에 북한 시장 특수채권 장외거래 시장 설립을 목표로 준비해야 한다.

7. 국민연금과 한국산업은행이 공동 GP, 국내외 투자가가 참여한 북한개발프로젝트에 1,000억 달러 규모의 모신탁(Mother Fund)을 설립하고 해당 프로젝트별 투자에 대한 매칭 펀드(matching fund)로 활용한다. 각 프로젝트에 북한은 중국과 베트남의 사례를 벤치마킹하고 현물투자 및 상호 합의된 방식을 채택한다.

국내외 투자자는 다양한 방식으로 투자하고 대한민국 정부의 직접 투자는 배제하고 민간 중심의 글로벌 시장경제 방식으로 한다. 글로벌 투자자들이 자유롭게 참여할 수 있는 개방 투자 환경을 만들어간다.

8. 북한 인프라 투자, 즉 공항, 항만, 발전소, 철도, 도로, 교육 및 보육시설, 호텔, 자동차, IT, 화학, 철강, 유통, 축산, 반도체, 스마트폰, 바이오, 식품, 산림, 수산, 농업, 건설 등과 병행해서 미래 첨단 산업인 IoT, 인터넷, 바이오 등의 인프라 투자를 실행해야 한다. 북한 투자는 남북한 정부와 협의해서 중복 과다 투자 방식을 사전에 방지하고 글로벌 시장경제에 적합한 법적 제도를 만들어가고 인적/물적자원에 대한 전방위적인 투자를 한다.

9. 북한 인적자원 교육, 연수 등을 실행하고 낙후된 북한의 산업 인프라에 집중하고 개발도상국형 산업과 자원 개발에 집중 투자해야 한다. 코로나 팬데믹과 디지털 시대에 걸맞은 첨단 분야 산업을 동시에 추진하는 새로운 전략을 펴서 추진해야 한다.

10. 중국과 러시아와 중앙아시아를 거쳐 유럽까지 전개되는 천연가스관 설치, 시베리아와 러시아의 연해주 개발, 물류와 유

통, 미래 첨단 산업을 육성하는 투트랙(Two-track) 발전 전략을 실행해야 한다. 최근 런던 G7+, G10(한국·인도·호주·남아프리카 공화국)에서 검토 및 추진되고 있는 글로벌 개발도상국 인프라 구축 프로젝트와 연계해서 추진한다. **한국의 각종 민간 경제 단체와 기업, 글로벌 투자와 기업들이 참여를 권유하고 한국 정부는 북한과 협의 및 각종 지원 협력에 주력해야 한다.**

차기 정권에게 바라는 인도적 지원 방향

북한은 대한민국과 포스트 코로나 시대가 요구하는 전환기적 세계관을 갖고서 생존과 자유를 찾아가야 한다. 북한은 작고 힘없는 붕괴 직전의 봉건 사회주의 전체주의로 김일성, 김정일, 김정은이 독재하는 김씨 왕조국가이다.

중국의 선심 가득한 말의 향연과 거친 외부의 풍랑과 파고를 잠시 동안 부드럽게 해주고 있을 뿐 중조동맹이라는 구차한 명맥만을 이어가고 있다.

북한의 김정은 정권은 조선로동당 규약 개정을 통해 핵무장 완성 후 불필요한 핵·경제 병진노선의 추진 전략을 폐기하고 새로운 국가 전략 변화를 추구하고 있다. 국가 인프라의 붕괴로 인해서 심각한 식량 부족과 의료체계 부족, 경제 붕괴가 가속화되어 북한 인민들의 삶은 급속도로 피폐해지고 있다.

김정일 시대의 고난의 행군을 경험한 김정은 정권은 중국에 막연하게 기대고 있지만, UN 안보리와 미국의 제재 압박 속에서 할 수 있는 게 전무하여 국가가 붕괴되기 직전이다. 이러한 절박한 상황에서 벗어나기 위해 갖은 노력을 하고 있지만, 허공에 빈 메아리만 치는 시공간에 서 있다. 미·중 패권 경쟁의 막전막후 위기 탈출 국면에 접어든 상황에서 김정은 정권의 사활을 걸고 코로나 팬데믹으로 인한 국경 전면 봉쇄 상황을 지속하며 새로운 사태를 주시하고 있다.

북한의 심각한 식량 부족과 의료체계 붕괴는 북한 비핵화 처리와 별개로 UN 안보리, 미국의 제재와 압박과 관계없이 실행할 수 있다. UN과 NGO, 종교 단체의 국제 협력을 바탕으로 다양한 채널과 방법으로 북한의 어려운 상황에 조건 없는 인도적인 지원과 협력을 해야만 한다.

UN과 NGO, 종교단체 지원 협력을 통해 인프라 시설이 붕괴된 북한 현지 상황에 맞는 이동식 비상 의료시스템을 구축하는 일이 시급하다. 북한 현지 비상 의료시스템은 열악한 도로환경을 고려해서 버스 및 트럭 등 차량이동식 야전 종합병원을 만든다. 구급차(코로나 환자 운송용 음압차 포함), 각종 건강검진, 폐결핵과 치과 치료, 코로나 검진 및 치료, 이동식 음압병실을 비롯한 각종 기저질환 치료를 할 수 있는 시스템의 인적·물적 지원을 긴급하게 지원해주어야 한다.

한국은 유엔의 지원 협력으로 이라크, 마다가스카르, 라오스, 캄보디아, 베트남 등 저개발 및 전쟁으로 의료체계가 붕괴된 국가에 이동식 비상 의료시스템을 만들어 구축한 적지 않은 경험이 있다.

현재의 UN 안보리와 미국의 제재와 압박에 관계 없는 인도적인 사안에 해당하는 인적·물적 지원은 남북한 정권이 미국 실무협의단과 상의 없이도 어렵지 않게 해결할 수 있는 사안이다. 미국 정부의 인권과 인도주의적 정책에 일맥상통하는 포지티브 정책이기도 하다. 따라서 차기 정권은 대북 정책에 반대하는 국민의 지지 및 합의를 얻을 수도 있을 것이다.

남북한 정권은 UN과 미국을 비롯한 국제 사회의 지원과 협력으로 심각한 식량 부족과 의료체계 붕괴가 가져올 폐해와 고통에 통감하며 절제 있는 지원과 협력의 방안을 만들고 시행해야 한다. 차기 정권은 UN 안보리와 미국의 제재와 압박 조건에 해당하지 않는 인도적인 지원에 해당하므로 즉각적인 안정적이고 지속적인 지원을 철저히 실천해야 한다.

특히, 북한의 경제 개발은 단순 임가공을 넘어서서 자유민주주의와 시장경제를 벤치마킹하고 선진경제로의 도약을 실천할 수 있도록 해야 한다. 코로나 팬데믹과 디지털 시대에 적합한 인적/물적 인프라 구축과 글로벌 시장경제 체제를 추구해야 한다. 글로벌 정치, 군사, 경제를 회통하는 전략을 추진하여 남북한과 **국제 사회의 공동의 이익을 위한 번영과 평화의 국면을 조성하여 절제 있게 행동해야 한다.**

새로운 세계관에 깨우침의 기회를 잡도록 도와야 한다. 남북한의 진정한 신뢰의 회복은 더불어 함께하는 남북의 상호 부단한 협력을 바탕으로 얻어질 것이다. 김정은 정권은 분단의 비극적 사건들에 책임이 있는 김일성, 김정일 시대와 다른 판단과 선택을 할 수 있어야 한다.

차기 정권도 북한 비핵화를 비롯한 남북 문제에 있어서 UN 안보리 결의안에 충실하고 한미 동맹의 기본을 지키는 신뢰성 있는 행동을 보여야 한다.

야당과 정권에 반대하는 국민의 지지와 합의를 만들어가는 절제와 진정성 있는 원칙과 철학의 가치를 담은 실천 행위가 필요하다. 차기 대통령 선거 과정에서 국민의 합의를 이끌어내는 지혜를 발휘해야 한다. 이 땅의 생존과 자유의 본질에 대한 철학과 한미 동맹의 회복을 실천하는 행위에 나서야 한다.

북한 동포와 탈북민들의 인권과 현실의 삶에 진정성 있는 현실적인 지원과 협력을 실천해나가야 한다. 북한의 심각한 인권 탄압 상황과 함께 식량과 의료 지원은 절실하다. 차기 정권은 인도적 차원에서 북한의 위기 상황을 반드시 인식해야만 한다. 남북한 사람들 모두 이념, 체제, 지역, 질병을 떠나서 자유와 인권이라는 천부의 권리가 있는 세상에서 살아야 한다.

비핵화를 위한 미·중·일 정책 방향 제안

북한 비핵화는 중국의 중국몽, 일대일로의 패권 전략, 미·중 패권 경쟁의 험난한 여정에 따른 국제 사회의 정치, 경제, 군사적 변화와 상황에 깊은 영향을 받고 있다.

세계 유일 패권국인 미국은 트럼프 대통령의 미국 우선주의, 바이든 대통령의 동맹 회복이라는 미국의 정치, 사회, 경제, 군사를 포괄하는 두 개의 슬로건이 병존하며 혼돈된 상황에 있다.

한·미·일은 한반도 상설 핵 전략회의를 신설하고 한일 공동 핵 무장을 협의 후 실천하고 한미일 공동으로 관리하는 시스템을 구축해야 한다. 미국은 일본, 한국의 독자적인 핵 무장을 불허하고 있다. 미국과 함께 한일 공동 핵 무장과 관리는 한 · 미 · 일 외교, 안보, 군사 측면을 떠나서 경제 · 사회적으로 인도 · 태평양의 글로벌 새 공급망을 재구축하는 핵심 전략으로 부상할 것이다.

1. 미국 주도의 쿼드는 인도 · 태평양 핵심 정치, 경제, 군사 안보 전략으로 추진되었다. 차기 대통령과 집권세력은 미국의 미 · 중 패권 경쟁의 인도 · 태평양 전략, 쿼드, 한미일 동맹 체제의 확대된 전략 개념에 분명한 정체성을 가지고 적극적으로 나서야 한다.

한 · 미 · 일의 동맹 체제, 미국 주도의 한미일 상설 핵전략회의를 통해 한국과 일본의 전술 핵 배치와 한국, 일본 공동 핵 무장 및 관리를 통해 동북아, 인도 · 태평양 및 글로벌 질서인 자유민주주의와 시장경제의 가치와 철학의 자유의지를 확대하고 전진의 길을 찾아서 나아가야 할 것이다. 미국 주도의 서방 경제선진국 G7 런던 회담에서는 인도, 호주, 한국이 추가된 G10, NATO, 정상회담에서 중국의 중국몽과 일대일로 글로벌 패권 전략을 봉쇄하는 분명한 방향과 전략을 공표했다.

미국의 자국 우선주의 정책은 자유민주주의와 시장경제의 가치와 철학을 바탕으로 국제 질서를 찾아가는 데 목표가 있는 것은 아니다. 미국은 자유민주주의 국가들의 동맹에 유불리를 떠나서 미국이 세계 유일 패권국의 지위를 유지하고 지속하고자 하고 있다.

미국과 함께하는 동맹국들과 전략적 제휴 국가들을 위한 신뢰와 축복의 길만은 아닐 것이다. 대한민국이 진보/보수의 진영의 이념을 떠나서 이 땅의 생존과 자유의 가치를 위해서는 강한 힘을 바탕으로 세계 질서에 나서야 함을 증거하는 인식의 계기로 삼아야 한다.

미국과 서방 자유민주주의 국가들의 패권의 역사는 식민지 쟁탈이라는 침략과 약탈의 제국주의 역사이다. 세계의 패권은 분명히 변화하고 패권국의 위치는 바뀌고 있다. 현재의 정치, 군사, 경제, 종교 상황에 따라 전략과 전술 행동이 다르지만, 인류의 꿈과 소망은 다 함께 생존과 자유를 향해 나아가야 한다.

2. 중국도 한미일 상설 핵 전략회의 신설과 일본과 한국의 공동 또는 독자 핵 무장을 결단코 용인할 수가 없을 것이다. 한미일 동맹 체제 또는 한국, 일본의 동시 공동 핵 무장은 중국의 중국몽, 일대일로의 패권 전략, 북한 비핵화의 중대한 궤도를 수정

해야만 하는 국면을 맞게 될 것이다. 이에 따라 중국은 미·중 패권 경쟁과 북한 비핵화에 대해 예전과 다른 모습을 갖고 새로운 전략을 고민해야만 할 것이다.

중국은 한반도 통일을 결코 원하지도, 용인하지도 않는 현 상황을 유지하기 위해서는 북한 비핵화에 대한 수정 패권 전략을 고민해야만 할 것이다. 따라서 차기 집권세력은 미국 주도형 한일 공동 핵 무장을 통해 남북 관계를 현재와 180도 다른 각도에서 정리하고 실천해야 하는 국가적 생존과 자유를 실천해야 한다.

중국의 글로벌 패권전략이 가져오는 현재의 불편한 상황이 미래의 불안과 공포를 만들어가는 경우의 수에 따라 대응 판단과 선택은 달라질 수도 있다.

국제 정치에는 영원한 적도 친구도 없다. 중국을 떠나 한족과 함께하는 다민족국가인 중국의 역사, 문화는 심오하고 방대하다. 미래의 자유민주주의와 시장경제의 중화연방은 전 세계의 패권 문명국가가 되고도 남을 만큼의 정치, 군사, 경제를 넘어서는 역사와 문화를 가지고 있다.

중국이 추구하는 중국몽, 일대일로, 쌍순환 전략과 중국 개혁·개방의 아버지로 불리는 덩샤오핑의 도광양회는 출발과 종착지가 크게 다르지 않다. 중국인의 생존과 자유를 향한 여정에 있어서 차이가 있을 뿐이고 역사와 문화를 담는 가치와 철학은 변하지 않고 있다.

인류의 보편 타당한 가치와 역사는 자유민주주의와 시장경제가 가져다주는 자유와 인권이 공산주의, 사회주의 체제의 독재 전체주의에 대비한 질서 안에서 우월하게 구별되고 정의되고 표현되었다. 이 땅의 생존과 자유를 향한 여정을 예측불허의 상태로 있게 해서는 안 된다. 무릇 전쟁을 예비하지 않은 평화는 존재하지 않는다. 중국과 북한 비핵화에 대해 한미일 동맹 체제를 굳건하게 해야 할 과거, 현재, 미래의 이유와 당위성은 무궁무진하다.

3. 일본의 스가 총리 정부의 중국의 대만 침공시 자동개입선언은 전쟁을 할 수 없는 일본이 미국과 사전 합의를 거쳐서 자위권 확대 전략으로 중국을 차단, 고립, 격리시킨다는 전략에서 출발한다.

인도 · 태평양과 동북아시아 패권은 미국 주도형 남북한과 일본, 중국, 인도, 아세안이 상호 견제 및 협력을 해야 균형 있는 관계로 유지된다. 미국 주도의 자유민주주의와 시장경제는 미 · 중 패권 경쟁의 험난한 파고를 넘어서는 화해 협력의 자유 평화 시대에 서게 될 것이다.

한국과 일본은 과거, 현재, 미래의 역사 및 문화적 연구를 상호 신뢰를 갖고 추진해야 한다. 과거의 행위를 용서하고 잊을 수 있는 현재의 상황에 대한 진정한 각오와 깨우침이 있어야 한다. 일본이 국제 사회의 진정한 문명국, 지도국가가 되기 위해서는 침략 전쟁에 대해 진실하게 사과해야 한다. 현재 상황에 유불리를 떠나서 미래를 향해 남북한을 비롯한 아세안의 주변 국가들과의 관계를 재조명하는 시대적 소명을 완성해야 한다.

한·미·일은 중국의 중국몽과 일대일로 대외 패권 전략과 북한 김정은 정권의 핵무장과 비대칭 군사 전략에 시스템적인 글로벌 대응 체계를 갖게 될 것이다. 한미일 동맹 체제를 구축하기 위해서는 한국과 일본의 관계가 정상화되어야만 한다.

한국과 일본은 과거의 잘못을 회피하지 말고 철저한 반성과 분석과 학문적 고찰을 지속하고 현재 상황에 현명하고 냉정하게 판단하고 발전적 선택을 통해 새로운 미래 비전을 제시하고 함께 평화와 번영의 길을 가야 한다.

한·일은 미국과 함께 코로나 시대에서 함께하는 전략적 운명 공동체의 미래를 향해 걸어가야 한다. 한일의 새로운 시대를 찾아가는 여정의 현재의 장애물과 과거의 기억을 분석하고 미래를 향하는 새로운 틀을 만들어야 한다.

한미 동맹과 한·미·일의 굳건한 동맹적 공동운명체의 길을 선택하고 실천해야 한다. 코로나 팬데믹과 디지털 시대의 미·중 패권 경쟁과 미국의 인도·태평양 전략, 쿼드의 국제 정치 현실에서 생존과 자유를 향한 길은 민주적인 창의성과 지정학적 생존의 길을 찾아가는 운명 공동체적인 당위성이 존재한다. 우리의 운명을 결정지는 차원의 전략이 판단되고 선택되어야만 할 것이다.

북한 비핵화는 난제인 것은 분명하지만, 한반도 평화를 향한 여정에서 반드시 해결해야 할 국가와 민족의 최우선 사안임은 분명하다. 대우주가 탄생과 소멸, 생성과 팽창의 과정을 반복하는 것은 천체의 운행 질서이다. 한반도의 평화를 향해 가는 길은 하늘의 축복을 받을 것임에 틀림없다.

세계 유일 패권국의 지위를 잃지 않으려는 미국에 도전하는 유구한 역사와 문화를 품은 중국의 중국몽, 국가 부흥을 꿈꾸는 러시아와 일본, 영국, 독일과 프랑스의 미래는 우리에게 깊은 영향을 주고 있다.

남북한이 함께 북한 비핵화를 이루고 북미 수교와 남북 평화와 번영의 공존 시대에서 국가보안법 폐지를 이룰 수 있는 미래를 그려나가야 한다. 공산당이 이 땅에서 합법화, 공존화의 길을 걸어갈 수 있는 미래를 만들어갈 수도 있다.

차기 대통령과 집권세력은 국가와 민족을 위해 진보/보수 이념의 이분법적 정략적인 입장을 떠나서 헌신과 희생의 소소영영(昭昭靈靈) 즉, 깨어 있되 고요하고, 고요하되 깨어 있는 자세를 일상서 유지해야 한다. 이 땅의 생존과 자유를 위해 북한 비핵화를 이루는 여정을 향해 뚜벅뚜벅 걸어가야 한다.

8장

교육 개혁은 한국의 미래다

포스트 코로나 시대에서 교육 개혁은 개혁에 성공한 국가와
실패한 국가로 한 나라의 운명을 극명하게 바꿔놓을 것이다.
지금의 초중고 학생들이 이 나라의 주역이 될 10~20년
뒤를 바라보며 최상위 국가 개혁의 전략으로
교육 개혁을 이행해야 한다.

초중고 교육과정의 개정 기회가 왔음에도 한국의 교육부는
시대의식과 위기의식이 전혀 없다. 미래 세대의 생존보다
기득권을 유지하고 기득권 세력의 저항을 더 걱정하고 있다.
포스트 코로나와 디지털 시대 흐름에 맞게 교육과정을
당장 수술하지 않으면 당장 몇 년이 아니라 대한민국의
미래를 잃게 될지도 모른다.

교육 개혁 없이는 미래도 없다

한국의 교육은 코로나 팬데믹과 디지털 시대가 요구하는 혁명적 개혁을 실천해야 한다. 한국 교육의 혁명적 개혁 원칙은 공립 및 사립의 조화와 한정된 자원의 효율적인 배분을 통해 자율과 다름의 독창성 있는 창의적인 교육을 만들어가는 데 있어야 한다.

세계 유일의 패권국 미국을 비롯한 대부분의 OECD 국가와 심지어는 중국에서조차 우리가 하는 전체주의적 질적 하락 교육에 천문학적인 재정을 투입하지는 않는다. 현재 한국 교육을 망치고 있는 전교조와 교총, 정치인, 관료와 교육 현장의 교육자, 학부모는 심각하게 반성하며 비판받아야 한다. 한국 교육의 붕괴와 파탄의 파고가 시작됐건만 우리는 애써 모른 척하며 살아가고 있는 건 아닌지 되돌아볼 때이다.

한국 사회의 대표적인 시민사회 · 노동단체인 전국교직원노동조합(전교조), 전국민주노동조합총연맹(민주노총), 한국노동조합총연맹(한국노총), 참여연대, 경제정의실천시민연합(경실련), 한국교원단체총연합회(한국교총) 등은 코로나 팬데믹과 디지털 시대에 들어서는 새로운 모습을 보여주고 끊임없이 공부하며 정체성의 저변을 확대하고 준비해야 할 것이다.

한국 교육은 병들고 생존의 위기에 있는데도 전교조와 한국교총은 자신들만의 생존과 자유의 방식을 위한 작은 이익에만 몰두하고 죽은 교육을 살리려는 개혁에 애쓰는 모습을 찾아볼 수가 없다. 전교조 출신 교육감들에 의한 수월성 하향평준화 교육은 대학과 한국 사회를 뒤흔들고 병들게 하고 있다.

서울 주요 자사고 폐지에 반대하는 학교들의 행정소송에서 서울시교육위원회는 모든 재판에서 패소했지만, 교육부는 자사고를 일괄 폐지하고 일반고로 전환하는 계획을 일관되게 추진하고 있다. 한국교총은 교육을 정상화시키고자 하는 신념과 전의를 상실하고 침묵하고 신념과 열정을 잃고 무기력한 상태에 있다.

'대학은 벚꽃 피는 순서대로 망한다' 는 속설이 현실에서 이루어지고 있다. 천편일률적인 교육에 천문학적인 재정을 쏟아붓고 있지만, 우리는 강 건너 불구경하듯이 한가롭기만 하다. 현 정부의 '사회주의 흉내 내기식' 의 수월성 교육은 대한민국을 송두리째 망치고 있다. 국공립과 사립대학, 중고교, 초등학교, 유치원에 이르기까지 다양성과 독창성이 사라진 무대책의 일상은 계속되었다.

모든 대학이 붕괴 직전까지 와 있는데도 등록금 인상 불허 후 생존과 자유를 향한 자율적인 행위와 구조조정이 원천 봉쇄되었다. 교육에 있어서 아날로그 행정의 예측이 뻔한 정부 정책과 획일화된 재정 지원, 동남아와 중국 유학생 등록금에 연연하는 상황은 한계에 직면했다. 재단 이사장, 총·학장, 보직 교수들만이 허둥거리고 있을 뿐, 숱한 고민만 쌓이고 별다른 대책 없이 하늘만 바라보는 한계 상황이다.

잘 인쇄된 A4 원고 읽기에 익숙한 대통령과 빈말만 외치는 정치인, 눈치만 보는 관료, 무방비 상태의 교육자와 학생, 무책임한 비판만 하는 언론은 무대책이 상책인 양 방관자로 존재해 있을 뿐이다. 역대 정부로부터 국민의 피와 땀인 천문학적인 재정을 쏟아붓고 있을 뿐 아직도 각종 규제로 묶여 있고 해결책이 난무한 채 악화일로에 놓였다.

교육 개혁 없이는 대한민국에 미래가 없다. 우리는 현장 실천 교육 개혁을 통해서 생존과 자유의 가치를 회복해야만 하는 근원적 개혁의 원천을 찾아가야 한다. 우선, 한국 교육을 망치고 있는 아날로그형 교육부를 즉각 폐지하고 국가 개혁 차원의 대통령 직속의 교육개혁실천위원회를 설치 운영하여 혁명적인 개혁을 실천해야 한다.

국공립은 국가와 지방자치단체의 재정 부담의 원칙에 따른다. 사립은 자유민주주의와 시장경제의 수요와 공급이라는 기본 원칙에 충실하게 따른다. 특히, **구조조정 등 시대 상황을 엄중하게 판별하여 적용하는 판단력을 기르고, 바른 선택에 집중해야 한다. 무엇보다 현 정부의 얼치기 사회주의 실험, 수월성 위주의 교육은 중단되어야만 한다.**

자유민주주의와 시장경제의 근원적인 병폐인 불평등 심화를 해결할 수 있는 거의 유일한 통로는 자유분방한 실천적인 다양성과 독창적인 교육 개혁에 있다. 더불어 함께 살아가야 하는 인간다운 삶을 살아갈 수 있는 천부의 권리와 삶을 쟁취하는 길은 민주적인 창의성이 있는 자유분방한 다양성과 독창성의 실천 교육에 있다. **국가 재정의 효율적인 사용과 배분, 자유민주주의와 시장경제의 마법의 지혜와 실천을 믿고 생존과 번영의 길을 찾아 실천해가야만 한다.**

교육 개혁을 위한 새로운 프레임

포스트 코로나 시대에서 교육 개혁은 개혁에 성공한 국가와 실패한 국가로 한 나라의 운명을 극명하게 바꿔놓을 것이다. 지금의 초·중·고 학생들이 이 나라의 주역이 될 10~20년 뒤를 바라보며 최상위 국가 개혁의 전략으로 교육 개혁을 이행해야 한다.

초 · 중 · 고 교육과정의 개정 기회가 왔음에도 한국의 교육부는 시대의식과 위기의식이 전혀 없다. 미래 세대의 생존보다 기득권을 유지하고 기득권 세력의 저항을 더 걱정하고 있다. 포스트 코로나와 디지털 시대 흐름에 맞게 교육과정을 당장 수술하지 않으면 당장 몇 년이 아니라 대한민국의 미래를 잃게 될지도 모른다. 따라서, 교육 개혁을 위한 새로운 프레임으로 몇 가지 제안을 하고자 한다.

하나, 아날로그 행정의 괴물, 교육부를 즉각 폐지한다.

생존 차원의 구조조정 등 혁명적인 사고의 개혁을 실천해야 한다. 한강의 기적으로 불린 대한민국의 눈부신 성장은 자연환경이나 천연자원에 있지 않았다. 바로 인적자원에 있었다. 이제는 4차 산업혁명에 걸맞은 창의적인 인재를 육성해야 할 때이다. 자율성과 다양성을 확대하여 교육 경쟁력을 키우는 데 역량을 쏟아야 한다.

학생들의 재능을 끌어올리기보다 경쟁과 시기 질투를 불러일으키는 현 교육부의 체계는 비판받아야 한다. 공교육과 사교육에 투자하는 교육비가 천문학적인데도 교육의 질과 학생의 행복 만족도도 매우 낮다. 교과서와 교육과정을 입맛대로 바꾸는 교육부는 차라리 폐지가 답이다.

둘, 각 대학 자율로 학사 일정, 교직원 및 학생 선발과 재정의 혁신적인 개혁을 단행해야 한다.

전국 대학은 학문의 자유가 만개하는 풍토에서 기초와 응용 학문의 조화, 융합, 통합의 다양성과 독창성을 갖춘, 순수와 응용이 살아 숨 쉬는 예술과 문화가 어우러진 대학 문화를 만들어가야 한다. 국내외 주요 대학들과 학점 공유, 가능한 한 많은 부문에서 전략적 제휴를 실행해야 한다.

셋, 국공립대학은 국가 및 지방자치단체의 재정에서 일체 부담하고, 운영은 대학 자율에 맡긴다.

사립대학은 국가 및 지방자치단체의 재정 지원은 배제하고 모든 영역에서 재단과 학교의 자율적인 재정 운영과 조달 등 혁명적 변화가 필요하다. 대학의 통폐합, 재단과 대학의 자유로운 운영, 기부제 입학, 산학협동의 모든 영역에서 자율적인 책임과 역할을 갖는다. 국가와 정부, 지방자치단체는 지원과 협력을 아끼지 않아야 한다는 원칙에서 국공립과 사립대학에 관한 일체의 입법을 통해 실천해야만 한다.

넷, 초·중·고교 교육은 현재의 교육위원회에서 시행한다.

전교조의 지원과 협력으로 당선된 진보 교육감들이 추진하는 공교육의 원칙을 유지하지만, 다양한 사교육의 문호를 완전 개방해야만 한다.

다섯, 창조적인 교육을 실천할 대안의 교육기관을 설립한다.

전국의 주요 종교단체 즉, 사찰, 교회, 성당과 주요 이익단체, 기업들이 유치원부터 대학원까지 각각 다른 사고와 실천 이야기의 교육기관을 설립하여 대안의 다른 창조적인 교육을 실천하는 기회를 가져야 한다.

조선왕조 개국 이후 주자 성리학의 질서에 따른 입신양명의 길을 추구하는 삶의 윤리와 도덕 질서는 우리 일상 깊숙한 곳에 뿌리내려 있다. 현재와 미래의 세상은 예측불허의 다양성과 창조적 방식으로 존재해 있고 인간은 새로운 각자의 다른 삶을 살아가고 있다.

여섯, 다양한 형태의 학교 설립을 허용한다.

자율형 사립, 과학영재, 장애인을 위한 특수학교, 다양한 요구에 부응하는 각종 종교, 사회단체, 기업 및 대안학교와 산 기술, 예술문화 학교의 설립을 자유롭게 해야 한다. 현대 사회는 각각 다른 삶, 다양한 방식으로 각자의 판단과 선택에 따라 결정하고 타인과 가족, 학교, 사회, 국가로부터 존중받아야 한다. 국가 재정의 지혜로운 집행과 공립 및 사립교육의 올바른 시행으로 현재와 미래의 꿈과 소망을 실현하는 올바른 길을 준비하게 해야 한다. 이는 과거와 현재, 미래의 이념, 세대, 지역, 계층의 갈등과 분열을 뛰어넘는 통합에 크게 이바지하는 지름길이 될 것이다.

일곱, 내신성적 반영을 없앤다.

초·중·고 교육의 다양성과 독창적이고 창조적인 인간으로서의 삶을 위한 교육을 만들어가기 위해서는 초·중·고교의 내신 성적 반영을 없애야 한다. 국민적 합의를 바탕으로 학교 교육 정상화를 만들어낼 별도의 대학 입학에 필요하고 참조가 될 수 있는 다양한 형태의 현행 대처 방안을 만들어내는 전향적인 전략적 과정과 절차를 마련해야 한다.

여덟, 대학입시 제도를 대학 자율에 따라 정한다.

대학 입학에 필요한 수능은 미국의 대학입학시험 SAT를 벤치마킹해서 연 3회 제한 형태의 자격시험에 국한하고, 대학입학은 국공립, 사립 구별 없이 대학 자율에 따라 정하게 해야 한다. 공사 교육체계와 구분 없이 국내외 학교들과의 전략적 제휴 및 교육과정을 공유할 수 있도록 적극 지원해야 한다. 그러나 단순 대학입학만을 위한 이타적인 외국어 학교는 설립을 허가해서는 안 된다.

아홉, 초 · 중 · 고 교육의 근본 개혁의 요체인 교과서와 과목을 전면 개편해야 한다.

한국인의 뿌리를 공부해야 하는 역사와 한문, 국제 질서 안에서 살아가야 하는 현대인을 위한 국제 언어인 영어를 중점으로 교육한다. 필수 외국어인 중국어, 프랑스어, 스페인어, 일본어 등을 교육하는 데 적극적인 투자와 동기 부여를 해야 한다. 우리의 정체성을 인식케 하고 행동하는 양심의 실천 행위를 통해서 육체와 영혼에 자연스럽게 스며들게 하는 지혜로움을 갖게 해야 한다.

열, 선택적 고교 학점제를 도입한다.

혁신적으로 고교 교육의 활성화와 미래의 잠재적 재능을 개발할 기회를 제공해야 한다. 학교에서 교육하기 쉽지 않은 글로벌 정치, 경제, 금융 및 사회과학과 인간심리와 기후 변화와 팬데믹, 예술 문화, 건축, 농사 및 산업 전반에 걸친 디지털 사물인터넷 IoT, 인공지능 등 전인 교육의 중요한 과목을 외부 민간 전문가를 초청, 위탁하는 방안을 제공하여 근접할 기회를 제공해야 한다.

교사 자격증이 필요 없는 외부 전문가들이 참여해서 내실 있는 초·중·고교 교육의 혁신적 내재적 기반을 갖게 한다. 각종 생활체육과 문화예술 활동에 필수적인 각종 제도, 장비, 절차와 환경을 마련하는 데 적극적인 지원을 해야 한다. 옛 뿌리인 고전을 이해하고 통찰의 사고를 키워주는 역사, 한문, 인문학, 예술과 문화, 생활체육과 봉사의 가치를 깨닫게 해야 한다. 주관적인 사고의 통합력을 키우는 필수 불가결한 글로벌 정치와 경제, 금융, 디지털, 한문 교육, 글로벌 시대의 언어인 영어를 자유롭게 구사할 수 있는 능력을 갖추도록 초등학교에서부터 사고의 체계와 습관의 행동을 깨우치게 해야 한다.

포스트 코로나 시대가 요구하는 미래 교육

코로나가 전 세계로 확산되면서 이제 세상은 코로나 이전과 이후로 나뉘었다. K-방역과 국산 치료제 개발 '국뽕'에 취해 백신 수급에 실패해서 백신 접종 후진국에 머문 상황에서 뒤늦게

시작된 백신 접종은 국민을 안정시키고 경제와 사회를 활기차게 만들어가고 있다. 뒤늦은 백신접종이 시작되었지만, 델타 변이 바이러스의 확산이 계속되면서 학교 수업의 정상화의 길은 아직은 요원하다. 학교의 정상 수업과 비대면 수업은 여러 방면의 관찰과 분석을 통하여 정말 세심하고 체계적인 과학적 준비가 요구된다.

교육은 사회의 변화와 흐름에 따라 새로운 도전에 직면해야 한다. 적절하게 변화하여 더 나은 교육을 베풀어야 한다. 코로나가 지나가고 난 뒤, 교육은 어떻게 변화해야 할까?

우선, 시대가 요구하는 변화에 따라 교육의 우선 순위를 두고 과학적이고 체계적으로 접근해야 한다. 온/오프, 대면 및 비대면 교육과 다양성에 기초한 교육을 지속적으로 발전해나가야 한다. 영유아 교육은 전국 기초자치단체에서 지도 감독한다. 국공립 및 사립의 구분 없이 다양한 교육체계를 기본 원칙으로 정하고 열린 사고로 교육이 이뤄져야 한다. 국공립 영유아 교육은 전액 기초자치단체가 부담하고, 사립 영유아 교육의 재정 지원은 일체 배제하여 시장의 수요와 공급에 따라 설립과 운영을 자유롭게 한다.

자유시민교육은 열린 공간의 자유 시민단체의 자유의사로 한

다. 자율적인 다양성과 독창성, 개성 있는 교육체계로 전환해야
한다. 현재의 국가 재정이 주도하는 정책 감독 방안은 폐지한다.
서로 다름의 철학으로 정리된 자율감독으로 전환한다.

　분단 대한민국의 아픔을 치유하고 자유와 평화, 번영의 인간
다운 삶을 살아가게 하는 힘의 원천은 교육이다. 우리는 공평과
불평등을 이야기하기 전에 인간만의 독특한 개성과 다름을 이해
해야 한다. 현재의 고착화된 관념과 사고에서 벗어나 새로운 시
각에서 사고하고 실천해야 한다. 한 번 태어나면 죽을 수밖에 없
지만, 치열하게 사는 동안 존귀하고 존귀한 삶에 대해 묵상하고
기도하는 숙련의 시간을 가져야 한다.
　한국 사회는 어처구니없게도 변화가 생기기만 하면, 무수한
갈등과 대립 속에서 분열과 혼돈의 세계가 열리고 있다. 우리가
경험했던 압제와 착취, 빈곤과 가난, 기아의 억눌림 시대에 행했
던 교육에 대한 반성과 성찰을 가져야 한다.
　6·25 한국전쟁의 잿더미에서부터 성취한 산업화와 민주화,
자유민주주의와 시장경제의 위대한 가치, 천부의 인권, 종교의
자유, 평화의 예술과 문화가 태동했던 시대의 교육을 재평가하
는 기회를 놓치면 안 된다. 교육의 꿈과 미래를 타인이 판단하고
선택하여 결정하는 일이 있어서는 안 된다. 분단의 이 땅의 교육

에 대해 우리는 분명하고 엄중한 선택을 해야 한다. 열린 교육, 다양성의 독창성 있는 다름의 개성이 존중되는 교육을 실행해야 한다.

학생들은 남보다 더 나은 삶을 추구하기 위해 무한 경쟁에 내몰리는 대학 시험의 노예로 전락했지만, 한국 사회의 대학은 획일화되었다는 데 문제가 있다. 산업화와 민주화, 학문의 자유, 정의를 위해 헌신하고 희생하며 꽃피웠던 대학 문화가 현재의 입시 지옥보다 못하다는 혹독하고 냉정한 평가를 받고 있다. 지난 시간 동안 우리는 천문학적인 물적/인적자원의 투자에도 불구하고 후퇴한 못난 사회를 만들어가기 위해 무진 애쓰는 헛수고의 쳇바퀴에 빠져 있었던 것 같다.

21세기 신자유주의와 무한경쟁에 내몰린 현대 사회의 구조는 가진 자들만을 위해 기형적으로 왜곡, 발전되어 가고 있다. 현 정부는 자본주의 시장경제의 공수 대결 양상에 내몰린 부동산의 기형적 대응 방식과 내로남불의 교육 환경을 만들어가고 있다. 이성과 상식이 헌신짝처럼 왜곡된 몰염치와 불평등, 불공정의 구조적 모순은 점점 심화되고 있기만 하다.

인간의 욕망과 탐욕은 광대한 우주 대팽창과 비슷한 판박이 형태로 끝이 없다. 변질한 민주화운동의 가치와 공평은 불공정과 불평등이라는 철학적 사고로 변질되어 한국 사회를 철저하게 병들게 하고 있다. 인간의 이성은 마비되고 생물학적 욕망과 본능은 멈추지 않고 질주하고 있다.

항상 역사는 되풀이되고 기록되었다. **우리의 삶은 건전한 상식과 보통의 지식으로 어우러진 지혜를 가지고 더불어 사는 사회를 만들어가는 교육을 창안해야 한다. 진보와 보수라는 이념의 영역을 떠나서 타인을 슬프게 하고 아프게 하는 언어의 폭력을 배격해야 한다. 정겨운 삶이 함께하는 믿음과 소망, 봉사와 헌신, 감사와 희생, 사랑의 가치와 행동하는 양심의 인간을 양성해야 한다. 허울뿐인 미사여구와 가식들을 일시에 부수고 새로운 가치와 철학이 만들어가는 교육의 현장을 만들어가야 한다.**

차기 정권에게 바라는 혁명적인 교육 개혁안

차기 정부는 한국교육의 혁명적인 실천 교육 개혁 및 구조조정에 수반되는 재정, 관련 제도와 규정, 법률 소요기간, 인원을 고려한 구체적인 내용의 마스터플랜과 실행 로드맵(Executive Road Map)을 만들어가야 한다.

하나, 수능 평가는 자격 조건 부여에 국한한다. 자연/사회 과학을
공부하는 학생들, 예체능을 공부하는 학생들 모두 똑같은 상대/절대
평가 점수를 받을 필요가 없다는 원칙을 만들어야 한다. 인공지능을
통해 평가 실행 기준을 마련해도 좋을 것이다. 열린 마음, 다름
의 개성 있는 교육을 지향해야 한다.

둘, 영유아, 초 · 중 · 고교 학교를 통해 우리들의 작은 영웅들을 만
들어 갈 수 있는 토대를 마련한다. 전국의 초중고교는 대학 자율
정책과 함께 각종 자립형 사립/대안 및 특수학교의 자율 개방원
칙의 온/오프 교육 및 건강과 개성을 가진 다양한 인재를 양성케
해야 하는 체계로 개혁해야 한다. 영유아 교육에 있어서도 동일
한 전략과 방식으로 새로운 시대를 준비해야 한다.

셋, 한국 사회의 구조, 도덕적 가치와 환경에 적합한 직장과 사회에
서의 영유아 교육 및 운영을 하는 새로운 형태의 다양한 방안을 모색
하고 진취적인 모델을 개발해야 한다. 주요 국공립대학(공동 학점 공
유제 시행)은 법인 형태로 전환하고 모든 재정은 국가와 지방자치
단체의 부담으로 하고 학비는 무료로 해야 한다. 국가와 사회는
재정, 세제 혜택 및 보조금 행태를 비롯해 각종 방안 일체를 지
원하고 법인은 별도의 프로그램을 마련하여 독창적으로 시행하

고 국가와 지방자치단체는 각종 현안을 지원 협력한다.

　사립대학은 각종 정책 및 제도와 세제 혜택을 제외하고 국가 및 지방자치단체의 재정 지원을 배격하고 학비, 교수 및 학생 선발은 대학 자율에 의한다. 외국 학생에 대해서도 동일한 기준을 갖는다. 모든 대학은 학점을 공유화(교양 및 특정과목)하고, 외부 지원 및 보조금에 대해 세제 혜택이 주어져야 하고 산학협동의 프로젝트 실행 및 각종 연구소와 주식회사 등 영리회사 설립을 자유롭게 한다.

　넷, 국가와 지방자치단체는 대학의 설립 및 합병 등 구조조정에 있어서도 엄격한 기준의 등록제를 기준 제시하고 일체의 간섭과 통제를 배격한다. 대학사회는 꿈과 비전을 실천하는 세상을 만들어가는 인재를 양성하고 더불어 살아가는 삶의 원천을 만드는 과정을 공유케하여 생존과 번영의 밑거름이 되게 해야 한다. 대학 구조조정은 국가와 국민의 미래를 위해 다각적인 측면에서 실행해야 한다.

　다섯, 국공립대학은 현재의 구조를 유지하면서 법인 전환형 비대면 온/오프 교육의 혼합형 및 학점 공유제를 실행한다. 사립대학은 지주회사 형태의 혼합 복합형 통폐합의 생존 차원의 구조조정

(국내외 대학과 제휴 및 온/오프 방식의 통합 포함)을, 온/오프 교육과 해외 캠퍼스를 신설할 수 있게 한다.

여섯, 한국의 대학은 국 · 공립/사립 구분 없이 교직원을 채용하고, 학비는 기부 입학을 허용한다. 학생 인원 선발 및 학과목 조정 신청 등 다양한 형태의 프로그램을 자율로 진행하고 별도로 협의된 자율감독기관을 두고 선진 자율교육을 실행한다.

일곱, 영 · 유아부터 성인에 이르기까지 체계적인 독서와 영어를 기본으로 중국어(한자 해독 포함)/러시아어/프랑스어/독일어/스페인어/일본어/아랍어로 말하기, 읽기, 쓰기, 듣기를 할 수 있게 교육시키고, 습관이 되는 사고와 행동 방식을 익히도록 환경을 만들어가야 한다. 이를 위한 각종 SNS를 활용한 방안과 함께 온/오프 교육 방식의 환경을 만들어가고 생활의 변화를 가져오는 행동 방식을 익히도록 해야 한다.

여덟, 예체능 엘리트 중심 교육을 전인 일반 생활 교육으로 시급하게 전환시켜야 한다. 엘리트 중심 교육은 제한 병행해야 한다. 예체능 교육은 글로벌 시장과 산업에서 새로운 한국 문화의 영역으로 개최해야 한다. 예체능에 타고난 재능을 가진 천재들은 어

릴 적부터 개성이 강한 선생님들로부터 별도로 개별화 교육을
받고 훈련을 거듭해야 한다.

세계적으로 뛰어난 예체능계 인사들은 타고난 천부적 재능과
감각, 두뇌와 훌륭한 스승으로부터 혹독한 교육과 반복 과정을
거쳐서 탄생했다.

우리 주변에서도 쉽게 찾아볼 수가 있다. 모차르트, 바흐, 베
토벤, 슈베르트, 찰스 다윈, 칼 마르크스와 아담 스미스, 케인즈,
프로이트, 셰익스피어, 괴테, 아인슈타인, 퇴계 이황과 율곡 이
이, 추사 김정희, 소치 허련, 이중섭, 백남준, 정경화, 조수미, 조
성진, 손기정, 박세리, 김연아, BTS 등의 일생을 보면 쉽게 생각
할 수 있다.

교육 개혁의 주체 파악

교육 개혁의 주체는 국민이어야 한다. 특정 정치세력의 정치
로 교육을 목적을 이루기 위한 도구로 이용해서는 안 된다. 교육
개혁의 진정한 고민에는 학생들을 가르치는 교사로 하여금 그들
이 전문성을 어떻게 키워 학생들의 재능과 역량을 끌어낼 수 있

는지에 있어야 한다.

한국의 교육체계를 혁신과 변혁으로 이끌어야 한다. 글로벌 열린 교육에 맞는 체계와 제도의 혁신을 위해 혁명적인 구조조정과 가치와 철학을 만들어가야 한다. 한국 사회는 모든 영역에서 대화와 스킨십이 부족하고 단절되어 가고 있다. 한국 교육의 실수요와 공급을 맡고 있는 교수, 교사와 학생, 학부모, 형제와 학생 등을 포함한 정치인, 관료와 교육 현장의 사람들 사이에서 공간을 만들어가야 한다.

코로나 팬데믹과 디지털 시대의 교육은 새로운 모습이어야 한다. 한국 사회를 비롯한 인간 세상의 자원은 무한하지 않다. 한정된 자원과 다른 인간들의 개성이 담긴 진화의 역사를 가지고 있다.

한국 사회는 진보/보수를 떠나서 무개념 성선설에 기초한 대중인기 영합적인 퍼주기 성향의 정치인들이 판치고 있다. 현 정부의 국정운영은 위대한 이 땅의 자유민주주의와 시장경제의 가치와 철학을 송두리째 뒤엎고 있다.

이 땅의 보통 사람들의 삶을 위한 꿈과 소망을 가슴에 담고 분단 현실을 극복하고 번영과 통일의 위대한 상상력의 실천 교육이 있어야 한다.

지금은 혁명적인 교육 개혁을 실천해야만 하는 절체절명의 필요 충분 상황이다. 우리의 역사와 문화는 지구촌의 다양한 형태의 특색을 가진 사람들과 함께해야 할 것이다. 혁명적인 교육 개혁은 다름의 실천을 행하는 지역화, 전문화, 특수한 체계적인 실천 혁명이 되어야만 한다.

이러한 교육 개혁을 실천하기 위해 관련 입법과 제도 개편, 소요 기간과 재정, 구조 혁파를 위한 절차 및 이해당사자들의 입장 정리와 조정 등 각 분야 전문가들과 이해당사자들이 참여한 대통령 직속 국가교육 개혁 실천위원회를 중심으로 한 T/F를 통해 이른 시일 내에 만들어내야 한다.

이 땅의 자유민주주의와 시장경제의 생존과 자유의 가치와 철학의 자유의지를 담은 마스터플랜을 만들어가야 한다. 차기 대통령 선거 과정에서 대선후보가 선거 공약으로 제시하고 당선이 된 후에 실행해야 한다. 차기 대통령과 유력 대선후보가 제휴해서 시대 역사적인 혁명적 교육 개혁을 실천해야만 한다. 나무만 보지 말고, 숲을 봐야 한다. LH 사태와 광란의 부동산 문제(과거 박정희 정부는 강남 개발 시에 강북의 특정 명문 학교 이전을 실행하여 국민의 성취 의욕을 고취시켰다)는 교육 개혁과 밀접하게 연관되어 있다.

우리의 역사는 한때 굴절과 중단이 있었지만, 늘 전진해왔다. 민주화, 산업화의 길을 융성하게 하고 새길을 예비하는 것의 원천은 창조적인 독창성 있는 교육에 있다. 광활한 우주 구성의 기초적인 원리, 자연의 진화와 삶의 질서를 이해하지 못하는 영유아 수준의 퍼주기식 속임수 현장 교육 정치는 당장 중단되어야 한다.

법정관리에 있는 작은 중소기업을 인수하고자 할 때도 자산 부채 실사와 회사의 인적 및 물적자원과 미래 사업성을 가지고 현금 흐름과 가치를 판단한다. 그러나 현 정부의 자산은 순자산은 몽땅 까먹고 미래 현금 창출 흐름은 불투명한 상태로 악성 부채와 예측불허의 우발 채무만 남아 있다. 자체적인 미래 현금 창출은 없고 마이너스를 넘어선 청산 상태이다.

비민주적 행위, 친중 사대, 종북 굴욕, 위안부 대법원 징용배상과 지소미아 협정 파기의 저급 대일외교, 탈한미 동맹의 행보와 국제 사회의 왕따 외교, 얼치기 소득 주도 성장과 탈원전, 자사고 폐지, 일자리 창출로 쏟아부은 천문학적인 재정, 예타 면제와 가덕도 신공항 특별법 제정 등 현 정부의 실패를 차기 정부는 국정 운영의 교훈으로 삼아야 한국의 미래에 희망이 있다.

불평등과 공정의 가치를 회복하는 데 필요한 지름길은 다름을 인정하는 교육의 실천이다. 단순한 수월성에서 벗어나 죽을 때까지 해야 하는 공부는 자연스러운 상태에서 생존과 자유의 경쟁 원리를 깨닫는 데 있다. 다름의 교육을 실천하면서 우주와 자연의 섭리를 깨닫고 명상과 묵상기도를 일상화하는 과정을 만들어내고 함께해야 한다.

9장

한반도의 길을 찾는 전략 외교

최근 한반도의 정세가 첨예하다.

이웃 중국과 일본과의 관계가 심상치 않고, 미국도 주한미군

국방비 증액을 요구하고 있다. 다른 강대국과는 외교적

접점조차 찾지 못하고 있다. 허리가 잘린 한반도의 분단은

주변 강대국의 실리에 따른 상처로

외교 전략의 실패라고 볼 수 있다.

국제 외교는 매우 중요하다. 시대가 발전하면서

교통과 통신이 발달하여 무역이 중요해졌다.

무엇보다 고립해서 자급자족하는 데는 한계가 있고,

한국은 수출로 먹고사는 나라이기에 전략 외교는

매우 중요하다.

전략 외교의 목표와 과제

한반도는 태평양 건너 미국과 일본, 중국, 러시아의 영향을 받으며, 동포이자 적국인 이념이 다른 한 핏줄인 핵으로 무장한 북한과 인접해 있다. 지정학적 위치가 매우 특별한 한국의 전략 외교의 목표는 이 땅의 생존과 자유를 지키는 일이다. 그러려면 북한 비핵화를 이루고 통일의 초석을 마련해야 한다.

주변 4강 외교와 북한 비핵화, 남북 대화 및 통일을 위한 체계를 구축하고 전략 외교의 틀을 만들어가야 한다. 북한의 핵무장과 비핵화에 대해 한국의 독자적인 정체성의 일관성 원칙을 견지해야 한다. 북한 비핵화 실패, 핵무장 해체 포기 시에는 한미일 핵상설회의를 설치하고 한반도 전술핵 재배치, 핵무기 한일 공동 개발 및 핵무장, 비상실행계획을 상시 협의해야 한다.

일본의 우경화·정치화와 재무장화, 미·일 동맹의 강화, 러시아의 군사적 부흥과 미·중 패권 경쟁의 새로운 양상인 미·러 공존과 패권 전략, 북한의 핵무장은 동북아 지역 패권의 각축장을 만들어가고 있다. 새로운 세계 질서의 재편에 핵심 역할이 되었다.

미국과 협의를 거쳐서 한미 동맹의 기존 틀을 넘어서는 미국의 인도·태평양 전략 쿼드에 핵심 동맹국의 책임과 의무를 수행하는 한·미·일의 군사 동맹적 협력 체제를 강력하게 구축해야 한다. 세계 질서에 한반도의 지정학적인 힘이 바탕이 되는 한미 동맹과 한일 동맹적 체제 협력을 바탕으로 한 독창적인 전략 외교가 절실하게 요구된다.

현 정부의 친중사대 및 종북굴욕적 사고와 행위는 미·중 패권 경쟁과 한·미·일 동맹 협력 체제의 기본틀을 흔들 수도 있는 약한 고리로 인식하고 있기에 충분하다. 한미 동맹의 철학과 가치를 파괴하고 국제 정치의 현실을 망각하는 현 정부의 잘못 인도된 원칙과 대응의 불확실성과 불안정성은 계속되었다.

한국 전략 외교의 기본은 한·미·일의 강한 동맹과 협력의 힘과 전략적 유연성을 갖고 대처하는 데 있다. 국제 협력을 바탕으로 새로운 세계에 대한 가치를 결정할 군사, 경제, 정치, 외교, 문화의 힘을 어떻게 만들어야 하는지에 달렸다.

미국의 바이든 정부는 8개의 국가 외교 전략을 발표하고 동맹의 가치를 회복하는 구체적인 내용을 담았다. 중국, 이란, 북한, 러시아에 대한 특별한 메시지를 담고 있다. 미국은 전 세계 유일 주적으로 부상하는 중국을 압박하고 제재하기 위해서 한·미·

일 동맹의 가치를 중심으로 쿼드 인도·태평양 전략에 심혈을 기울이고 있다.

현 정부의 한일 관계는 도쿄올림픽 개최에도 불구하고 역대 최악의 운영 상태가 계속되었다. 현재의 한일 상황에서 일본 정부는 변한 게 없는데 사태 진전에 대한 구체성 없이 2021년 도쿄 올림픽에 대한 꿈과 소망만을 이야기하는 촌극은 국가의 품격을 떨어뜨리는 어처구니없는 사태를 불러일으키고, 북한의 불참 선언으로 평창의 아련한 꿈을 재연하려던 한반도 평화 프로세스는 물거품이 되었다.

종군 위안부와 주한 일본대사관 앞 소녀상, 대법원 판결과 징용 배상, 일본 천황 호칭 및 한·미·일 군사 협력 등 미해결 사안들이 기다리고 있다. 미·일 동맹 체제의 경제 대국 일본, 미국의 패권에 도전하는 중국은 그들의 비도덕적 행위와 비문명적인 사고와 행위로 인해 스스로 이율배반적인 행동을 행함으로써 아시아의 지도국이자 진정한 패권국이 될 수는 없다.

조용한 외교 vs 적극적 외교

페르시아만에서 이란 혁명수비대가 우리 화학물질 운반선 한국케미호를 나포했다. 그 협상 과정에서 우리 정부와 언론은 국제 정치의 현실과 동떨어진 현실 인식과 사고방식으로 국가의 품격을 떨어뜨리는 어처구니없는 실수를 하고서도 국민에게 진실을 호도하고 있다. 이란은 오바마 대통령의 정부에서 핵동결 협약 후 트럼프 대통령의 일방적 협약 파기 상태에서 UN 안보리와 미국의 강력한 제재로 이차적 불매운동을 받고 있다.

한국과 이란은 정치와 종교를 떠나서 경제, 역사, 문화적으로 매우 친밀하며 상호 신뢰하는 관계를 유지하고 있었다. 북한은 이란 이라크 전쟁 시에 정치, 군사, 경제적으로 적지 않은 도움을 주었고 반미 전선의 동맹의 북한과 혈맹 관계를 맺고 강력한 정치, 군사적 파트너 역할을 하고 있었다.

그런데 왜 이란은 적대국도 아닌 우리 선박을 '환경오염' 이라고 뒤집어씌우며 나포했을까? 왜냐하면, 이란은 한국을 미국의 가까운 우방으로 보았기 때문이다. 수많은 세계 언론은 "한국과 미국이 파놓은 구덩이에 빠진 것" 이라고 보도했다.

미국에서는 우리와 이란의 과거 사례를 인정하고 이란의 이차적 불매운동 제재에 있어서도 많은 부분에서 예외를 인정해주고 있었다. 수출입 무역 결제 시에 유로화 사용, 이란 중앙은행 명의로 IBK기업은행과 우리은행에 원화 계좌를 개설하고 이 계좌를 통해 원유 수출 대금을 받도록 하는 등 적지 않은 관례를 인정하고 용인해주기까지 했다.

 정부는 이란과 협상할 때 현 상황에서 우리의 정체성을 분명히 하고 우리의 나포 선박의 즉각 송환을 강력히 요구했어야 했다. 또한, 미국의 협력 없이 페르시아만의 좁디좁은 호르무즈해협에서부터의 멀고도 먼 해상 수송로 보호는 어떻게 할 것인지에 대한 답도 있어야 한다. 미 해군 5함대의 보호 아래 평화롭던 해상 수송로의 안전이 먼 남의 이야기가 아닐진대 독자적 실행 방법도 찾지 않으면서 어처구니없게도 미국의 페르시아만 파병에 애써 침묵으로 일관하고 있다.

 미얀마 군부는 선거 패배 후 불안정한 정치적 상태로 가택연금했던 아웅산 수치 국가 고문을 새로운 혐의로 추가 기소하고 쿠데타를 통해 정권을 탈취했다. UN과 국제 사회의 호소와 경고에 아랑곳하지 않고 미얀마 군부는 자국의 수많은 무고한 시위 군중을 체포 구금하고 학살하고 있다. 미얀마에는 포스코, 롯데를 비롯해 적지 않은 중소기업들이 진출해 있다. 국회는 여야 만장일치로 미얀마 군부 쿠데타 규탄 결의안을 제출했지만, 인권 변호사 출신의 문재인 대통령은 침묵으로 일관하고 있다.

 광주 민주화운동의 위대한 역사가 있는 대한민국은 이란 혁명 수비대의 무도한 행위를 앞세운 이란과 쿠데타의 미얀마 군부에 대해 국제 사회의 민주 국가로서의 정체성을 인식케하는 행동하는 양심을 갖고 대처해야 한다. 한국 기업의 예기치 않은 불이익을 보호해야 하지만, 우리는 이란과 미얀마 국가와 국민을 상대로 긴 안목의 전략 외교를 실천해야만 한다.

현 정부의 반(反) 자유민주주의와 시장경제의 정체성, 철학과 가치, 추구하는 바를 솔직하게 국민과 국제 사회에 이야기해야만 한다. 현재의 방식과 어정쩡한 인식은 동맹인 미국과 우방들, 국민, 심지어는 현재와 미래의 가상 적국들에게까지 잘못되고 편향된 인식을 지속적으로 주고 있다. 미래의 불확실성을 제거하는 것이 전략 외교의 긴 여정에서 매우 중요하다.

중국 우한에서 최초 발생한 코로나19는 전 세계를 불안과 혼돈, 공포와 최악의 경제 상황을 만들어내는 예측불허의 상황을 벌이면서 불확실성을 더해가는 형국으로 몰아가고 있다. 세계는 급변하는 기후 변화와 변이 바이러스의 공격에 시공간을 초월해 이념, 인종, 정치, 경제, 문화의 모든 영역에서 분간할 수 없을 정도로 운명 공동체가 되어가고 있다.

한반도의 미래, 생존과 자유의 길은 자유민주주의와 시장경제의 가치와 철학을 추구하는 방식이어야 한다. 분단 조국의 통일과 번영을 향한 우리의 생존과 자유의 선택과 행위는 존중받아야만 한다. 새로운 선택으로 인권이 보장받고 자유롭고 인간적인 삶을 얻을 수 있게 해야 한다. 글로벌 코리아의 선택과 행위는 자유민주주의와 시장경제의 철학이 살아 숨 쉬는 사람들의 삶의 공간을 만들어갈 수 있어야 한다.

국제 정치의 기본 책략인 평화, 인권, 언론과 표현의 자유를 표방하고 실행해야 한다. 문재인 대통령과 현 정부의 청와대와 정부 여당은 친중 사대, 종북 굴욕적 평화 우선 접근 정책의 편집중적인 집착과 고집에서 파생된 대북전단 살포금지법 제정 및 한미 동맹의 근간을 훼손하고 있다.

서해 해상 피살 공무원 대응 사태와 탈북자 정책적 판단 회피 및 포기는 자유민주주의와 시장경제의 생존과 자유에 대한 이 땅의 가장 중요한 가치를 포기하는 매우 잘못되고 우려스러운 일이다.

국제 사회의 보편타당한 민주주의 가치를 훼손하는 것이며, UN 안보리와 동맹인 미국의 북한 비핵화에 대한 국제 공조를 이탈하고 현재 상황을 어렵게 만들게 하는 행위이다. 한국은 자유민주주의와 시장경제의 철학과 원칙을 바탕으로 국제 사회의 민주 국가로서 존재하고 있다. 북한 비핵화에 대해 우리는 생존과 자유를 향한 새로운 길을 국제 사회와 함께 찾아 나서야 한다. 민주주의의 소중한 가치인 인권, 종교, 언론, 집회, 출판, 결사의 자유를 제한받게 하거나 훼손하는 잘못을 하면 안 된다.

북한 비핵화 정책은 이 소중한 가치를 성취하기 위한 과정인 것을 잊어서는 안 된다. **탈북민에 대한 정부의 무분별하고 자의적인 제약은 잘못된 것이다. 일부 탈북 자 민간단체의 전단 살포 및 대북 자극적 행동은 절제되어야 하지만, 북한 동포들에 대한 자유민주주의와 시장경제의 정보는 지속적으로 제공되어야만 한다.**

우리는 자유민주주의와 시장경제의 가치와 철학을 지켜야 한다. **북한 주민을 볼모로 하는 북한의 비핵화, 평화 정책 및 공산 전체주의 정책의 문제를 다른 방향으로 바꾸는 잘못을 하면 안 된다. 북한 주민을 상대로 하는 인도주의적 정책 및 지원은 지속적으로 추진되고 보장받아야 한다.**

각종 유무선 통신과 USB/라디오를 비롯한 각종 첨단 방법을 통해 북한 주민의 생존과 자유의 정보를 제공해야 한다. "This is a democracy and market economy(이것이 민주주의 시장경제이다)"를 증거해야만 한다.

한반도의 지정학적 위치에 따른 전략 외교

최근 한반도의 정세가 첨예하다. 이웃 중국과 일본과의 관계가 심상치 않고, 미국도 주한 미군 국방비 증액을 요구하고 있다. 다른 강대국과는 외교적 접점조차 찾지 못하고 있다. 허리가 잘린 한반도의 분단은 주변 강대국의 실리에 따른 상처로 외교 전략의 실패라고 볼 수 있다.

국제 외교는 매우 중요하다. 시대가 발전하면서 교통과 통신이 발달하여 무역이 중요해졌다. 무엇보다 고립해서 자급자족하는 데는 한계가 있고, 한국은 수출로 먹고사는 나라이기에 전략 외교는 매우 중요하다.

중국은 2021년 중국공산당 창당 100주년을 맞았으며, 2022년에 베이징 동계올림픽을 개최한다. 대만 · 홍콩 · 티베트 · 신장 위구르 지역은 중국이 소수민족을 탄압한다는 인권 문제로 대두되고 있지만, 중국은 내정 간섭이라며 민감하게 대응하고 있다.

영국 BBC의 보도로 세상에 알려진 이슬람 수니파의 신장 위구르에서 무차별적인 이슬람 사원 철폐, 최첨단 장비까지 동원한 심각한 인권 탄압을 하는 상황에서 중국은 공산당 창당 100주년의 축제가 무색할 정도로 심각한 국면에 직면해 있다.

미국과 일본 그리고 EU와 NATO의 동맹적 가치와 러시아의 공산 종주국의 위상과 군사력의 지위를 가진 상황은 위협적이다. 한반도, 인도·태평양, 아세안, 중앙아시아, 중동을 비롯한 어떤 곳에서도 중국은 미국의 파워를 넘어설 수는 없다.

김일성, 김정일 3대 세습의 김정은 정권의 북한은 우리의 가상 적국이고 주적 관계에 있다는 명백한 사실을 간과해서는 안 된다. 한국의 전략 외교는 미국의 인도·태평양 전략과 쿼드, 시진핑 중국공산당의 전랑외교, 미국에 대항하는 러시아와 북한·중국의 밀착 외교, 최악의 한일 갈등이라는 전환기를 맞고 있다.

국가가 선두에 서서 하는 것은 항상 무리가 따르고 국제 정치의 약육강식의 흐름에 따라 변동성 면에서 크게 영향을 받는다. 현 집권세력은 보편타당한 민주주의의 가치와 철학의 사고와 행위에 반하는 친중 사대, 종북 굴욕의 전략적 우매한 판단과 선택에 서 있다.

한국의 전략 외교를 국제 정치의 외톨이로 만드는 데 크나큰 영향을 주고 있다. 한국의 전략 외교를 다시 세우는 현명한 판단과 선택은 더불어민주당의 집권을 중단시키고 현 정부의 정치행위에 대한 일체의 과정을 분석하고 평가 후 법적 책임을 포함한 인적, 물적 심판에 있다.

세상은 늘 예측 불가능한 상태에서 변화한다. **미국의 닉슨 대통령과 헨리 키신저는 미 · 소 냉전 시대 소비에트 연방과 대결에서 승리하기 위해 '죽의 장막' 마오쩌둥 중국과 수교했다. 미국은 거대 공산 국가의 분리 차단 정책을 통해 소비에트 연방을 무너뜨리는 결과를 만드는 핵심 전략적인 정책을 실현했다.**

중국 GDP 대비 군사비 지출의 1/10밖에 되지 않은 미국과 중국 주도 세계 패권 질서를 반기지 않는 명실상부한 패권국 지위에 있는 공산종주국 러시아와 전략적 파트너십을 추진했다. 러시아는 광활한 영토의 우주, 군사, 자원, 기초과학, 문화의 강국이다. 러시아는 긴 국경선을 맞대고 있는 중국을 전방위적으로 압박하기 시작했다.

아프가니스탄 미군 전격 철수 후 중국은 안보 치안 공백을 노렸다. 중국의 일대일로는 미 · 중 패권 경쟁, 2022 베이징 동계올림픽에서 탈레반과 현 정부를 동시에 끌고 가려는 이중적인 전략을 취하며 수니파 이슬람 근본주의 체제의 원칙과 행동 관습에 부딪혔다. 반러시아, 반미국에 이은 수니파의 전면전 형태의 반중국 지하드(성전)에 맞닥뜨린 상황에 처한 예기치 않은 엄중한 현실에 존재한다.

러시아의 안정과 부흥을 꿈꾸는 짜르 푸틴은 스마트한 국제 정치와 경제적인 힘의 정치와 지혜로운 경험의 전체주의 독재자이다. 바이든 대통령이 미국 정부가 원하는 것과 중국이 가고자 하는 것을 정확하게 인지하면서 푸틴은 명료한 선택을 내리고 있다.

푸틴의 미·중 패권 경쟁에 대한 전략적 판단과 선택적 행위는 러시아를 새로운 패권국의 위치로 부상시키게 될 것이다. 바이든의 미국과 중국, 중국이 발호하는 패권의 세계를 바라만 보고 있지는 않을 것이다.

러시아는 첨단 기초 원천기술과 군사, 항공우주과학, 기초과학과 에너지를 비롯한 무궁무진한 지하자원과 광대한 영토를 가지고 있으며 위대한 문학, 미술, 음악이 살아 숨 쉬는 문화를 품은 국가이다.

러시아는 중국과 미진한 한계의 협력 대신에 미·중 패권 경쟁에 세계 패권을 결정짓고자 하는 미국의 지원과 협력에 언제든지 응할 자세와 준비를 하고 있을 것이다. 미·소 냉전시대의 소비에트 연방을 몰락시킨 미·중 수교, 에너지 정책과 군비 경쟁에 있어서 미국의 역 선택 전략을 잊지 않고 기억하고 있을 것이다.

우리는 러시아와 다양한 형태로 전략적인 투자와 미래 가치를 공유해야 한다. 북한을 경유하는 러시아 시베리아 가스 송유관 설치, 시베리아와 연해주 개발을 추진하고 러시아와 전략적 동반자적 파트너십을 구축해야 한다.

한 · 미 · 일 동맹 체제의 협력을 바탕으로 한반도 주변 4대강국의 패권 및 대외 책략에 대비한 한반도 통일 후까지를 준비하는 전략 외교를 실천해야 한다.

세계화 전략을 추구했던 빌 클린턴, 조지 W.부시, 버락 오바마 전 미 대통령들의 중국 정책은 중국의 강력한 도전을 제대로 인지하지도 효과적으로 대처하지도 못했다. 워싱턴의 이방인 부동산 기업인 출신에 좌충우돌 자기확신에 가득한, 독단적인 글로벌 패권 전략을 실행했던 트럼프의 강력한 압박과 제재에 회복할 수 없는 대내외 공격에 직면하게 됐다.

트럼프 전 미 대통령에게 'Sleep 조' 라는 비아냥을 들었던 80세의 노령의 바이든 대통령은 트럼프의 미국 우선주의에 기초해서 코로나 팬데믹을 국내 긴급한 상황을 헤쳐나가는 4조 달러의 경기부양책, 최단기간의 백신 접종과 강력한 미 · 중 패권 경쟁을 동맹의 가치회복이라는 전략을 추구하며 이끌어내고 있다.

미국은 셰일가스 혁명 후 자유로운 석유 생산과 수급의 에너지 정책과 디지털 시대의 총아인 반도체의 핵심 수단을 가지고 러시아, 중동의 사우디아라비아와 이란, 중국을 강하게 압박하고 있다. 미국 유일 세계 패권을 공고히 하고 새로운 가치와 이념, 전쟁을 불사할 결의와 각오의 전열을 만들어가고 있다.

언론과 인권을 우선시하는 민주당 정부의 확고한 시스템적인 대중국 압박과 제재의 동맹의 가치 회복 전략은 중국을 국제 사회로부터 분리, 차단, 고립시키고 하나의 중국 원칙 폐기 움직임을 가속화하고 있다. 대만, 홍콩, 티베트, 신장 위구르 사안은 미·중 패권 경쟁의 핵심으로 부상하고 있다.

중국은 미·중 패권 경쟁의 파고를 넘어서기 위해 필사의 노력을 기울이고 있다. 미국이 가진 군사력과 소프트웨어와 경제 금융 파워를 이겨내기에는 함량 미달의 역부족 상태에서 중국 특유의 자존심과 시간 벌기에 주력하고 있다.

중국은 중국 개혁·개방의 설계자 덩샤오핑의 도광양회를 버리고 중국공산당 창당 100주년, 2022 베이징 올림픽, 중국몽과 일대일로의 패권 전략과 중화사상의 새 질서를 구축하고 있다.

미국의 강력한 압박과 제재의 미·중 패권 경쟁에 부딪혀서 사력을 다해 생존을 위해 몸부림치고 있다. 전 세계를 상대로 외톨이 필살 아전인수격의 중화사상에 근거한 전랑 광견 외교를 펼치며 고군분투 중이다.

북한 비핵화와 김정은 정권은 미국의 주된 현안으로 부상하고 있지 않다. 북한은 미국의 주적이 될 수도 없고 되지도 않는다. 미국이 실행할 수 있는 북한의 핵시설에 제한적 선제 타격을 가하는 이른바 '코피 전략', 김정은 제거 등의 무력 제재는 득보다는 실이 훨씬 크게 예상되기 때문에 미국이 당장 실행할 수 있는 최우선 고려사항은 아니다.

북한이 기댈 수 있는 중국을 전방위적으로 압박하고 국제 사회로부터 차단 분리를 주도하는 미국의 미·중 패권 경쟁의 진행은 차차 격화되고 있다. 북한을 버틸 수 없는 한계상황으로 몰아가고 있다. 북한 비핵화와 김정은 정권은 UN 안보리와 미국의 대북 제재와 압박, 이차적 불매운동 행사면 충분하다고 판단한 것 같다. 북한 정권의 안정 보장과 경제난 해결을 소망하는 북한 김정은 정권은 미덥지 못한 불신의 현 정부와 중국을 믿고 마냥 갈 수만은 없을 것이다.

한·미·일의 정치, 군사, 경제 문화 동맹은 중국식 패권, 전랑 외교 중국의 일대일로, 중국몽을 견제하고 압박해갈 것이다. 북한 비핵화는 북미, 남북 대화를 가지고 해결될 사안이 아니다. **미국 주도의 미·중·러·일과 남북한의 지정학적 관계의 글로벌 패권전략의 힘과 협력의 역학 관계에서 해결책을 찾아가야 한다.**

미·중 패권 경쟁은 미·소 새로운 협력 및 회복 전략에서 진화를 거듭하고 있다. 중국을 글로벌 공급과 소비 밸류체인에서 추방시킬 수 있는 분리 차단 고립 전략이 시도되었다. 새 패권 전략의 검토가 런던 G7, G10 정상회담에서 충분한 논의가 되었고 EU와 NATO 동맹국, 러시아까지 참여한 글로벌 패권 전략의 실행이 검토되고 추진되었다.

미국은 대 소비에트 봉쇄 전략에서 했던 역선택 푸틴의 러시아와 새 밀월 전략을 체계적으로 실행하기 시작했다. 중국을 철저하게 봉쇄 압박하기 위해서 한·미·일의 동맹 체제와 인도·태평양 전략 쿼드 체제 구축을 강력하게 추진하고 있다.

현재까지 금기시된 미사일 사거리 제한 폐지 등 동맹국의 군사력 증대 전략을 실행하고 한발 더 나아가서 조건부 북한 핵보유와 인정과 북미수교 등 북한 비핵화 일괄 타결을 시도할 수도 있을 것이다.

한일 공동 핵 보유를 허용하는 전략을 조건부로 긍정적으로 검토할 수도 있을 것이다. 미국의 전략적 동반자로 새롭게 부상시킬 수 있는 북한 김정은 정권과 북미 수교 전략으로 중국을 포위 봉쇄 압박 제재, 분리 차단하는 새 전략의 검토가 가능할 것이다.

중국이 장기 패권 전략에서 미국과 전격적으로 합의하고 홍콩, 대만, 티베트, 신장 위구르 현안과 남중국해 상황을 덩샤오핑이 했던 제2의 도광양회 전략을 취하고 신중화연방의 길을 찾아서 가고자 하면 미국의 대응은 쉽지 않을 것이다. 중국은 현 상황을 타개하기 위해서는 실현 가능한 모든 자원과 정책을 추진할 것이다.

미국은 중국 체제의 붕괴를 추진하는 압박과 제재를 지속적으로 만들어 갈 것이다. **미국의 또 다른 형태의 중국을 봉쇄 압박하기 위해 남북한이 한민족의 연방국가로 나아가고 미국이 주도하는 글로벌 패권적 새 체제를 남북한이 뒷받침하고 러시아, 일본과 함께 새로운 시대를 만들어 갈 수도 있을 것이다.**

한국만의 매력 외교로 나아가는 길

세계는 하나의 운명 공동체적인 물결을 따라 각각 주어진 역사와 환경, 체제와 조건에서 살아가고 있다. 매력 외교는 한국만의 공공외교 대표 자산인 한류스타, 평화 국가의 이미지, 한국만의 문화적 우수성을 통해 전 세계인들의 마음을 사로잡아 이끄는 힘을 말한다.

우리나라는 세계가 인정한 첨단 반도체 기술이 장착된 선진화 경제, 높은 시민의식의 질서 정연한 민주주의, 화려하고 다양한 대중문화 콘텐츠 등 매력이 많은 국가이다.

코로나 팬데믹과 디지털 시대에 케이팝(K-Pop), 스마트폰, 한식, 케이밸류, 가전제품, 대중문화, 예술문화는 새로운 세계적인 한류로 인정받으면서 가파르게 파급되고 있다. 인터넷과 SNS의 파급은 한류의 새로운 미래를 만들어가는 핵심 매개체가 되었다. 한국인의 삶과 일상, 가요, 만화, 영화의 영역에서 무한한 가능성을 보여주는 기회를 맞고 있다. 한국의 독창적인 DNA는 한류의 세계화와 함께 세계의 표준이 되어가는 데 핵심적인 역할을 한다.

코로나 팬데믹과 승자독식의 디지털 시대가 가져온 세상은 예측불허의 불안한 삶으로 이끌고 있다. 인간의 생각, 관념, 행동방식과 경험적 행위의 존재 가치가 근본적인 변화의 큰 파고에 있다. 한국의 전략 외교는 정치, 경제의 파트너십과 함께 학술, 교육, 문화적인 활동을 통해 심층적인 기반을 다지며 발전시켜 나가야 한다. 글로벌 코리아의 이미지는 자유민주주의와 시장경제의 가치와 철학의 원칙을 가지고 행동하는 데서 출발해야 한다.

세상은 늘 한곳에만 머무는 시공간에 있지 않다. 세상의 모든 것은 고정불변하지 않다. 코로나 팬데믹과 디지털 시대에 사유와 행위는 예측불허의 다양한 형태로 변형되어 갈 것이다. 한민족의 역동적인 DNA가 가득한 자존감은 새로운 시대를 준비하는 신념과 의지, 열정의 원동력이 되었다. **한국의 전략 외교를 뒷받침하는 소프트웨어는 민간이 중심이 되고 시장 친화적 형태로 현지 국민과 함께해야 한다. 국가와 정부는 지원 협력하는 형태가 되어야 한다.**

하나, 전 세계 주요 국가의 수도 및 지역에 시장 친화적인 방법으로 대한민국을 상징하는 전통가옥 건축을 추진하고 한류의 중심이 되는 경제 문화 거점을 제공해야 한다.

둘, 국민연금 GP, 국내외 투자자로 구성된 글로벌한국모신탁(Global Korea Mother Fund)에 미화 100억 불을 조성하고 복수의 민간 자산운용사가 운용하여 실행 집행케 한다.

셋, 자유민주주의와 시장경제의 가치와 철학의 한국어 학당, 문화 예술 공간, 경제, 비지니스 센터 및 전시공간을 마련하고 운용한다. 글로벌코리아경제문화센터의 건축은 글로벌 모신탁에서 자본금 10%를, 현지 기업, 금융기관 및 기관투자자 90% 공동 투자를 구성하고 엔터테인먼트, IT 및 바이오 벤처에 투자하는 현지 사모 및 각종 펀드에 부응 기금(Matching fund)으로 투자 원칙을 가지고 장기투자의 안정성 및 수익성을 판단 후 투자한다.

매년 해당 펀드 수익의 상징적 지분 10%를 현지 메이저 방송 및 언론/대학/각종 현지 연구소/출판사/영화사/인터넷 포털 및 유튜브에 전략적 투자 및 기부함으로써 현지 국가와 국민에게 한국의 문화를 통해 하나되는 한국휴먼네트워크(Korea Human Network)를 자연 발생적으로 만들어가야 한다.

넷, 위대한 한국인의 DNA를 바탕으로 새로운 글로벌 시대의 가치를 실현하는 길을 지구촌의 다양한 시각으로 개척하고 인류의 보편 타당한 규범을 잉태하고 실천하는 문화 민족의 삶을 만들어가야 한다. 현지 해당 국가에 진출한 한국 기업 및 한국인 투자 지원 및 협력을 기반으로 점진적으로 한국 친선 관계가 현지 사회에서 자연 발생적으로 태동케 하는 토양이 되게 한다.

다섯, 한국인 개성을 찾아 새로운 시대의 매력 외교를 실천하는 주춧돌을 만들어간다. 현지 민간 친선관계망의 각종 포럼 구성에 지원 협력, 순환 형태의 현지인 명예 대사, 공사, 영사, 자문위원 등 자발적인 참여를 갖게 한다.

미국과 일본, EU와 중국과 러시아(자치 공화국 포함)는 전략적 파트너십의 가치와 협력을 통해 정치, 군사, 경제, 문화의 교류를 확대 강화해 가야 한다.

여섯, 중앙아시아 및 동남아시아, 인도와 파키스탄, 서남아시아와 및 중동과 아프리카에서 우리는 전략적 파트너십 역할을 개방적으로 전개해야 한다. 사우디아라비아와 이슬람 수니파 국가, 이란과 시아파 국가들의 종교와 이념 및 문화적 갈등에 진지하게 접근해야 한다. 친서방국가들과 동유럽 및 남미의 민주주의 국가들은 동맹 수준의 외교와 평화의 파트너십 역할을 갖고 협력해야 한다.

일곱, 해외 이민청을 신설해야 한다. 역동적인 국내·외 민간

전문가가 참여해야 한다. 글로벌 인재를 한국인으로 귀화 또는 정착할 수 있는 제도적 역할을 만들어야 한다. 저출산 고령화 대책에 쏟아붓고 있는 천문학적인 재정에도 불구하고 상황은 악화되고 있을 뿐이다.

해외 인재들에게 한국 사회의 문을 개방해야 한다. 가난한 나라의 육체 노동자 수급에만 머물러 있으면 안 된다. 지식산업에 종사하는 인재들이 찾아드는 다양성과 꿈과 소망을 펼칠 수 있는 나라가 되어야 하고 인권 및 정치, 종교의 자유를 찾는 사람들을 진심을 대해야 한다.

여덟, 중국 정부의 압박에 굴복해서 티베트 종교 지도자 달라이 라마의 한국 방문을 마냥 불허해서는 안 된다. 굴종적 친중 사대, 종북 굴욕 외교는 철저히 배격해야만 한다. 국제적인 산학 협동을 확대하여 전 세계 주요 대학과 전략적 제휴를 시행하고 교육과 취업의 문을 개방해야 한다. 미국의 이민 역사를 본받아야 한다.

아홉, 한국을 이민의 나라로 만들어가야 한다. 타 인종이 자유롭게 생활할 수 있는 나라를 만드는 제도와 문화, 법을 만들어가야 한다. 이 땅의 생존과 자유의 길을 찾아가는 여정은 글로벌 인재 유치, 격감하는 인구에 따른 국가 안보와 경제력 쇠퇴를 방지하는 전략, 글로벌 인재 R&D 투자의 개방적이고 열린 지속적 정책 수행에 달렸다.

또한, 한국 사회의 고질적인 외국인 및 다문화 가정에 대한 편견과 소아병적인 한 핏줄 문화의 병폐를 딛고 열린 문화 사회를 만들어가는 실천적인 노력, 언어와 역사, 문화 교육, 거주 및 자녀 교육, 각종 세제 혜택, 국민 건강보험, 취업 및 각종 차별을 금지해야 한다.

한국 사회의 종교와 시민사회단체, 언론이 한국을 위대한 문화 국가, 한국인을 글로벌 시민으로 만들어가는 역할을 기대하고 요청하는 것은 한국인의 글로벌 문화를 개방적인 사회로 진출하는 계기가 되는 출발점이 될 것이다.

열, 외교부는 열린 조직으로 재탄생해야 한다. 전문 외교관 채용 및 연수기간, 근무 및 처우, 여건 등을 비롯해 다양한 형태의 포지티브 정책을 도입하여 우수한 인재 등용을 확대한다. 국제 사회의 민첩성과 다양성의 전문가를 함께하는 고도의 새로운 상황을 엄중하게 처리할 시스템의 외교부가 되게 해야 한다.

우수한 인재를 짧은 시간에 육성할 수는 없다. 외국인을 포함하여 각종 현안에 따른 프로젝트별 민간인 또는 조직(Intensive

T/F)을 채용하고 함께할 수 있는 규정을 정비하고 시행한다. 현지 정치, 군사, 경제 및 언론과 문화, 예술 등 지식사회의 인사들과 네트워크를 구축하고 NGO 연대를 강화해야 한다.

Forgiveness without forgetting!

이 지구에는 사사건건 날카롭게 대립하는 두 나라가 있다. 바로 한국과 일본이다. 한일 갈등, 이제 갈등을 넘어 평화로 가야 하는 시대이다. 한미 동맹의 강한 결속을 위한 한일 외교 관계를 동맹 수준으로 격상하고, 한일은 한·미·일의 동맹적 새로운 협력을 구축한다.

주한 일본대사관 앞에 소녀상을 철거하고 위안부 및 징용 등 일본 침략 역사박물관(예를 들어, 이스라엘 유대인 학살/중국 난징 학살 기념관)을 설치한다. 넬슨 만델라의 '용서는 하되 잊지는 말자(Forgiveness without forgetting)!' 라는 용서의 철학과 정신을 실천한다.

강제징용 배상 대법원판결 사항을 미래 지향적인 관점에서 조속히 합의 처리한다. 양국 정부가 한일 과거사 반성과 미래 발전을 위한 공동 책임과 의무 명분을 위해 5:5 재정 부담 원칙을 가지고 처리한다. 양국 정상은 셔틀 정상회담을 정례화한다. 한국 대통령과 일본 천황('일왕' 호칭을 '천황'으로)의 상호 국빈 방문을 실행한다.

한일 양국 발전 기금 미화 100억 불을 2022년 차기 정부 출범을 축하하고 향후 10년에 걸쳐서 조성한다. 한일 양국은 미화 100불에 상당하는 자국 국민의 자발적 성금에 대해 한일 양국은 자국 규정에 따라 일정 한도 금액에 대해, 기업의 일반 및 특별 성금에 대해서는 별도의 규정을 제정하여 면세 기부금 처리를 한다.

한일 양국 정부의 미화 각 10억 불씩 출연하고 한일 양국의 역사문화발전기금을 조성한다. 한일 양국 교류 관계사, 일본 제국주의 36년 압제 역사 바로쓰기, 문화 예술 분야 등을 포함한다. 한일 양국의 미래발전을 상징하는 사업을 양국 정부가 협력하여 지원하고 시장 친화형 민간 중심으로 실천한다.

1. 부산/대마도 해상 고속도로 건설 후 대마도와 일본 본토를 연결하는 거점으로 활용하고 부산/시모노세키 해저터널 건설을 공론화해 토론한다.
2. 민간 언론기관 전략적 제휴를 추진한다.

3. 민간 대학 전략적 제휴(학점 공유제 포함)를 추진한다.

4. 정부 및 지방자치단체, 국회, 사법부 전략적 파트너십을 추진한다.

5. 각종 종교 단체 전략적 파트너십을 추진한다.

6. 초·중교 교환 교사 및 학생 교환, 민박 가정(Host family) 프로그램 실행한다.

7. 한일 양국의 중소/벤처 합작기업 특별 지원법 제정 및 실행한다.

8. 소상공인/자영업자 협동조합의 전략적 제휴 및 협력을 지원한다.

9. 각종 학술, 문화, 언론, 출판, 시민사회, 예술, 문학, 체육 단체의 전략적 제휴 활동을 지원한다.

10. 한일 양국의 문화, 예술, 체육 등 각종 우호 단체의 전략적 제휴 및 합작을 지원하고 협력한다.

10장

강한 군대를 위한 국방 개혁

국가는 부국강병을 이루는 힘이 있어야 한다.
그러려면, 세계 4대 주요 강국 미 · 일 · 중 · 러의 지정학적
위치를 엄중하게 인식해야 한다.
세계 10대 경제강국의 위상에 맞는 현대와 미래전에 적합한
글로벌 군대를 육성한다. 한미 동맹의 철학과 가치를
기반으로 한 이 땅의 생존과 자유를 위해
분단 조국을 통일시켜야 한다.

한국 군대는 늘 가장 선진적 행정 체계와 변화와 개혁의
중심에 존재해 있다. 북한의 비핵화와 통일, 통일 후
이 땅의 자유와 평화를 지키기 위해 싸워서 이기는
군대를 육성하기 위한 혁명적인 국방 개혁을 해야만 한다.

인구 절벽, 국가 안보가 위험하다

우리나라의 저출산은 세계 최저 수준이다. 인구 절벽은 지방 소멸을 넘어 국가 소멸의 위기를 가져올 수 있다. 이는 국가와 민족의 존재 자체를 붕괴시키는 재앙 수준의 긴급 현안이다. 2020년 출생자 수는 약 27만 명, 수능 응시생은 48만 명 정도이다. 대학 입학정원은 55만 명으로 13만 명이 미달되었으며, 미달율은 점차 늘어날 전망이다.

육군은 2022년에는 병력 10만 명을 감축한다. 급격한 인구 감소로 2025년부터는 징집 인원이 부족해진다. 2028년부터는 전체 인구증가율이 마이너스로 전환되면서 '50만 군대 및 복무기간 18개월'로도 병역 자원 확보가 불가능해진다. 2020년에 태어난 아이들이 장성하여 군에 입대할 시기에는 2020년의 입대 가능 남자 인구와 2040년의 남녀 인구가 같아지는 시기이기도 하다.

휴전 중인 국가에 병력이 없다는 건, 나라를 지킬 군인이 없다는 것이다. 국가의 안보가 시급하다. 우리나라엔 최소 30만 명의 병력이 있어야 군대가 유지된다. 2020년 현재 대한민국의 군인은 55만여 명, 북한군은 128만 명이다.

아무리 군대의 선진화를 이루고, 최첨단 무기를 보유하고 있다고 하더라도 백만 북한군에 대적할 수 있을지는 의문이다. 평화 유지를 한다고 해도 그건 서로 비슷한 국력에 있을 때의 말이지, 한쪽이 너무 치우치면 평화는 쉽게 깨질 수도 있다.

따라서 국방 의무에 필요한 절대 인원에 미치지 못하는 저출산에 대한 각 분야의 현안, 국방 개혁을 최우선 순위로 상정하고 해결 방안을 찾아야만 한다.

대통령 직속 국방 개혁 실천위원회를 설치하고 민간인 위원장, 전현직 군인과 분야별 전문가로 구성하여 혁명적인 국방 개혁을 실천해가야 한다. 저출산, 고령화 문제는 국가의 운명을 결정할 중요한 과제가 되었지만, 먼 미래에 고민해야 할 사안으로 생각하고 제대로 분석과 판단을 안 하는지 천문학적인 재정만 쏟아붓고 있다. 국방 개혁의 전환기적 개혁은 코로나 팬데믹과 디지털 시대에 미 · 중 패권 경쟁, 분단 상황의 파고를 넘어서서 실천되어야 한다.

저출산에 따른 국방 병력수급은 긴급하게 혁신적인 개혁 방안을 마련하여 실행해야 한다. 국민적 합의를 바탕으로 시급하게 개혁 방안을 만들어서 시행해야만 한다. 종교 및 양심적 병역 거부자는 별도의 대체복무를 시행하고 이에 관한 구체적 규정을 제정하여 국민적

합의에 따라 시행해야 한다. 단계적 실행 방안을 마련하고 차기 정부부터 국민적 합의가 마련되는 대로 단계적으로 실행하여 문민 민주 국가의 군대를 육성해 나가야 한다.

한국군의 탈한미 동맹의 연합훈련 부족은 정체성 혼돈과 상상력 결핍으로 이어지고 현대와 미래의 전쟁에 대한 자신감과 존재감 상실로 연결될 수가 있는 심각한 현실에 부딪히고 있다. 현정부의 친중사대와 종북굴욕적 자세와 행동은 군의 존재 이유를 망각케 하는 행위로 즉각 폐지되어야 한다.

한국군 주도의 전시작전권 조기 환수에 대한 한미 양국 입장에 대한 분명하고 명쾌한 로드맵을 작성하고 한국 주도로 실행해야 한다. 현실적인 시각 차이에 따른 한미 양국의 주적 개념 혼돈, 사기 저하, 전투력 상실 등 망국의 기운이 태동하고 있는 심각한 상황이 지속되고 있는 현 상황을 종식시켜야만 한다. 전시작전권 환수는 한국의 전략적 요구에 미국은 동맹국의 책임과 의무를 가지고 전력 협조해야 하고 이에 관한 더 이상의 불협화음을 없어야 한다.

시대의 혁신적 변화 요구에 부응하는 방사청 및 예비군 조직의 정책 및 기능 정예화를 구축하여야 한다. 국방 개혁은 글로벌 인적·

물적자원의 효율적인 양성과 투자와 대외, 정치, 외교, 안보, 군사 방면의 한미 동맹의 강화, 한미일 전략적 동맹 파트너십으로 확대되어야 한다.

국방 개혁은 전략적 우방 구축과 실전과 시장에 적합한 시장경제 운용을 기본 원칙으로 해야 한다. 국방부와 각 군은 전략전 연구소를 설립하고 국내외 유력 연구소와 전략적 제휴를 맺고 체계적인 전략 전술을 분석 연구해야 한다. 한미 동맹을 중심축으로 미국의 인도 · 태평양 전략과 쿼드에 동맹의 책임과 의무를 수행하고 한 · 미 · 일 동맹 전략 전술을 실천해야 한다.

새로운 한미 동맹의 체제를 바탕으로 북한 비핵화와 전시작전권 이양과 한미 연합훈련, 한 · 미 · 일과 자유민주주의와 시장경제의 서방 우방국과 연합훈련을 지속적으로 추진하고 실행해 가야 강한 글로벌 군대로 나아갈 수가 있다.

코로나 팬데믹과 디지털 시대가 요구하는 통찰의 글로벌 국민의 군대를 만들고 통일의 비전을 제시하여야만 한다. 통일 후 한반도 생존과 자유의 본질에 대해 자유민주주의와 시장경제의 가치와 철학을 실천해야 한다.

先 징병제 後 모병제를 위한 방안

국가는 부국강병을 이루는 힘이 있어야 한다. 그러려면, 세계 4대 주요 강국 미·일·중·러의 지정학적 위치를 엄중하게 인식해야 한다. 세계 10대 경제강국의 위상에 맞는 현대와 미래전에 적합한 글로벌 군대를 육성한다. 한미 동맹의 철학과 가치를 기반으로 한 이 땅의 생존과 자유를 위해 분단 조국을 통일시켜야 한다.

한국 군대는 늘 가장 선진적 행정 체계와 변화와 개혁의 중심에 존재해 있다. 북한의 비핵화와 통일, 통일 후 이 땅의 자유와 평화를 지키기 위해 싸워서 이기는 군대를 육성하기 위한 혁명적인 국방 개혁을 해야만 한다.

현 징병제를 개혁해야 하는 당위성에도 불구하고 우리는 모병제를 비롯한 각종 제도에 대한 연구와 분석이 현저하게 부족하고 각종 선거 승리를 위한 임시방편으로 논의되고 있을 뿐이다.

국방의 의무를 전 국민 모두에게 평등하게 수행하고 정예 병력을 육성하는 데 현실적 제약을 고려한 최적의 인선으로 '선(先) 징병제 후(後) 모병제의 혼합형'을 채택해야 한다.

1. 상비 예비군 체계를 상시 전투병력화할 수 있는 체계를 구축하

고 실행해야 한다. 새로운 국방 개혁은 대통령 직속 국방 개혁실천위원회를 설치하고 분단상황과 통일 후 상황까지 상정하고 특별 T/F를 구성하고 예산, 인력, 무기 수급을 상정하고 체계적인 개혁안을 마련하고 국민적 합의를 거쳐서 시행해야 한다. 문민 통치의 상징적인 국방장관은 민간인이어야 하고 군 출신은 전역 후 만 3년이 지난 자를 임명한다.

2. 성인 남자 만 18세 이상(고교 졸업 후) 6주(현행 5주) 기초 군사훈련 (단, 1회 연기 가능) 후 선 징병제 후 모병제 개념 기반으로 12개월 군복 무 후 전역하게 한다. 장기근무 사병(2년 추가 복무) 및 장기근무 부사관(4년 추가 복무로 3개월 부사관 집중 교육 포함)은 별도의 법률과 규정에 따른 대우 및 근무 조건(미국·일본 경우 참조)을 마련한다.

3. 장기사병은 의무복무 후 현역 신분으로 국공립전문대학 위탁교육 후 본인 희망 시에 부사관 장기복무 자격을 우선 부여하고 전역이 가능하게 한다. 부사관은 의무기간 복무 후 4년제 국공립대학에 위탁교육 후 전역 및 본인 희망 시에 추가 장기복무 및 장교 임관을 할 수 있게 우선권을 부여한다.

4. 여성은 모병제 원칙에 의거하여 사병 1년 근무 시에 별도의 특

전(장기근무 사병 대우)을 제공하고 장기사병(2년 추가 복무) 및 하사관 복무 (5년 추가 복무), 장교 임관 복무가 가능케 하고 근무 및 처우, 특혜는 남성과 동등하게 적용한다.

5. 간호사관학교는 정원 확대 및 민간 주요대학 간호학과 졸업생을 간호학사 장교로 선발한다. 의무장교(군의관)는 현행대로 시행하고 추가 장기복무자에 대한 예우 및 대우는 별도의 규정에 의한다. 학사장교 및 각 사관학교 졸업 장교 중 희망 선발자에 대해 국내외 의과대학원에 위탁교육 후 의무장교(군의관)를 양성한다.

6. 군 법무관 현행 선발제도는 폐지하고 각 군은 변호사 자격을 갖춘 인원에서 지원 선발하고 학사장교 및 각 사관학교 출신 장교 중에서 본인 희망으로 선발한 우수 장교 중에서 국내 법학전문대학원에서 위탁교육 후 변호사 자격시험 통과 후 군 법무관에 특별 채용한다.

7. 현재 시행하는 각종 병역 특례 규정(예체능 포함)은 전면 폐지한다.

8. 장기복무 군인들에게는 급여, 자녀 교육, 주거 및 해외 위탁교육

및 근무 등 각종 혜택을 제공한다. 군인은 하나밖에 없는 목숨을 담보로 하는 유일무이한 숭고한 직업임을 깨닫게 하고 국민의 존경과 사랑, 책임과 의무를 다하는 군대를 만들어가야 한다.

9. 각 사관학교는 선발 인원을 대폭 확대(최소 2배수 이상) 하고 외국인 학생(주요 동맹국 사관학교 후보생으로 미국, 캐나다, 브라질, 아르헨티나, 영국, 프랑스, 독일, 일본, 터키, 인도네시아, 필리핀, 인도, 말레이지아, 사우디아라비아, UAE, 카타르, 쿠웨이트, 이집트 및 6·25 참전국 등)을 위한 별도의 반을 편성 운영한다. 이는 글로벌 한국국방망, 글로벌 방산산업에 핵심 인자로 작용할 것이다.

10. 동맹국인 미국 육·해·공군(해병대 포함) 사관학교에 교환 프로그램을 실행하고 교환 학생 수를 전략적으로 확대한다. 주요 우방국 (영국, 독일, 프랑스)와 일본의 각 사관학교, 계급별 다양한 형태의 프로그램을 운영하고 초급 간부에서부터 장군에 이르기까지 확대 시행한다. 주요 대학의 ROTC 과정(여자대학 포함)을 탄력적으로 운용하고, 교육대학의 RNTC 과정을 전면 폐지한다. 각 군(해병대 포함)은 다양한 형태의 학사(석사 학위자 포함) 장교를 선발한다.

11. 장교 의무복무 연한은 3년에 규정을 두고 2년마다 복무 연장을 결정한다. 단, 모병제 기반 제정 법률과 규정에 따른다. 장기복무 장교(3년 의무복무 후 매회 최소 2회, 복무 7년, 추가 복무 근무 선발된 자)로 선발된 인원은 복무 중 국내외 대학에서 석사/박사 과정을 통해 우수한 인재(재외국민과 외국인 포함)를 육성한다. 미래의 가상 적국인 중국, 러시아와 다양한 형태의 군사 프로그램을 실행한다.

12. 각 군은 정예군과 특수부대(드론, 로봇, 사이버 및 정보특수사령부 확대 포함)를 혼용 운영하고 대대 병력 규모 별도의 외국인 부대(예, 프랑스 외인부대)를 창설 운용하고 여단 규모까지 점차 확대한다. 이에 대한 국적 취득, 대우 및 복무규정은 별도의 규정과 법을 제정하여 시행한다.

13. 육군은 특수전 및 공수부대를 운영한다. 공군은 전략 폭격 전투비행전단과 해군 전투비행단 양성을 해군과 공동으로 편성 운영하는 특수비행전단을 운영한다. 해군은 대양해군(3척의 경항공모함 전단, 해군 전투비행단 포함)과 핵잠수함, 각종 특수부대(핵잠수함 전단 포함)를 운용하고, 해병대(사령관, 대장으로 신규 임명)는 독자 작전 수행 특수사단을 운영하는 증강 전략(육군의 군단 규모로 증강)을

시행해야 한다. 특별하게 수심이 얕은 서해에서 적합한 전략 전술을 개발하고 실전에 준용해야 한다.

14. 퇴역 군인의 재입대를 확대하고 우수한 여성을 국방 전 분야에 걸쳐 선발 운영하는 실천 개혁을 추진해야 한다.

15. 각 군은 사이버 부대를 운용하고 코로나 팬데믹, 디지털 시대에 적합한 전략 전술을 개발하여 실전에 준용해야 하는 국방전략연구소를 설립 운용해야 한다.

16. 중국을 포위 압박하는 미국의 인도 · 태평양 전략, 쿼드, 한·미·일 군사 전략 및 에너지 항로 안전망 확보와 통일 이후 국가 안보를 위해 각 군은 외국인을 포함하여 다양한 전투 역량을 갖춘 민간인을 프로젝트 및 각종 전투에 다양한 형태의 계약을 맺고 고용할 수 있게 한다.

17. 현대전은 최첨단화된 무기들을 운용하는 것을 체계적으로 분석 후 실전에 임해야만 한다. 무기의 최첨단화, 요원들의 전문 정예화가 필수이다. 경항공모함, 핵잠수, 스텔스, 로봇, 컴퓨터, 드론 및 사이버 전쟁 등 최첨단화라는 미래의 군의 전투 역량은 군

인 정신과 함께 자질 역량 강화, 특수, 전문화에 달렸다.

18. 방위사업청은 혁신과 개혁을 단행하고 최첨단의 방산 체제를 만들어가야 한다. 기존 시스템을 진단 감사 후 별도의 혁신과 개혁 방안 마련한다. 한국군의 무기 도입 및 개발 사업은 분명한 전략 전술적 목표가 있어야 한다.

우리의 적국 북한 및 가상적국들 중국, 러시아를 상대로 무기 체계 및 미래의 전투와 전쟁을 분석 준비하는 체계를 만들어가야 한다. 미국 및 일본의 전략 자산에 걸맞은 전투역량을 갖추어가야 한다.

19. 한미일 군사훈련을 정기, 부정기적으로 강화해가야 하며 전시작전권 전환에 따른 다양한 훈련을 미국과 긴밀하게 협의해서 우리의 주도로 신속하게 실행하고 조속하게 마무리하는 분명한 로드맵을 마련해야 한다. 베이징/모스크바 사정권 미사일 개발을 미국과 긴밀하게 협의하고 실전배치 해야 한다.

20. 북한 비핵화 실패에 대기한 미국의 전술핵 한반도 재배치 후 미국과 동맹 차원의 전략 협의 후 일본과 공동 핵개발 및 무장, 관리, 전술로 핵무기 배치를 해야 한다.

미국과 동맹 차원의 격상된 상설안보 및 핵전략 회의를 신설하고 한미일 동맹 차원의 상시 전략 체제를 구축해야 한다. 북한 비핵화 국제 합의 때까지 UN 안보리 및 미국 대북 제재를 실행하고 제재 위반 시 이차적 불매운동을 강력하게 실행해야 한다.

21. 제주 강정마을 해군기지를 확대하여 미 태평양 함대, 경항모전단의 주요 전략적 항구로 사용토록 해야 한다. 한·미·일은 미국의 인도·태평양 전략에 따라 미 동맹국으로서 중국, 러시아, 북한 등 가상적국의 공격에 대비해 정기, 부정기 군사 기동 훈련을 강화해야 한다. 현재의 지소미아 활동을 한미일 군사동맹 수준의 전략으로 증강시킨다.

22. 에너지 안전망 확보 차원의 페르시아만, 인도양, 말라카해협, 필리핀해협에서의 공동훈련 및 세계 분쟁지역의 UN PKO 활동을 심층 강화한다. 각 군의 특수부대 및 외인부대를 적극적으로 활용한다.

23. 방산산업의 글로벌 시장에서 경쟁력 강화를 위한 민간 기업들과 전략적 협의와 프로젝트를 다양하게 실행한다. 군의 병력 수급은 글로벌 방산 산업육성과 시장에서 선도적 선도자가 되기 위함이

다. 동맹국인 미국을 비롯하여 일본, 독일, 영국, 프랑스, 이스라엘의 기업과 전략적 자본, 기술, 판매 제휴를 실행한다. 여기에는 항공기, 미사일, 핵잠수함, 함정, 탱크, 드론, 로봇, 레이더망 등이 해당한다.

24. 방산산업 강화 글로벌 모신탁에 미화 100억 불을 조성한다. 국민연금이 주도하고 국내 · 외 민간투자로 조성된 시장친화형 펀드를 조성하여 민간에 자산운용을 위탁한다. 방산 우수인력 육성 및 방산산업 글로벌 성장을 위한 글로벌 벤처캐피탈 및 각종 프로젝트 프로그램 운영하고 복수의 국내 · 외 우수 자산운용사를 선정하여 운용한다.

미국을 비롯한 전 세계 유명 방산업체에 전략적 투자를 진행하고 국방 개혁과 방산산업의 선진화를 위해 다양한 형태의 전략적 파트너십을 추진한다. 국민연금을 비롯한 국내외 기관투자자 및 재무투자자의 각종 펀드를 구성하여 국방 개혁의 전략적 지배력과 방산산업의 육성을 위한 협력을 강화한다.

25. 글로벌 방산 창업대학 및 대학원 과정을 설치하고 방산산업 구조개혁 및 글로벌 시장에서 경쟁력을 위해 다양한 형태의 전략적 인재 육성을 추진하고 국내 · 외 대학 및 글로벌 회사들과 협력한다.

26. **재향군인, 상이용사, 전몰장병 등 예우와 각종 보훈활동을 강화하여 국가 안보와 국방의 역할을 신성시해야 한다.** 미국 재향군인회 차원의 격상된 전략적 특혜, 예우 및 복지를 실행해야 한다.

27. **원호병원 격상과 민간 주요 병원에서의 우선적 치료를 위한 제도적 방안을 마련한다.** 각종 훈련 및 전투 시 부상 군인들을 위한 중증치료 의무요원 양성을 위한 주요 민간 의과대학병원과 제휴하고 한미일에 각 1개의 중형 중증병원 공동설립 및 교육 연수 프로그램을 실행한다.

28. **향후에는 북한 비핵화 및 군축 감축을 위한 평화 체제를 위한 군축 회담을 추진한다.** 각 군은 현대, 미래전에 맞는 국민의 군대를 목표하여 정밀 진단 분석 후 혁신의 변화와 개혁을 추진한다.

11장

국가 부강을 위한 경제 개혁 로드맵

약육강식의 국제 정치의 냉혹한 현실을 이해하고

미 · 중 관계를 세세하게 관찰, 분석, 대응해야 한다.

대한민국의 정체성을 세우고 국제 질서 안에서

규범과 원칙을 가지고 일희일비하지 말고 대처해야 한다.

이럴 때일수록 'Big Act!' 를 외치며 통 크게 움직여야 한다.

금리가 낮을 때 적극적으로 관리 가능한 확장 재정 정책을

가지고 코로나 팬데믹, 디지털 시대에 물가안정과 고용 창출,

지속 가능한 성장을 위한 경제 철학을 실천해야 한다.

대전환의 시기에 접어든 세계 경제

세계의 패권은 100년을 주기로 전쟁과 기후변화와 질병, 종교, 자본, 인구의 이동과 다른 패권의 양상에 따라 로마, 몽고, 오스만 터키, 중국, 프랑스, 포르투갈, 스페인, 네델란드, 영국, 미국으로 대체되었다. 생존과 자유를 위한 자유민주주의와 시장 경제의 원칙과 규범, 가치와 철학을 담은 새로운 정체성의 냉철한 국제 정치를 인식하는 국가가 되어야 한다.

북한의 비핵화, 한반도의 통일을 만들어가는 불가역적 가치와 철학이다. 십자군 전쟁과 신·구교의 갈등과 분리, 종교개혁, 영국의 산업혁명, 제1, 2차 세계대전과 미·소 냉전시대에 이르기까지 종교, 전쟁, 자원, 과학, 인재, 산업, 금융 자본과 인구 이동이 세계 패권을 결정하는 데 지대한 영향을 주었다.

앤서니 파우치의 백신접종 확대와 코로나 팬데믹의 종료가 선언됐지만, 새로운 델타 변이 바이러스의 대유행이라는 불확실한 미래는 계속되고 있다. 역대 올림픽 역사상 처음으로 도쿄 올림픽의 무관중 개최가 이를 보여준다. 세계 경제는 대전환의 시대에 들어서고 있다.

"PIVOT TO ASIA" 라고 버락 오바마 전 미 대통령이 선언한 아시아 회귀전략에서 미국은 미·중 패권 경쟁을 본격화하고 있다. 미국은 중국을 주적으로 규정하고 대중국 포위 압박 쿼드(미국, 일본, 인도, 호주)+(한국)는 인도·태평양 전략을 근본적 토대로 삼아 펼치고 있다.

런던 G7 정상회담에서 한국, 인도, 호주, 남아프리카공화국 정상을 참여시켜서 서방 자유민주주의 국가들의 세계 경제 새 인프라 건설을 천명했다. 중국은 장쩌민, 후진타오, 시진핑의 책사인 왕후닝이 만든 강한 공산당, 중국, 중화사상의 실천행위인 중국몽과 일대일로는 미·중 패권 경쟁이라는 예측불허의 파고를 맞아서 절체절명의 위기에 서 있다.

중국은 미 달러 기축통화 체계에 맞서서 런민은행의 디지털화폐 발행과 시험실시, 5G, 블록체인, 반도체, 로봇, IoT, AI로 탈미국의 새로운 생산과 소비의 쌍순환 전략, 미래 패권을 준비하는 전략을 만들어가고 있다. 중국은 빅테크 기업인 알리바바, 바이두, 텐센트, 중국판 배달의 민족인 메이탄에 이어 전기차, 자율주행차를 만들어가고 있다.

중국 정부는 빅데이터와 자율주행 시범도시, 전기 및 수소 충전소 인프라를 구축하고 있다. 천길만길 낭떠러지로 밀려가는 중국의 빅테크 기업과 화웨이의 5G 통신과 AI의 기사회생의 운명은 멀고도 먼 여정에 있다. 중국은 야심 찬 디지털 사이버 일대일로를 만들어가고 있다.

해외 이민국을 새로 만들어서 해외 인재를 흡수하고 중국 연안과 내륙의 병행 생산과 소비의 시장구조를 만들어가는 쌍순환 전략을 추진 중이다. 2021년 양회에서 반도체와 5G, 6G의 자국 시장 확대를 통해 21세기 덩샤오핑의 도광양회 전략을 재평가하고 시진핑의 중국몽과 일대일로 두더지 전략을 시도하고 있다. 중국은 암울한 중국공산당 창당 100주년의 영광을 뒤로하고 2022 베이징 동계올림픽 개최를 미국과 서방의 정치인과 인권단체의 참가 보이콧 공세라는 시련이 닥쳐와 불안정한 정세에 놓였다.

우리는 약육강식의 국제 정치의 냉혹한 현실을 이해하고 미·중 관계를 세세하게 관찰, 분석, 대응해야 한다. 대한민국의 정체성을 세우고 국제 질서 안에서 규범과 원칙을 가지고 일희일비하지 말고 대처해야 한다.

이럴 때일수록 'Big Act!' 를 외치며 통 크게 움직여야 한다. 금리가 낮을 때 적극적으로 관리 가능한 확장 재정정책을 가지고 코로나 팬데믹, 디지털 시대에 물가안정과 고용창출, 지속 가능한 성장을

위한 경제 철학을 실천해야 한다.

코로나 3법, 협력 이익공유법, 자영업 손실 보상법, 사회연대 기금법은 좀 더 신중하게 검토하고 시행해야 할 자유민주주의와 시장경제 철학에 반하는 포퓰리즘 정책인 것을 생각해야 한다.

우리의 생존과 자유를 찾아가는 여정에 막대한 영향을 주고 있는 미·중 패권 경쟁은 격렬하게 진행되고 있다. 미·중 패권 경쟁은 미·소 냉전시대 전쟁과 닮고도 닮지 않은 양상으로 전개되고 있다. 중국만을 제재 압박 포위 격리하고 승자도 패자도 불분명한 냉온 전쟁(Warm & Cool war)인 것이다. 미국의 대중국 제재 전략은 중국을 무너뜨리고 글로벌 전 세계 새로운 공급망에서 중국을 쫓아내는 데 있다.

거대 IT 플랫폼 기업(아마존, 구글, 마이크로소프트, 페이스북, 알리바바, 텐센트, 징동닷컴 등)의 시장 독점과 폐해에 대한 규제는 글로벌 디지털과 탄소세 부과 등 세계 경제와 시장의 흐름을 새롭게 재편하는 방향으로 진행하고 있다. 코로나 팬데믹 디지털 시대 승자독식의 플랫폼 비즈니스의 핵심인 빅데이터는 공공재로 인식하고 출발하고 있다. 빅데이터의 공공재 철학은 미국, EU, 중국에 일반화되었다.

중국은 공산당 일당 독재 도전에 대한 제재 및 정적 제거 전략 차원에서 시장의 혁신을 방해하고 있다. 시장의 상징인 알리바바 자회사인 'ant Financial'의 알리페이의 반독점 폐해를 제재하고 상장을 저지시켰다. 코로나 팬데믹과 디지털 시대에 들어선 중국은 정적들의 기반을 뿌리째 흔들면서 제거하고 중국 인민을 최첨단 시스템적으로 통제하고 있다.

중국은 거대 IT 플랫폼 기업의 반독점 제재를 공표하고 제재 방안을 내놓고 금융시장을 개방하고 있다. 루스벨트 전 미 대통령의 스탠더드 오일을 반독점 폐해에 제재했던 옛날의 데자뷔를 보게 하고 있다.

그러나 열린 정부, 열린 이념, 열린 경제의 글로벌화 철학 없이는 생존과 자유의 확장은 불가능하다. **글로벌 시장에서 생존과 자유의 길은 자유민주주의와 시장경제의 체제에 능동적인 변화와 혁신의 철학을 실천하는 것이다.**

어두운 한국경제의 현실

한국은 150조 원이 넘는 천문학적인 예산을 쏟아붓고도 세계 최저의 저출산, 초고속 고령화 시대에 진입하고 있다. 한국의 미래, 이 땅의 생존과 자유는 저출산과 초고속 고령화 극복에 전적으로 달렸다는 것을 깨달아야 한다. 문재인 정부는 120조 원의 일자리 예산을 쏟아붓고도 단기 일자리와 아마추어 정책에 함몰되어 IMF 금융위기 이후 최악의 고용 참사를 경험하고 있다.

한국인 특유의 순혈주의, 단일민족의 정체성이 강조되고 경직된 이념과 내로남불의 퇴행성 행보를 하고 있다. 최단기 퍼붓기 정치 선동 전술의 포퓰리즘과 노인 복지형 일자리 숫자 만들기에 연연하고 청년 신규 취업과 양질의 청장년 일자리 창출은 꿈도 꾸지 못하고 있다. 청년 취업은 하늘의 별 따기이고 한국인의 꿈이 사라지면서 그야말로 헬조선이 열렸다.

현 정부의 어설픈 사회주의 폐쇄 경제와 대중 선동 정치에 취했던 이 땅의 민중은 현혹되고 무질서와 혼돈, 뼈아픈 회한의 경계에 서 있다. 이 땅의 경제 개혁 실천 행위는 시장의 패권을 결정하는 패권 국가 미국의 군사 경제동맹을 찾아 제휴하고 민주화운동의 열린 참 정신을 따라가는 데 있다. **글로벌 시장에서 한국경제는 정부, 지방자치단체, 기업과 대학이 기초과학, 원천기술의 글로벌 전략과 상품을 개발하고 과감한 현지화 전략을 실천해야 한다.**

국가재난지원금을 보편/선별적으로 지급해야 하는 상황이 계속되고 있다. 검증되지 않은 요설의 '기본소득' 을 전 국민을 대상으로 지급하자는 방안까지 제기되었다. 한국은 국가 기본소득을 이야기하기 전에 현 상황에서 경제 성장과 분배에 대한 철학과 정의를 먼저 이야기해야 한다. 우리는 글로벌 시대의 새로운 공급망을 재편하여 미래 패권 경쟁시장에서의 생존과 자유에 대해 엄중하게 생각해야만 한다.

인구와 시장, 국가 경쟁력을 독자적으로 유지하기에는 모든 가용할 자원들이 턱없이 부족하다. 국민 기본소득을 논하기에 앞서서 초고속의 고령화와 세계 최저 저출산의 국가 생존과 자유 경쟁력을 걱정해야 한다. 한민족 공동체의 생존과 자유의 대책이 마련되어야만 한다. 차기 대권을 향한 대권주자들의 자유민주주의와 시장경제의 철학에 반하는 검증되지 않은 포퓰리즘 공약(空約)들이 난무하고 있다.

코로나 팬데믹을 통해 지원되는 보편, 선별적 재난지원금에 대한 결정 절차와 방식은 집권세력의 일방적인 정략적 자의적 선택과 결정을 중단하고 국민 모두 참여하는 통찰의 개방적인 논의를 거쳐야 한다.

우리는 예측불허의 새로운 도전에 대한 지도자의 통찰과 국민적 합의의 끝없는 도전과 응전에 있다. 자유민주주의와 시장경제는 많은 문제점에도 불구하고 여전히 우리에게 번영과 자유를 제공하고 있다.

중대재해처벌과 자유를 제약하는 입법이 불평등과 공정, 정의의 문제, 삶을 개선하고, 행복한 삶으로 인도해 주지는 않는다.

자유롭고 독창적인 삶을 살고자 하는 인간의 절대 의지는 법의 굴레와 대중의 선전 선동 전술에 예속시켜서는 안 된다.

전 세계 산업, 금융의 디지털 시대에 승자독식 플랫폼 비즈니스는 새로운 형태의 마법의 자유민주주의와 시장경제 생태계를 만들어가고 있다. 2000년 동안 나라 없이 죽음의 공포 속에서 거칠고 힘든 생존과 자유를 찾아가는 여정에 서 있었던 디아스포라 유대인의 삶과 지혜, 행동방식을 통해 우리의 생존과 자유의 환경을 새롭게 만들어가야 한다.

우리는 시장의 질서에 반하는 생존과 자유의 우둔한 삶의 자세를 버리고 현명한 지혜를 찾아야 한다. 이명박 대통령의 자원 경제, 박근혜 대통령의 창조 경제, 문재인 대통령의 한국형 뉴딜 정책이 대표적인 반시장 경제의 사례들이다.

개인, 가계, 기업, 정부 부채가 문재인 정부에서 가파르게 상승하고 있다. 가계부채는 GDP의 약 2.6배에 이르고 가파른 증가세를 보인다. 코로나 팬데믹에 전 세계가 휘청인 상황에서도 초과 유동성 장세에 시장은 테이퍼링과 조기 금리 인상의 필요성을 제기하고 있다. 초저금리는 계속되고 기하급수적으로 팽창한 자산 거품 붕괴는 거대한 시한폭탄이 되어가고 있다.

현 집권세력은 자유민주주의와 시장경제의 근간을 뿌리째 흔들고 있다. **어설픈 불평등과 공정, 정의와 착함의 개념을 앞세운 무능과 무책임한 행위는 국가와 국민을 무질서, 분열과 갈등으로 치닫게 한다.** 이 땅의 위대한 잠재력과 개개인의 독창성과 물적, 인적자원을 황폐화하고 있다. 친중사대, 종북굴욕 외교 안보정책과 자세는 국론을 분열 조장하고 국제 사회의 큰 비난에 직면해 있다.

무능했던 조선 왕조와 비참하고 참혹했던 일제의 압제, 한국전쟁과 어두운 독재의 암흑과 가난의 굴레에서 질곡의 삶을 딛고 일어선 용기와 신념은 한국인의 위대한 DNA 유산이 되었다.

세계 10대 경제강국을 만든 산업화와 민주주의 정신을 짓밟는 시대착오적인 행위는 확대 재생산되었다. 조선왕조 시대의 어두운 당쟁과 사화의 역사를 재현시키고 있다. **한국은 위대하고 역동적인 독창적인 창조의 역사를 만들어가야 한다. 정부주도형 암울한 정치, 어두운 경제 현실에서 벗어날 때가 되었다.**

국민과 기업인을 범죄시하는 권력의 광기

성장과 분배의 철학을 도외시한 얼치기 사회주의 정책에 함몰된 반자유민주주의와 시장경제의 중대재해기업 처벌법, 산업안전보건법, 화학물질관리와 평가법 등 일상의 기업 행위에 기업인들을 범죄의 길목으로 인도하고 있다. 국가, 사회, 기업, 가족, 개인이 해야 할 일들을 혼동 착각하고 있는 일상 행위들이 한국 사회를 병들게 하고 있다.

조선 왕조 시대 주자 성리학적 통치이념인 사농공상(士農工商)의 천한 DNA가 진가를 발휘하고 있다. 국가 건전 재정정책, 적정 부채비율의 개념을 내팽개치고 매회 적자 국채 발행을 큰 고민 없이 실행하고 있다. 코로나 팬데믹이 가져온 시장 상황에 어찌할 수 없는 게 현실인 것을 생각해야 하지만, 해외 변동성에 취약한 이 땅의 상황에 긴장하며 늘 건전한 재정을 염두에 두고 행동해야만 한다.

자유민주주의와 시장경제 철학과 가치를 실현하는 길을 찾아나서야 하는 이 땅의 미래를 위해 어떻게 살아야 할 것인가에 대한 원초적 질문에 대해 우리는 명쾌한 답이 있어야 한다. 현 정부는 국민연금의 스튜어드십(소액주주 보호를 위한 국민연금의 수탁자 책임)을 강화하는 72개 연금투자기업의 계정을 단순 투자에서 일부 경영에 깊게 관여할 수 있는 일반투자로 변경했다. **국민연금의 스튜어드쉽 행사는 기업가와 기업의 가치와 철학을 훼손하지 않은 제도적 절제와 절차의 투명성을 가지고 실행해야 한다.**

국책사업의 예비타당성 조사를 면제하는 대범한 행위는 여야 진보/보수 구분 없이 가덕도 국제 공항 예타 면제와 특별법 제정의 사악하고 저질스러운 매표 행위를 실행했다. 코로나 팬데믹과 디지털 시대는 예측불허의 상황을 만들어가고 시장을 불안정하게 불평등을 심화시키고 있다.

이 땅의 생존과 자유를 찾아가는 변화와 개혁은 우리가 모두 함께 행복해지기 위함이다. 북한 비핵화, 통합된 시장, 확대된 생존과 자유의 가치와 철학의 공유가 그 무엇보다 더 중요하다. **한국은 인재, 자본, 자원, 지역, 이념, 시장과 원천기술에서 패권 인자를 충분하게 가지고 있지 못하면서도 기업인들을 범죄시하고 있다.**

기업가 정신은 냉소적 회한의 자리에 서게 되고 자본과 노동에 대한 가치와 철학의 자유 실천의지는 사라져가고 상호 불신과 사회적 갈등과 모순에 헤어나오지 못한 채 파멸의 깊은 수렁으로 빠져들어 가고 있다. 한국 최고의 기업 삼성의 이재용 부회장을 비롯해서 많은 기업인이 형벌의 일상에서 벗어나지 못하고 있다. 유·무죄 여부를 떠나서 자유민주주의와 시장경제의 경제 개혁을 추진하기에 앞서서 주자 성리학의 형벌주의 DNA 유산의 뿌리는 깊고도 깊다.

한국경제와 사회의 불가사의한 살아있는 실체는 한국노총, 한국민주노총과 경제, 사회, 언론, 노동의 시민단체, NGO의 이율배반적 이해상충의 부도덕한 일상이다. 양대 노총의 불가사의함은 현재까지도 계속 있다. 지칠 줄 모르는 노사 관계의 후진국적 사회 정치 투쟁형 행동 철학은 계속되었다.

기업의 성장을 위한 밑거름과 노동의 가치를 실현하는 노사 자율 대화를 위한 삶의 방식은 사라졌다. 정치 지향의 사회적 투쟁이 일상화되고 있는 불확실을 고착시키는 토양을 무한정 제공하고 있다.

경제인과 노동자를 법의 굴레에서 해방시켜야 한다. 차기 정권 출범 시에 조건 없이 마냥 죄인시하는 기업인과 노동자에 대해 일반사면형 특별사면을 해야 한다. 정치 지향의 시장 질서를 왜곡하는 정부 주도형 어리석은 사회주의식 경제 가치와 철학은 폐기 처분해야 한다.

대통령 해외 순방 시의 대규모 경제인 동행은 절제되고 품격 있는 행사로 실행해야 한다. 노동시장의 혁명적인 개혁을 통해 노사 자율에 따라 합의된 시장의 민주적인 절차가 존중되고 규범화되어야 한다.

친환경 규범의 성장, 분배, 고용 안정 없는 노사자율, 민주화와 경제 개혁은 기대할 수 없다. 동반성장, 사회적 기업 연대, 이익공유제, 공매도 금지, 중대재해기업 처벌법의 추진 배경에는 어리석고 무지몽매한 개념의 불공정, 불평등 해소와 착함이 입법 동기를 제공하고 있다.

기업인들의 거센 반발과 시장은 불안한 위기감이 팽배한 공포에 직면해 있다. **차기 대통령, 정부와 국회는 즉각적으로 경제 개혁의 본질에 반한 역작용과 심대한 폐해에 대한 후속 입법을 고려해야만 한다.** 어설픈 소득 주도 성장, 최저 임금의 가파른 상승은 불평등이라는 사회적 분열과 갈등을 확대 재생산하고 있다. 불평등 해소, 공정의 사회적 합의를 실천하는 가치와 철학의 방안을 찾아야 한다.

글로벌 전 세계 새로운 공급망의 중간재인 부품 제조를 기반으로 한 수출 주도의 한국 경제는 투키디데스 함정의 위험을 안고서 세계 10대 경제강국의 입구에 서 있다. 한국경제의 성장과 분배, 통찰의 가치를 결정지을 국가적 담론과 방안을 실천해야 한다. 근시안적이고 시대착오적인 어설픈 사회주의 경제 철학에 함몰되는 정책에 우왕좌왕, 갈팡질팡하는 우(愚)를 범해서는 절대 안 된다.

한국 사회는 근본부터 변화와 개혁을 실천해야만 한다. 신라, 고구려, 백제, 고려의 1500년의 불교 국가를 일거에 유교 국가사회로 만든 삼봉 정도전의 코페르니쿠스적 혁명을 생각하는 기회를 가져야 한다.

현재 상황을 인식하지 못한 현 정부를 중심으로 이 땅은 이념/지역/계층/세대를 불문하고 퇴행적인 행보를 계속하고 있고 차기 대권 유력 주자반열에 있는 정치인들의 열정과 신념, 철학은 이 땅의 꿈과 소망을 제대로 담아내고 있지 못하고 있다. 세계사적인 흐름에 반하는 조선왕조 시대의 시대착오적인 주자 성리학적 집단사고의 잘못된 사농공상(士農工商) 상황에 함몰되었다.

한국 경제 개혁의 출발은 참 자아를 깨닫고 남 탓하기에서 벗어나 내 탓에 근거한 봉사와 헌신, 협력의 노사 자율 문화를 정착시키고 매 사안에 대해 참공부를 죽을 때까지 해야만 한다. 한국 사회는 조선왕조 시대부터 주자 성리학적 형벌 지상주의 국가, 사회이다. 한국 사회는 기업, 기업인과 노동자을 죄악시하지 않고 범죄인 취급을 하지 않아야 한다.

법과 법률가가 우월적으로 지배하는 후진국형 구조를 만들어 가서는 안 된다. 후진국형 인신구속이 우선시되는 사회를 혁파해야 한다. 이유 불문하고 대법원 확정판결 전까지는 특수한 국사범을 제외하고 법정구속을 포함해서 일체의 인신구속을 없게 해야만 한다. 예측불허의 미래를 개척하고 꿈과 소망의 날개를 펼쳐가는 사회를 만들어가고 기업 중심의 기업가 정신이 상존하고 기업인과 노동자가 존중받는 나라가 되어야 한다.

국가가 각종 세금을 빚독촉하듯이, 죄인 취급하듯이 부과하며 가져가면 절대 안 된다. 납세자, 국민이 진정 주인으로 대접받고 인식되는 국가가 되어야 한다. **각종 반기업적인 형벌 위주의 법과 제도가 난무하는 현재의 반기업적 한국 권력의 광기를 혁명적으로 뜯어고쳐야 하고 상속세 및 법인세를 비롯한 전면적인 세제 개편을 단행해야 한다.**

노사의 합리적이고 합법적인 행위에 존경과 감사, 사랑을 실천하는 기업하기 좋은 나라를 만드는 혁명적 노동개혁을 즉시 단행해야만 한다. 그러려면 지속적인 성장과 합리적인 분배, 노사 자율, 불평등과 공평에 대한 가치 판단과 정체성의 철학이 재정립되어야만 한다.

경제 개혁의 요체

경제 개혁의 요체는 사회 구성원의 생존과 자유를 찾아가는 신뢰와 꿈을 실현해가는 활력있는 사회를 만들어가는 데 있다.

기업가 정신을 고양시키고, 노동의 가치를 실현하는 길이다. 경제 개혁은 본질적으로 기업이 이익을 창출하고 건전한 사회 안전망을 만들어 국가와 기업을 부흥시키고 사람들을 행복하고 자유롭게 하는 데 있다.

새로운 자유민주주의와 시장경제의 가치와 철학을 실천하기 위한 행동하는 양심은 이 땅의 생존과 자유의 길을 찾아가는 거대한 에너지가 될 것이다. **냉혹한 무한경쟁의 국제경제 현실에서 이 땅의 번영과 평화를 위한 생존과 자유를 위해서 전면적이고 즉각적인 정부, 재벌, 금융과 산업구조, 노동의 국가 개혁을 단행해야 한다.**

IMF 금융위기 후 한국 기업은 생존과 번영을 향해 쉴 틈 없이 전진하고 있다. 한국 기업들은 글로벌 시장에서 경쟁력을 가진 산업에서 다양한 형태의 기업 인수 합병, 원천기술 취득을 보유한 선도기업을 만들어가야 한다. 글로벌 주력 전략 업종을 제외한 기업은 시장에서 철수시키고 미래 성장 가능성이 높은 기업으로 만들어가야 한다.

재벌과 카카오, 네이버 등 플랫폼 대기업이 가진 금융, 물류, 광고, 전산, 건설, 유통, 호텔 등 불가피한 상황이 아닌 경우를 제외하고 계열 분리 또는 매각 등 글로벌 시장에서 경쟁력을 주도하지 못하거나 상실하는 기업은 직접 경영에서 손을 떼야만 생존을 이어 가고 번영을 향해 전진할 수가 있다.

과도한 부동산 매입을 자제해야 하고 비업무용은 과감하게 매각해야만 한다. 정부와 국회, 시민사회단체의 민주주의와 시장경제의 가치를 상실하는 정책들은 차고도 넘친다. 경제 개혁은 타율이 아닌 자율에 의해서 시장의 역할과 자유의지로 실행되어야 한다.

양대 노총인 한국노총과 한국민주노총은 바보들의 행진을 멈추고 생존의 혁신에 나서야 한다. **국내 대학은 스스로 생존을 위해 자유 시민 경제와 자유 노동 및 글로벌 시장에서 중요한 미래 산업에 대한 강좌를 개설하고 각종 다양한 프로그램 및 특수 과정과 대학원을 운영해야 하는 특화된 프로그램을 운영해야 한다.**

국가와 정부는 교육부를 즉각 폐지하고 혁명적인 교육 개혁에 나서야 한다. 한국 사회의 경제 주체들은 스스로 생존과 자유를 향한 길을 찾아 나서야 한다. 정부, 지방자치단체, 정당, 대학 및 시민사회단체, 언론 노사 모두가 자멸하는 길에 나서지 않아야 한다.

이 땅의 노사 정책은 과거의 상호 모순된 파괴적 역할을 단절하고 미래지향의 혁명적인 변화와 개혁에 나서야만 한다. 노사 합의를 전제로 패자의 한풀이식 푸닥거리 방식의 행동 철학을 버리고 글로벌 경쟁력을 위해 매진하는 노사 철학을 가져야 한다.

노사가 분배와 성장을 위해 새롭게 대두되고 있는 노조의 경영 참여를 포함하여 노동의 주체들 모두 가야 할 길을 마련하고 혁신에 나서야 한다. 한국정치는 노사 관계에 대한 새로운 가치와 정책에 대해 철학적 사고와 행동이 무엇인지를 깨닫고 입법에 나서야 한다.

한국 사회의 자유민주주의에 대한 잘못된 논쟁과 철학의 반시장경제의 오류를 정리하고 미래를 향한 거시론을 담은 생존과 자유의 세계관을 창출해가야 한다. **우리의 형벌 사유 개념과 철학의 체계는 주나라와 명나라 대명률을 기본적으로 벤치마킹했던 조선왕조의 《경국대전》에 있다. 법을 위한 법의 국가, 법의 지배에서 벗어나야 한다.**

국회에서 불평등과 공정의 이름으로 사회 경제 약자를 보호하는 목적으로 쏟아지는 입법은 불가피하게 수많은 형벌을 태동하고 동반한다. 우리 노동인구의 절반을 차지하는 자영업자와 중소기업의 절치부심에 가득한 생존의 외침을 외면하고 있다. 코로나 팬데믹 고통에 신음하는 소상공인과 자영업자의 참담한 고통 한계에 맞닥뜨린 재난에 즉각적인 보편적 지원을 해야만 하는 고통스러운 상황은 지속되고 재정적자의 증가폭은 가파르게 상승하고 있다.

무한경쟁의 냉혹한 글로벌 시장에서 주력 업종의 경쟁력을 위해 고도의 R&D 전략을 실행하고 모든 경제 주체들이 각자의 영역에서 인간답게 살아가기 위해서이다. 정부와 지방자치단체의 열린 감독(법인세와 상속세, 소득세 등 각종 세금의 인하와 준조세 폐지)의 정책을 이 땅의 생존과 자유의 가치와 철학의 관점에서 논의하고 개편해야 한다.

정부의 열린 감독은 절제 있는 법 적용, 시장기능을 저해하지 않게 늘 자유민주주의와 시장경제의 원칙 기준으로 시행되어야 한다. 사법권력의 경제산업 노동구조와 개혁에 대한 인식이 전환되어야만 한다. 사법권력에 함께하는 사람들은 특권의식을 버리고 자유민주주의와 시장경제의 가치와 철학에 대한 일상의 열린 교육에 참여해야 한다.

금융위원회와 감독원, 공정거래위원회, 국세청, 경찰 및 검찰을 비롯한 정부의 감독은 절제되고 시장의 자유를 제한하고 시장의 공정한 질서를 해치지 않아야 한다. 경제시민 사회단체와 언론의 비판과 견제는 이해 상충을 상호 신뢰를 기초로 행사되어야 한다.

한국 디지털 경제의 주력 산업(반도체, 스마트폰, AI, 자동차, 금융, 조선, 해운, 중공업, 석유화학, 바이오 및 IT와 통신)에 대한 글로벌 경쟁력 확보 및 생존을 향한 발상 전환적인 전략적 제휴 및 인수합병을 추진해야 한다.

우리금융지주와 삼성생명의 전략적인 합병, 새롭게 탄생할 (가칭)우리삼성금융지주, 삼성전자와 글로벌 투자은행(예를 들어, 골드만삭스, JP모건, 모건스탠리 등)과 국내외 글로벌 투자를 통해 전략적인 합작형태의 글로벌 AI 투자은행(가칭, 삼성 골드만 AI 투자은행) 설립과 국민연금, 한국산업은행과 국내외 글로벌 투자자가 함께 글로벌 GM 자동차 인수 등 글로벌 시장의 안전망 확보와 일자리 창출, 경쟁력 강화를 위한 변화와 개혁을 국가 굴기와 일자리 창출을 위해 대담하게 추진해야 한다.

국회는 당리당략에서 벗어나는 가치와 행동철학을 뒷받침하기 위한 경제 개혁의 입법에 즉각적인 논의 및 실행에 나서야 한다. IMF 외환위기 때부터 운영해오고 있는 노사정(현재는 노사정경) 위원회 등 각종 노동 관련 사회적 기구인 위원회를 즉각 축소, 폐지하고 노사 자율에 의한 노동개혁의 일대 혁신을 추진한다.

각종 사회적 기구, 기업을 만들어가는 소모성 사회주의형 정책을 폐지해야 한다. 참 깨달음의 진아(眞我)를 찾는 시장경제의 길, 독창적인 마법에 이끌려 가는 과정을 만들어내야 한다. 각종 모순과 불평등, 공정의 갈등과 불만 욕구를 다양한 해결을 찾아가는 합의의 여정에 서게 해야 한다. 정규직/비정규직의 구분과 차별을 없애고 개개인의 특성과 개성에 따른 계약제로 전환하고 노동시장의 제도적 유연성을 만들어가야만 한다.

한국경제의 각 주체는 새로운 시대의 변화와 개혁의 전략적 비전을 갖고 가야 한다. 우월적인 사법권력은 군림하는 자세를 버리고 이 땅의 주인인 국민을 섬기는 겸양의 자세, 기업인과 노동자를 존경과 감사를 드리는 의지와 신념의 철학을 가져야 한다. 늘 낮은 자세를 만들어가는 굳은 양심을 실천하는 노력을 죽을 때까지 해야만 한다.

한국경제의 병폐와 불평등을 해결할 열쇠

한국경제의 병폐와 불평등, 불공정의 문제를 해결할 열쇠는 노동시장의 자유로운 성장과 합리적인 분배를 통한 생존과 자유의 가치 실현에 있다. 한국경제의 지배구조와 노동 인식, 노동시장의 새로운 구조, 다름(Being of difference)의 철학을 만들어가기 위한 구조 개혁 및 정책 변화는 불가피하다.

최근 논의되는 노동조합의 경영 참여에 대한 폭넓은 논의 폭을 진전시키고 제도적인 차원에서 전향적으로 검토 실행할 수 있어야 한다. 한국 사회는 각종 사회적 기업/협동조합의 선의는 무조건 좋은 것으로 생각하는 잘못된 혼돈의 착각을 하고 있다. 기업의 가치평가는 시장에서 이루어지고 이익 창출과 함께 시대와 장소, 시간에 따라서 다양한 차원에서 진행된다.

한국인의 꿈, 개혁의 밑거름은 자유민주주의와 시장경제의 질서와 다름의 가치에서 만들어내야 한다. 노동개혁은 밥그릇 싸움 형태의 구 패러다임에서 벗어나 글로벌 경제의 성장과 분배 철학의 신경제 패러다임에 있어야 한다.

기업의 성장과 분배의 기본 원칙은 자유로운 시장경제의 질서를 회복시키면 된다. 코로나 팬데믹과 디지털 시대의 물결은 인류 문명사의 큰 흐름이다.

자연과학, 사회과학과 인문학의 융화를 가져오는 기초과학을 튼튼하게 하는 인식의 변화와 개혁을 해야 한다. 예술과 문화가 꽃피우게 하는 한국 사회를 위한 변화와 개혁, 문화가 살아 숨 쉬게 하는 중소기업과 벤처기업의 육성을 과감하게 시행하고 민주주의와 시장경제의 가치와 질서인 자유 공정거래를 견지해야 한다.

자유민주주의와 시장경제의 본질과 시장경쟁의 상호작용의 기능과 역할을 믿고 조율해 가야 한다. **정부에 의한 정부를 위한 정부의 한국형 뉴딜 정책 및 시장의 질서를 무시하고 일부 얼치기의 영혼 없는 권력지향형 교수와 학자, 권력의 타성에 취하고 젖어 있는 관료들이 만들어가는 인위적 구조조정의 타율적 개혁은 제한되고 절제되어야 한다.**

글로벌 시장과 미래 신경제의 시장 변화에 도전과 응전의 가치와 철학에 바탕을 둔 시대 흐름을 만들어가야 한다. 코로나 팬데믹이 가져온 소상공인과 자영업자, 중소기업의 고통은 가중되고 꿈은 사라져가고 있다. 인류 문명은 미지의 바이러스에 대해 응전과 도전의 진화를 통해 새로운 시대를 준비하고 발전해가고 있다. 국가와 사회는 정치, 경제, 사회적 약자를 위한 제도적 역할을 다해서 그들을 위로하고 꿈과 소망을 성취시키는 자생력을 갖게 해야 한다.

동반 성장, 소득주도 성장, 기본소득 집행 등 사회주의적 분배와 성장발전 이론이 더 이상의 한국 사회의 논쟁이 되게 해서는 안 된다. 최저임금의 급격한 인상 및 지속적 실행, 노동자 고용 보장보험 등 사회적 약자를 보호하고 국민의 인간적인 삶의 본질을 위해 늘 연구하고 발전시켜 가야 한다. 늘 상시 변화와 개혁의 능동적인 유연한 제도를 만들어가고 혼용해야 한다.

국제결제통화가 되고 싶은 원화의 꿈

제2차 세계대전 후 전 세계 기축통화는 금본위제에서 태동한 미국 달러이다. 유로화, 엔화를 비롯하여 주요 OECD 국가의 통화는 국제결제통화이다. 일국양제(一國兩制)의 약속을 어긴 중국, 홍콩의 페그제가 무너져 내리는 듯한 불안정한 상황에 놓여 있지만, 여전히 세계 경제는 미국의, 미국에 의한, 미국을 위한 미국 달러 기축통화 질서 위에 홍콩은 미 달러와 중국 인민폐의 고정환율을 기반으로 한 페그제를 운영하고 있다.

한국경제의 방향은 새로운 패러다임을 통해 지속적으로 안정적인 성장과 분배의 토양이 만들어갈 수 있게 해야 한다. G7, G10의 경제동맹, 전략적 비전을 갖고 5,000만 명의 작은 한국시장에서 벗어나 일거에 글로벌 시장의 패자의 위치에 우뚝설 수 있는 방법이 있다.

새로운 한국형 통화 체제인 '한국형 미 달러 페그제'를 한국시장에서 미 달러 병행 사용이라는 혁명적 전략을 도입 실현하는 것이다. '국내시장을 글로벌 시장'으로 '원화를 국제결제통화'의 위치로 올리는 발상의 전환을 시작으로, 점차 논의하며 진취적인 마인드로 실행해나가자.

차기 대통령과 집권세력의 정부, 한국은행은 매우 세심하고 정교한 시장 접근과 통찰의 판단과 분석을 통해 미국과 국제적 연대 협력을 얻어야 한다. 새로운 통찰의 국민적 합의(국민투표)를 바탕으로 한국 시장에서의 미국 달러 동시 사용, 국제 디지털 암호화폐 통용, 영어를 공용어로 채택하는 강한 용기의 선택을 논의하고 실행해가자.

한국은행이 주도하여 인공지능 기반 디지털화폐를 개발하고 조기에 시스템을 구축하여 선택적 디지털 암호화폐 발행을 준비해야 한다.

만인의 투쟁이라는 부동산 공화국에서 탈출하기

우리는 국토의 약 70%가 산으로 둘러싸인 동고서저(東高西低) 형태로 남북으로는 백두대간(白頭大幹)이 뻗어있는 지형의 반도 국토이다. 좁디좁은 국토에서 남북한 8천만 명이 부대끼며 살아가야 한다. **국가와 지방자치단체는 국토의 효율적인 발전을 위하여 임야, 농지, 그린벨트, 신도시 개발 등 국토의 중장기 개발 청사진과 각종 개발과 건설에 따른 인허가의 법률과 규정에 대해 시장친화적인 체계적인 발상의 전환이 요구된다. 실현 가능한 정책의 실천 대응 방안을 만들어내야 한다.**

전쟁의 와중에도 인간은 각자도생(各自道生)의 길을 찾아낸다. 대기근이나 전쟁 속에서도 스스로 살아남아야겠다는 절박함이 있었기에 굶어 죽는 일은 흔하지 않았다. 6·25 한국전쟁과 최근 수백만 명의 난민 사태의 시리아 내전에서도 굶어 죽는 경우는 거의 없다. 북한이 제2, 3의 고난의 행군에 직면해서도 김정일 시대 고난의 행군에 수백만 명이 굶어 죽었던 상황이 재연되지 않은 것은 UN을 비롯한 국제인권단체의 지원과 장마당의 북한식 시장경제의 마법이 작동하고 있기 태문이다.

그래서일까? 인간은 땅에 대해 끝없는 탐욕을 가지며 욕망으로 지배하려고 한다. 부동산을 소유하고자 하는 것은 인간의 본능이고 탐욕이다. 냉엄한 자연의 법칙에서 태동하는 원초적 본질의 문제이다. 인간의 탐욕과 땅에 대한 끝없는 욕망이 더해진 권력 쟁취와 1차적 재산 증식의 수단이다. 땅을 쟁탈하기 위한 고대로부터 현재, 미래까지도 뺏고 빼앗기는 역사가 되풀이되는 것은 인류 역사의 발자취이고 진화 과정이다.

자연과학에 있어서의 참과 거짓의 구분이 미지의 난제인데도 하물며 사회과학에서의 참과 거짓의 구분은 미증유의 인류 과제이다. 부동산 문제 해결 방안에 있어서 지름길은 없다. 땅! 집과 토지, 부동산은 인간 세상의 영원한 핵심 자산이고 탐욕 대상이다.

고대 왕조로부터 현대 국가에 이르기까지 땅은 당대 사람들의 운명을 결정지었다. 현실의 정치에서 권력의 향배를 결정짓는 강력한 수단으로 늘 활용되었다. 반대편을 적폐로 규정짓고 권력을 탈취하고 빼앗고, 빼앗길 때까지 강한 시대적 욕망과 탐욕의 정치 투쟁의 핵심 사안으로 등장한다.

만인의 만인에 대한 무한 투쟁으로 전개되었다. 일부 정치인들과 고위공직자들, LH 직원들의 미공개 내부 정보에 의한 사전 땅 투기는 국민의 공분을 사고 있고 대대적인 수사가 진행되었다. 부동산 거래는 자유민주주의와 시장경제의 가치와 본질의 철학이 밑바탕이 되어야 한다. 자유로운 시장의 공급과 수요의 원칙과 규정, 규제와 감독이 시장의 가치를 결정짓게 해야 한다.

땅의 문제는 시장의 역할을 믿고 지켜보고 예측가능한 시스템을 만들어서 진행시켜야 한다. 땅의 정책과 실천 대응 방안은 시대의 상황을 반영하는 삶의 상호, 반작용 질서에 의해 시장에 표출되었다. **불평등과 불공정의 상황에 내몰린 사람들의 삶에 대한 모순된 사유에서 출발하는 과도한 집착과 아집의 극한의 경쟁의식에서 벗어나게 해야 한다.**

국가의 전방위 부동산 특별수사와 모든 언론이 동원된 한바탕의 전 국민 악마 만들기 광풍이 휘몰아치고 있다. 광풍의 악마 만들기가 사라진 후 늘 그리했듯이 우리는 한 번도 경험하지 못한 듯한 예전과 다르지 않은 삶의 공간과 시간에 있는 존재감을 갖게 되었다.

한국 사회는 극도의 갈등과 대립, 분열과 불신의 사회로 이어지는 악순환의 삶이 반복되고 있다. 국가는 사회적 약자와 가난한 사람들의 삶을 지켜주고 이끌어주는 피난처가 되어야 한다. 물질 만능의 자본주의 세계에서 부동산값 폭등을 막고 원활한 시장의 수요와 공급이 작동하게 하는 자유민주주의와 시장경제의 가치를 회복하는 데 필요한 모든 노력을 해야 한다.

큰/작은 정부를 모토로 삼은 진보/보수를 표방했던 지난 정부와 현 정부의 사회주의 성향의 부동산 주택 정책은 시장의 불확실과 불안정성을 증폭시키고 있다. 단기 공급과 단말마적인 미완의 처방과 규제는 실패할 수밖에 없다. 미시적, 거시적 측면과 물가와 통화량, 경기 회복과 일자리 창출에 의해 수요와 공급의 작용/반작용의 질서에 놓였다.

코로나 팬데믹과 미지의 바이러스에 대처하는 인간의 노력과 진화의 결과는 분석되고 체계화된다. 현대 사회의 일반적, 특수적, 돌발적 상황을 엄중하게 규정하고 예측불허의 결과는 데이터화되었다. 현대 과학은 인간의 놀라운 진화의 성취, 순수이성비판의 과정과 역사, 시행착오와 불안정한 삶의 굴레까지를 데이터로 정리하였다. 인공지능의 딥러닝은 사람들의 과거와 현재, 미래의 상정 가능한 부동산 정책과 실천 대응 방안을 만들고 실행하는 전략을 가능케 한다.

코로나 방역 대응은 스마트폰을 통해 실시간 정보를 갖는 IT와 AI의 결합으로 실생활에 실시간으로 접근하였다. 인간이 겪는 환난과 거친 환경의 대응과 행동 방식은 인간이 만들어간다. 인류가 만들어내는 위대한 역사와 창조물의 놀라운 형상은 불완전한 인간을 성숙하게 한다. 인간의 삶을 지탱해주는 사유의 철학은 내재된 의식과 무의식의 질서 안에서 태동된다.

한국 사회가 표출하는 불평등과 공정의 블랙홀, 부동산 정책에 대한 거대한 시장의 물결을 헤쳐가는 단순화된 인간의 이성과 감성, AI의 새로운 방안을 찾고 실행해야 한다. 인간의 순수 실천 지성과 현대 과학을 믿고 빅데이터와 딥러닝의 정책과 대응 방안은 시장의 불확실과 시행착오를 제거해가는 새 방안이 될 것이다.

인간의 본능과 탐욕에 충실한 독특한 병폐인 예측불허의 결과를 지혜로운 방안으로 제공하게 될 것이다. 한국인 특유의 놀라운 끈기와 인내, 위기 극복의 정신이 더해지고 접착되어 예측 가능한 상황으로 만들어갈 것이다.

이제, 만인의 만인에 대한 투쟁이라는 끔찍한 부동산 공화국에서 탈출하자. 대통령과 군사 공항으로 사용되는 서울공항, 김포공항과 주요 수도권 소재 주요 골프장을 최고의 민간 및 청장년 2030/3040 세대 임대 주거시설로 만들어가자.

LH 및 SH 등의 지방자치단체의 부동산 관련 회사를 전면 폐지하여 민영화 조치를 단행하고, 혁신의 자유민주주의와 시장경제의 가치와 철학을 만들어가는 토대 위에서 정부와 기업, 국민의 시장 역할을 만들어가야 한다.

남북 대결의 시대를 벗어나 수도권 고도 제한을 풀고 공급 확대 정책을 만들어가야 한다. 청와대 정책과 대응방안, 시장의 향배는 우리가 사유하는 생존과 자유의 가치를 실현하는 철학으로 자리 잡게 될 것이다.

현 부동산값 폭등과 LH 사태는 위대한 이 땅의 민주화와 산업화의 업적과 역사를 갖게 한 과거 현재 미래의 대한민국을 송두리째 망가뜨리고 있다. 현 상황을 정리하기 위한 첫 번째 해야할 일은 현 정부의 무능한 폭정을 중단시키는 일이다. 이들의 집권을 중단시키지 않은 상황에서 부동산값 폭등과 LH 사태는 새로운 진화의 변이 과정을 거치면서 번영과 통일의 기반을 끝없이 추락하는 상태로 만들어갈 것이다.

자유민주주의와 시장경제의 가치와 철학의 자유의지를 바탕으로 펼쳐지는 정책은 부동산값 폭등과 LH 사태를 진정시키게될 것이다. 불평등과 불확실성의 불신과 불안감을 떨치고 정상적인 삶을 꿈꾸는 이 땅의 사람들을 존경과 감사를 갖는 보통의 일상을 찾게 해줄 것이다.

국토부의 혁명적인 개편과 LH를 비롯한 서울, 경기개발공사 등 모든 지방자치단체의 개발공사를 폐지하고 민간 개발 및 건설회사로 변경하는 순기능적인 민영화를 긴급하게 해야 한다. 포스트 코로나 시대를 맞아 혁명적인 사고의 전환을 시급하게 변화시키지 않으면 한국 사회의 추락은 계속될 것이다.

정부와 지방자치단체는 일체의 부동산 개발, 시공을 중단하고 정책과 인허가 등을 관리 감독해야 한다. 민간이 주도하는 개발 및 시공에 대한 규제와 감독을 넘어서는 정책을 집행해야 한다. 택지 개발에서부터 아파트 시공 및 분양에 이르는 부동산 금융을 포함한 부동산 일체를 민간이 주도할 수 있어야 한다.

국가와 정부 지방자치단체는 부동산 가격을 형성하는 핵심 사항인 각종 건설, 아파트 주택 건물의 각종 자재의 개발, 표준화를 통한 다양한 소재의 규격화, 대량생산의 틀과 기반을 구축하는 각종 인프라, 관세를 비롯한 각종 세제 및 금융지원을 혁신적으로 만들어 내는 인적 물적 인프라를 제공하고 지원 협력에 집중하는 시스템을 갖춰야 한다.

공정거래를 통해 부동산값 폭등을 막고 정상적인 시장의 수요와 공급을 확대하여 주식시장을 통해 부의 창출에 결정적인 역할을 할 수 있다.

민간이 주도하는 주요 신도시, 각종 부동산 개발, 건설 및 아파트, 임대 주택의 시공을 하는 데 정부와 지자체가 규제와 강압적 감독을 넘어서는 시장의 순기능을 강화하는 행정지원 등 유기적인 협력을 해주어야 한다. 민간이 주도하는 부동산 시장 활성화 정책은 양질의 일자리 창출을 만들어가고 왜곡되고 침체된 부동산 시장을 정상화시킬 것이다.

국가는 정부와 지방자치단체가 시장 상황을 단순화하고 각종 인허가와 감독을 시장경제의 역할을 활성화하는 개념의 사고 체계에서 출발하게 해야 한다.

국가와 정부가 책임지고 이 땅의 보통 사람들의 삶을 직접적으로 관여하고 침해해서는 안 된다. 국가와 정부가 부동산을 가지고 국민을 상대로 장사를 하면 안 된다.

실험적인 정책실행, 정책금융의 상시적인 창구역할을 절대 해서는 안 된다. 자본주의 시장경제의 무개념과 비상식적인 이야기를 해서는 안 된다. 대중인기 영합의 표를 쫓아야 하는 일상의 유혹에 빠져 있고 정치 지향의 정치인들이 금기시할 주요 과제이다. 기업과 개인에게 꿈과 희망을 줄 수 있는 시대 상황을 만들어내야 한다.

한국은 5,000만 명의 작은 시장이다. 정부와 기업은 국내시장에서 벗어나서 글로벌 시장에서 글로벌 표준화된 적정 수요와 공급을 위해 각종 R&D, 인재, 브랜드 개발, 시장 개척을 통해 글로벌 부동산 시장에서 독보적인 성장을 할 수 있도록 출발해야 한다. 국가와 한국은행, 정부와 지방자치단체는 민간 주도의 시장 활성화를 통해 부동산 시장이 안정적인 역할을 할 수 있는 정치경제적 지원 및 협력을 해야 한다.

지구상 대부분의 몰락한 사회주의 국가들, 국가와 지방자치단체의 부동산 정책을 쫓아가서는 안 된다. 이재명 경기도지사 주도의 부동산 기본주택과 기본소득의 정책의 숨은 착한 의도는 그럴싸하게 보이지만, 절대 성공할 수도 없고 성공해서도 안 된다. 어리석은 대중인기 영합의 표를 쫓는 자유민주주의와 시장경제를 부정하는 신뢰하기 힘든 정치인의 모습을 적나라하게 보여주고 있다.

부동산값 폭등과 LH 사태에서 시장의 수요와 공급, 인간의 땅에 대한 사회적 상황에 대한 현상과 시대적 상황을 분석하고 조정하는 정책을 만들어가는 사회 통합의 의지와 역할을 정리하고 실천해야 한다. 디지털 시대가 가져다주는 풍요의 삶을 현실화하는 지혜를 찾아야 한다.

모든 것이 다르고 독특한 개성의 이 땅의 사람들을 위한 다양한 경우의 수를 체계화하고 단순화해야 한다. 질서와 신뢰가 살아 숨 쉬는 부동산 시장의 불확실성을 안정시키는 혁신을 만들어가야 한다. 다양한 금융과 세제와 부의 가치를 실현하는 꿈과 소망을 찾아가는 삶을 디지털 시대가 가져다주는 인공지능을 비롯한 빅데이터, 금융의 혜택을 제공해야 한다.

사회적 약자를 국가가 보호해주고 꿈과 희망을 줄 수 있는 정책을 펴고 마련해주는 것은 국가와 정부의 책임과 의무다. **현재까지 정부가 내놓은 부동산값 폭등과 LH 사태 원인과 분석, 진단 대응 정책은 대중인기 영합의 정치적 의지가 담겨 있는 유치하고 어리석은 사탕발림에 불과하다.**

현 정부의 착한 민주주의, 착한 정치, 착한 경제, 착한 노동, 착한 복지, 착한 부동산 정책은 착한 사람들을 영원히 착하게 살게 할 수도 없는 삶의 막다른 골목으로 몰아가는 우스꽝스러운 착함의 코스프레에 지나지 않는다.

국가가 부강하기 위해서는 공동체의 협력, 피와 땀의 결정체의 철학적 국가적 담론과 사유가 담긴 정책과 신뢰의 회복이 있어야만 한다. 이 땅의 생존과 자유의 가치와 철학의 실제를 위해서는 강한 국가의 힘이 필요하다. 군사, 외교, 안보, 경제적인 국제적 연대와 협력, 국민의 신뢰와 통합의 의지가 뒷받침되어야 한다.

인간의 본능적인 탐욕과 욕망의 부동산 규제와 정책은 정부의 뜻대로만 반응하지 않는다. 투기적 잠재요인이 워낙 폭발적이어서 가능한 시장의 수요와 공급이 안정적으로 작동할 수 있는 대내외 요소를 줄여야 하고 핵심 사안의 변동성이 적어야만 한다. 부동산값 폭등과 LH 사태는 인간들 사이에서 언제든지 일어나는 일상의 유혹에 빠져있고 살아가는 우리들의 반복되는 삶의 모습이다.

국가는 생존과 자유의 본질에 대한 철학의 가치와 인간의 절대의지를 손상케하는 정치와 정책을 실행할 때 항상 염두에 두고 있어야 한다. 부동산 개발 인허가 부조리, 폭등에 대한 체계적인 원인과 결과를 분석하고 정부 지방자치단체의 각각 다른 인허가 원칙과 규정을 자본주의 시장경제 철학과 가치에 맞게 고쳐가야 한다.

부동산 금융에 대한 원칙을 정하고 각종 부동산 상품에 대한 기본 정책과 원칙을 가지고 민간의 자본주의 시장경제 철학과 가치에 따른 운용의 관리 감독을 해야 한다.

정부의 무책임한 규제와 감독, 민형사 처벌은 유무형의 사회적 책임과 제약, 조소와 비난, 불신과 갈등, 불안을 조장하고 개인의 삶과 가족의 해체를 불러오고 국가재정을 파괴한다. 인간은 사회적 존재다. 인간의 본능과 탐욕은 선한 의지와 대립된 개념이다. 인류의 출현 이후 땅과 인간의 관계는 복잡 미묘하다. 땅의 철학적 가치 부여는 가정, 학교, 시민교육에서부터 출발해야 한다. 땅은 우리 삶의 시 공간이고 철학이 태동하는 곳이다. 땅은 고귀한 생명 탄생의 시발점이고 종착지이다.

한국 사회의 부동산 문제에 대한 해답은 모든 경우의 수를 고려한 무한에 가까운 데이터를 축적하고 개량화한 인공지능 개발을 통해 얻을 수 있다. 이 땅의 선인들이 추구했던 불교와 주자 성리학의 유교, 기독교의 가치인 봉사와 헌신, 희생의 길을 찾아가는 여정 안에서 늘 범사에 묵상하고 감사하는 경건한 삶의 자세와 시장경제의 원칙을 갖는 것이 부동산 문제에 대한 해답을 찾는 출발이 될 것이다.

세계 경제의 선두주자로 발돋움하는 길

매년 생산되는 수억 개의 삼성 스마트폰이 세계 최초의 AI 투자은행이 되어서 새로운 세계에서 정치, 경제의 질서를 만들어가게 될 것이다. 단일기업 시가총액으로 세계 최고의 회사 아마존, 애플, 마이크로소프트, 알리바바를 제치고 유일무이한 세계 최고 회사로 등극하게 될 것이다.

우리금융지주와 삼성생명은 상호주식 교환방식(Swapping)을 논의하고 실천해가자. IMF 금융위기에 공적자금이 투입된 우리금융지주를 민영화하고 삼성은 금융을 그룹에서 분리한 후 삼성생명을 비롯한 금융계열사 주식 일체를 삼성생명 재단에 기부하여 이 땅의 자유민주주의와 시장경제의 멋진 질서를 만들어가자. 이를 기반으로 한국경제가 세계 경제에서 우뚝 서는 선두주자의 길에서 출발하는 계기를 마련하자.

삼성은 삼성전자를 필두로 해서 글로벌 AI, IT, 바이오, 디지털 선도기업으로 우뚝 일어서고 새로 탄생된 우리삼성금융지주는 경영/소유를 분리하여 한국경제 성장의 엔진이 되는 역할을 담당한다. 삼성생명재단은 소유 주식에 상관없이 새로 탄생하는 합병회사의 대주주의 권한을 금산분리 현행 실정법에 따라서, 우리삼성금융지주의 9% 의결권만을 행사하고 경영에는 일체 참여하지 않는다.

새로 탄생하는 우리삼성금융지주는 국민연금과 함께 공동책임운영자(GP) 글로벌 투자 펀드를 글로벌 투자자와 함께 조성하여 전략적 투자자(SI) 삼성전자와 글로벌 투자은행(가령, 골드만삭스, JP모건 등)와 공동으로 뉴욕에 세계 최초 '(가칭) 삼성골드만삭스 AI투자은행'을 설립하여 글로벌 투자시장에 적극 참여한다.

우리삼성금융지주는 소유와 경영이 분리된 한국 최대의 금융 그룹으로 한국 금융 및 산업 발전, 한국 기업의 글로벌 시장에서 경쟁력을 위한 각종 금융을 선도하고 신용창출, 중소기업, 벤처와 여성과 청년 창업을 위한 일자리 창출을 선도하게 될 것이다.

한국 정부와 시장은 승자독식의 코로나 팬데믹 디지털 시대의 멋진 물결을 환영받고 시장과 함께하게 될 것이다. 글로벌 시장은 수요와 공급의 게임 이론에 따른 기업 스스로의 판단과 선택을 존중하고 행동한다.

국민연금과 국내 민간투자자는 글로벌 투자(공동 GP)로 조성한 글로벌 자동차펀드(최초 미화 100억 불)를 조성하여 미 GM 1대 주주 지분 확보 후 미국 디트로이트에 글로벌 GM을 구회사/신회사로 분리 후 현재의 전략적 투자자인 미국의 마이크로소프트, 일본의 혼다와 함께 전기차/자율주행차 UAM 등 미래차 생산 신회사를 설립하고 5G 디지털 시대의 배터리 세계 표준화를 추진한다.

글로벌 GM 구회사에 전존하게 될 미국 및 한국 공장 포함 GM 전 세계 공장은 시급하게 현재의 내연기관과 미래차 생산 등 다양한 형태로 변화와 개혁을 추진한다. 글로벌 IT, 전자통신회사와 제휴한 현대기아차와 함께 미래 자동차 전 세계 시장의 질서를 주도한다.

한국 조선 산업 재편 후에 조선산업은 글로벌 조선 3사, 한국
조선의 현대중공업, 대우조선해양, 삼성중공업은 수요자 주문
방식(Client oriented)에서 탈피해 공급자 중심(민간항공기 생산제조판
매 방식)으로 혁명적으로 전환해야 한다. 글로벌 방산(항공모함, 이
지스함, 핵잠수함 및 각종 전함들) 분야의 혁명적인 발상과 미국의 글
로벌 방산 회사들과 전략적인 제휴의 글로벌 시장에서 시진핑의
중국산당 패권 전략에 맞서는 확대 실행 전략을 해야 한다.
**소형 저단위 원자로 방식으로 엔진을, 디지털 시대에 맞는 AI 해양
플랜트, 개인용 요트와 크루즈, 융합형 발전소, 호텔, 병원, 제조 공
장, 물류 창고 등 스마트 하드웨어가 융합되는 혁명적인 제조판매 방
식으로 전환해야 한다.** 항공기, 자동차, 스마트폰, 컴퓨터 등 생산
상품이 제조사의 기본 모델 표준에 사용자 선택을 추가해 다양
한 형태의 제품을 생산한다.

원스톱 패키지형 글로벌 조선해운 자산운용 펀드(미화 1,000억
불) 및 운용사를 설립하여 글로벌 조선, 해운시장의 글로벌 조
선해운의 플랫폼 선도자의 혁명적인 변환을 창조해내야 한다.
미국의 글로벌 금융, 산업 기반과 동맹을 추진하고 실천해야만
한다.

기존 온/오프 라인 산업별 통합 및 분리를 통해 경쟁력 있는 글로벌 포털, 통신, 유통, 화장품, 철강, 바이오 제약, 광고, 영화, TV 및 엔터테인먼트 회사를 만들어가야 한다.

부산/오키나와 해상 고속화도로(해상 연육교), 오키나와/일본 본토를 연결하는 한일 해상 교통화(해저 터널) 전략을 추진하고 김해 공항을 확장한다. 군사공항은 타 근교지역 군사공항으로 이전한다. **말도 많고 탈도 많은 가덕도 신공항은 특별법 제정에도 불구하고 소급 입법을 해서라도 추진해서는 절대 안 된다.** 인천공항에서 서해 주요 섬과 서해안 고속도로와 지방 국도를 연결하여 세종시까지 해상 고속도로(2시간 소요)를 건설하여 서해안 개발과 명실상부한 지방 균형 발전의 틀과 수도권 분산 병행 발전의 기틀을 만든다.

세월호의 아픔이 계속적인 정략적인 진영 싸움의 대상이 되어서는 안 된다. 차기 대통령과 정부, 여야 진보/보수를 떠나서 국회는 국가 개혁의 최우선 순위의 도서와 내륙 혼합형 발전 모델을 민간과 함께 시장친화적 개발로 내륙과 섬들의 국가 개조형 프로젝트로 실행해야 한다. 아름다운 국가 대한민국을 만들어가야 한다.

국가와 국민 생존(건강)과 삶의 질 향상을 위해 농축산 정책을
혁명적으로 담대하게 개혁해야 한다. 매년 천문학적인 재정과
국민 개개인의 재원의 소모성 지출과 낭비를 막고 각종 암 예방,
예측불허의 바이러스, 계절성 고병원성 AI 폐해, 현 농축산 산업
보호 등 최우선 고려사항을 정리하고 세계적 농축산 산업을 관
찰 분석하여 혁명적인 구조개혁을 단행해야 한다.

현재 태생적으로 모순이 많은 농축산 정책과 조직을 전면 개
편하는 변화와 개혁을 추진해야 한다. 상정 가능한 경우의 수를
정부와 지방자치단체, 농협, 사회시민단체와 전문가 집단과 실
수요자, 농축산 종사자와 함께 빅데이터, 딥러닝의 인공지능을
활용한 최적안을 수립하여 이해 당사자들의 의견을 수렴하고 협
의해 가야 한다.

한국인들은 소, 돼지, 닭 등의 육류와 가공 동물성의 단백질
을 많이 섭취하고 있어 많은 부작용과 국민 건강을 해치고 있
다. OECD는 과도한 육류 섭취로 인한 대장암 환자가 가장 많
다고 발표했다. 모든 방면에서 농축산 산업의 발전과 육성, 농
축업 종사 소득 증대와 재정 등 육류 섭취로 인한 폐해와 부작용

등을 분석 검토해야 한다.

　현재 농축산물 수출입과 판매, 기업농 형태의 소, 돼지, 닭 육성은 전면 폐지하고 자연농으로 전환하는 정책을 검토하여 개혁해야 한다. 구체적 실행방안은 전문가와 이해당사자들의 협의와 국민적 합의를 거쳐 시행해야 한다.

　대규모 수요의 농축산 관련 판매 유통로, 외국 수출입, 판매는 지역별로 복수 형태 이해당사자들이 출자한 주식회사, 구체적인 실행방안은 별도로 정한다.

　국민연금과 농협이 GP, 지방자치단체와 관련 실수요자 중심의 시장형 '글로벌 농축산 10조 모신탁' 을 조성하여 지역별 회사를 국내외 투자자와 함께 설립 운영한다. 지역별 회사는 시장의 기능을 효율적으로 운영하는 전략으로 설립하고 시장기능에 따른다.

　수입 농축산물 유통 판매는 공급과 수요의 시장가격을 불안정하게 만드는 요인이 있다. 이에 공적인 기능을 효율적으로 운영하는 방법을 만들어야 한다. 모든 경우의 수를 상정하여 유통 판매를 통해 통찰의 한국인의 삶을 향상시켜야 한다.

　수산물의 생산, 집하, 유통 판매를 수협중앙회와 국민연금이 공동 GP, 국내외 투자자들이 참여 '수산물 성장 10조 모신탁' 을 조성한 후 선진형(일본/노르웨이 등) 유통 물류 구조를 구축하고 실천적인 변화와 개혁을 실행해야 한다. **자유민주주의와 시장경제의 틀 안에서 논의되고 실천되는 제도와 방안을 만들어가고 조기에 정착화시키는 노력을 해야 한다.**

12장

대한민국을 이끄는 기업

대기업, 바이오 기업, 플랫폼 기업 등 한국의 기업들은
한국경제의 위대한 여정을 향해 가는 길목에서 국민소득
1만 불, 아날로그 방식의 87년 민주화 체제를 뒤로 하고
국민소득 4만 불, 세계 10대 경제강국, 분단의 조국, 코로나
팬데믹 승자독식의 글로벌 디지털 시대를 준비하는 위대한
선택을 해야 한다. 권력 분점과 분업, 협업이라는
새로운 시장 질서가 무섭게 진행되고 있다.

차기 정부는 자유민주주의와 시장경제의 가치와 철학,
질서 위에 무한 상상력을 소유한 글로벌 감각의 지성의
대통령과 기업과 전문가 시장 중심의 T/F 위원회를 만들어
체계적인 정책을 제시하고 이끌어나가야 한다.

대한민국을 미래로 연결하는 한국산업은행

한국산업은행(Korea Development Bank, KDB산업은행)은 대한민국 정부에서 100% 지분을 보유하는 국영은행이며 한국산업은행의 신용등급은 대한민국의 국가 신용등급과 동일하다. 이 땅의 생존과 자유를 찾아가는 여정에 산업화를 이끈 주인공의 역할을 지금까지 수행하고 있는 국책은행이다. 한국경제의 성장과 분배, IMF 금융위기, 상시 주요 대기업의 구조조정을 맡고 있다.

시대착오적인 이율배반 탈원전의 직격탄을 맞고 구조조정 후 기사회생의 길에 서 있는 두산중공업, 현대중공업지주와 합병을 진행 중인 ㈜대우조선해양, 대한항공과 합병을 통해서 코로나 팬데믹의 직결탄을 맞고 기사회생의 기로에 섰다. 항공산업 구조조정에 있는 아시아나, 조선, 해운산업, 대우건설, 광주형 일자리, 한국 GM과 쌍용자동차 등 크고 작은 구조조정을 맡고 있다.

현재의 세계 경제 상황은 코로나 팬데믹과 예측불허의 디지털 시대에 들어서는 초유의 상황에 있다. 최저금리의 유동성과 변동성이 확대되고 디지털 암호화폐가 도입 시험 되면서 혼돈의 가상화폐가 유통되었다. 주식시장 폭락의 증후가 이곳저곳에서 싹을 틔우고 폭발이 임박하는 가운데 미·중 패권 경쟁의 험난한 길에 서 있다.

화폐 가치는 추락하고 개인과 국가부채는 치솟고 금리인상에 대한 하방 압력이 계속되면서 테이퍼링이 실행되는 급격한 인플레이션 우려가 현실이 되었다. 한국산업은행이 언론과 국민의 시선을 고정시키는 구조 조정의 시간이 다가오고 있다. 현재까지 한국산업은행의 크고 작은 구조조정의 최종 판단은 정부의 몫이었다. 정치권과 시민사회 경제단체, 언론, 노조의 압박과 묻지마 투쟁은 지금도 변함없는 일상이다.

현 집권세력은 착한 정치, 착한 경제, 착한 노동을 주창하며 자유민주주의와 시장경제의 가치와 철학을 폐기하며 착함 코스프레 구조 조정이라는 카드를 꺼내 들었다. 허무맹랑한 깡통 논리의 소득 주도 성장, 불안정한 최저임금 인상, 비정규직의 불완전한 정규직화, 이율배반적인 탈원전 정책, 준비 태부족인 태양광 확대 정책, 중대재해처벌법 등 기업 옥죄기식 입법의 밀어붙이기 홍수 속에 한국산업은행의 고민은 깊어만 가고 있다.

한국산업은행의 주인은 국가이고 국민이지만 국민 개개인의 이해가 상충되고 있기에 매 사안에 대한 분석 후 시장경제의 가치와 철학이 존중되는 최종 판단은 한국산업은행이 해야 한다.

글로벌 시장에서 살아남은 가치와 경쟁력이 최우선으로 검토되어 지속적인 양질의 일자리 창출이 가능하도록 구조조정 원칙으로 견지되어야 한다.

한국산업은행은 일반 민간 시중은행과 다르게 산은법에 따른 집행을 통해 산업의 경쟁력을 키우고 인프라를 구축하며 미래 성장을 위해 존재한다. 분단 조국의 경제와 산업을 육성하고 발전시키는 국책은행의 정체성의 존재 이유가 있어야 한다. 현재까지의 구조조정 산업과 기업에 대해 다른 형태의 분석과 판단을 통해 통찰의 비전을 제시하는 방안을 마련하고 실천해야 한다.

특히, 한계 상황의 임계점에 있는 구조조정 좀비 기업의 존폐 여부는 이른 시일 내에 판단하고 선도적 M&A, 법정관리, 청산 등을 선택해야 한다. 향후 크고 작은 주요 구조조정의 실행은 별도의 특별 T/F를 외부 전문가 중심의 조직으로 조성하여 기존의 한국산업은행 지원 협력에 국한하고 실행 인원의 참여를 최소화하여 특별 현안에 대한 면책 규정을 마련해 담대하고 선도적인 역할을 하게 해야 한다.

정부와 시민사회, 노동, 언론, 경제, 정치권은 한국산업은행의 판단과 선택을 간섭하고 부당하게 압박하면서 강요해서는 안 된다. 한국산업은행과 한국수출입은행과 합병 논의는 차기 대권 국면에서 수면 위로 다시 부상할 것이다. 양 은행은 각자의 영역에서 한국경제의 핵심 국책은행으로서 고유의 영역과 역할이 있지만 민간 시중은행과 경쟁해야 하는 생각은 잘못된 것이다.

남북이 분단되고 불완전한 경제 체제에서 양 은행의 국책은행으로 한국경제의 큰 역할은 코로나 팬데믹 디지털 시대에서 지속되고 혁신되어야만 한다. 한국산업은행의 이 땅의 존재가치와 이유는 한반도의 새로운 미래 경제 환경을 만들어가야 하는 데 있다.

세계 초일류를 이룬 삼성

삼성과 한국경제의 과거, 현재와 미래, 고(故) 이병철, 이건희 회장과 이재용 부회장은 특별한 관계이다. 오늘의 세계 초일류 기업 삼성의 탄생과 성장, 새로운 도약은 한국경제의 초석을 만든 기업가 정신의 고(故) 이병철, 이건희 선대 회장과 투옥의 이재용 부회장과 삼성인, 이 땅의 사람들의 피와 땀, 자유민주주의와 시장경제의 가치와 철학이 살아 숨 쉬는 위대한 대한민국에 있다.

대한민국 산업화의 영웅에는 고(故) 박정희 대통령, 경제관료와 경제 전문가들, 보통 사람들, 이 땅의 민중이 있다. 삼성은 고(故) 박정희 대통령의 산업화, 재벌 정책에 힘입어 탄생했고 창업의 길에서 오늘의 관리와 일류의 삼성정신을 탄생시킨 고(故) 이병철, 이건희 회장이 있었다.

IMF 금융위기를 거치면서 생존과 자유의 갈림길에서 고(故) 이건희 회장은 "마누라와 자식을 빼고 모든 것을 다 바꾸어야 한다"는 독한 비전과 뚝심 그리고 심오하고 담대한 기업가 정신과 철학으로 뒷받침했다. 삼성구조조정본부의 이학수 부회장, 김인주 사장, 삼성인들의 헌신과 열정의 피와 땀으로 성장의 재도약을 할 수 있었다.

오늘날 삼성의 재도약은 자유민주주의와 시장경제의 가치와 철학이 존중되는 정치, 경제, 사회, 노동 환경을 만들어갔던 고(故) 김영삼, 김대중, 노무현 대통령의 리더십과 고(故) 강봉균, 진념, 이헌재, 윤증현의 뛰어난 엘리트 경제 관료들의 헌신과 희생의 경제, 노동, 금융정책 지원과 협력에 있었다.

그러나 삼성은 현 집권세력의 이율배반적 반시장경제의 착한 정치, 착한 경제, 착한 노동 정책과 형벌지상주의 못난 우월의식에 사로잡혀 있는 독단의 사법 권력에 포위되어 유폐되었다. 좌충우돌의 엉터리 검찰개혁에 의해 철저하게 유린되며 파괴되어 이재용 부회장의 투옥과 재판이 끝없이 이어지고 있다. 자유 대한민국을 대표하는 세계 초일류 글로벌 IT 반도체 바이오 기업의 서초동 삼성 사옥을 뒤덮고 있는 무법 천지의 노동단체와 노동자들의 저주 가득한 어지러운 현수막들과 간판의 현장이 이를 극명하게 보여준다.

삼성은 코로나 팬데믹, 디지털 시대가 요구하는 글로벌 시장과 이 땅의 생존과 자유의 길을 찾아가는 사람들의 꿈과 소망을 담고 미래를 향해 질주하는 격동의 세월, 한국의 위대한 미래를 이 땅의 선두에 서서 만들어가야 한다. 삼성은 미 · 중 패권의 파고를 넘어서서 분단 조국의 미래, 통일 이후까지 성장과 번영을 향해서 천문학적인 R&D 투자와 글로벌 초일류 기업의 독창성을 지속적으로 시장에서 환한 빛을 발하게 해야 한다.

한계에 봉착한 삼성중공업과 엔지니어링, 삼성생명과 증권, 보험, 카드 등 금융계열사를 정리하고 전자제품과 스마트폰, 바이오와 전기차, 자율주행차, 모빌리티 사업기반과 디지털과 AI 경제 패러다임을 위한 혁명적인 구조조정과 재도약으로 세계 최고 글로벌 기업의 위치에 있어야 한다.

삼성의 이재용 부회장은 삼성물산과 제일모직 합병 관련 박근혜 전 대통령 뇌물 혐의로 대법원 확정판결을 받고 수감되었다. 삼성바이오로직스 분식회계 관련 재판을 받고 가석방과 사면을 기다리고 있다. 삼성물산과 제일모직의 합병 과정에서 발생한 사안에 대해 삼성과 자문기관 법무, 회계 법인과 학계의 자문과 의견에 대한 검찰의 기소와 법원의 판결은 맞고도 틀리고, 틀리고도 맞다.

국제회계기준위원회에서 마련해 공표하는 회계기준인 IFRS는 유럽 주요 국가들이 채택해서 시행하는 기업 회계의 주관적인 판단이 필요한 것으로 한국의 천재, 이헌재 전 금융위원장, 부총리가 주도해서 애매한 사안에 대해서 판단이 불분명한 미국 회계기준을 대신해서 IMF 금융위기의 멍에를 지고 있는 한국기업의 독창성과 글로벌 경쟁력 제고를 염두에 두고 채택한 제도이다. 불확실한 예측불허의 시장에서 기업활동이 위축되지 않고 시장경제의 가치와 룰에 잘 작동하는 환경을 만들어 놓았다.

검찰은 민중을 향해 우쭐대지 않고 오만함을 버리는 헌신과 겸양의 자세가 요구된다. 국민의 존경과 감사를 받을 수 있도록 혁명적인 발상의 전환이 요구된다. 검찰의 기소독점주의, 기소와 수사의 모든 권한은 국민의 위임 권력인데도 전혀 견제받지 않는다. 견제받지 않는 검찰권을 행사하는 검사와 판사의 막강한 권한 행사와 남용은 공수처의 수사와 기소를 통해서도 상시 견제를 받을 수도 없다. 국민을 편하게 하여야 할 검찰권 행사는 편의적 관점에서 형벌지상주의라는 우쭐하고 오만한 검찰의 우월의식이 만들어낸 괴물적 형벌을 계속하고 있다.

삼성 재판 과정에서 재판부에 의해 제안된 삼성준법감시위원회는 자칭 타칭 친정부 성향의 각 분야 전문가와 시민사회단체 인사들로 구성되었다. 반시장경제를 증거한 또 다른 무서운 독단과 오만의 해괴망측한 판단으로 비판받아 마땅하다. 당장 해체되고 다시는 이런 우매한 행위를 해서는 안 된다는 진실한 깨우침의 반성이 있어야만 한다.

기업은 글로벌 시장에서 생사를 가늠할 피땀이 마를 새도 없는 약육강식의 무한 경쟁에 놓여 있다. 그러나 이러한 시장경제의 기업 환경에서 기업과 기업인, 노동자를 옥죄이는 끝없는 규제와 제도, 양산되고 있는 입법 사항은 넘쳐나고 있다. 현재의 회계제도와 감사제도, 공정거래, 준법감시인, 사외이사와 이사회의 운영으로 투명하고 깨끗한 환경에서도 기업 운영을 감시할 수가 있다.

삼성 이재용 부회장은 이른 시일 내에 재도약과 성장을 위한 법적 특별사면 복권과 함께 국민의 지지와 꿈과 소망을 위해 한계에 닥친 중공업과 엔지니어링, 금융을 떨쳐버리고 글로벌 초일류 기업의 길에 들어서야 한다. **코로나 팬데믹과 디지털 시대에 삼성은 해체된 미래전략실을 새롭게 조직하고 집단 지성에 함몰하지 않은 다양한 사람들이 함께하는 전환기를 맞는 시대와 시장이 요구하는 혁신의 디지털, AI 플랫폼 기업과 반도체, 스마트폰, 전자, 모빌리티, 생명 바이오 사업을 운영하고 한국을 대표하여 세계 시장을 선도해야 한다.**

한국을 대표하는 기업인 삼성의 이재용 부회장은 국민 모두의 사랑과 지지를 얻는 축복의 특별사면 복권 후 우뚝 일어서야 한다. 마이크로소프트의 빌 게이츠, 애플의 고(故) 스티브 잡스, 아마존의 제프 베이조스, 테슬라의 일론 머스크, 소프트뱅크의 손정의, 알리바바의 마윈, 페이스북의 마크 저커버그를 추월하는 길을 찾아가야 한다.

세계 최고의 가치와 시가총액 1위의 전 세계 기업을 만들어내야 한다. 삼성전자 스마트폰이 창구로 사용되는 글로벌 AI 투자은행을 만들고 이끄는 글로벌 최고 기업인의 길을 가야 한다.

세계를 움직이는 현대

현대기아자동차그룹과 정주영, 정몽구 현대가의 장손 정의선이 걸어가야 하는 길, 현대중공업의 정몽준의 길은 글로벌 시장에서 위대한 기업으로 성장하는 재도약의 출발선에 서 있다. 현대그룹의 창업자 고(故) 정주영 회장의 두둑한 배짱과 비전은 고(故) 박정희 대통령의 군부독재 시절 산업화의 역사를 창조한 큰 에너지와 그 무엇과도 바꿀 수 없는 대한민국의 귀한 자산이고 유산이다.

한때 대권 도전과 실패를 경험하고 글로벌 기업 현대의 성공과 실패를 증거한 이 땅의 통찰의 영웅, 거인 고(故) 정주영 회장이 걸어온 생존과 자유의 길은 우리의 자랑스러운 역사이다. 현대는 고(故) 박정희 대통령 개발 독재 산업화 정책과 중동 건설 개발 붐에 뛰어든 고(故) 정주영 회장의 탁월한 리더십과 뛰어나고 헌신적인 참모들, 그리고 현대맨이 이룩했던 영욕의 과정이고 결과이다.

현대의 모태가 되는 현대건설을 중심으로 전자, 중공업, 자동차, 금융은 IMF 금융위기에 자유민주주의와 시장경제의 투철한 신념과 의지의 지도자, 고(故) 김대중 대통령과 뛰어난 인간적 열정의 고(故) 강봉균, 진념, 이헌재 전 부총리를 중심으로 한 엘리트 경제관료들의 헌신을 기억해야 한다.

극심한 유동성 위기의 현대전자와 건설의 정몽헌, 자동차의 정몽구, 중공업의 정몽준을 계열 분리하고, 정부의 파격적 정책 지원과 협력으로 기적적으로 기사회생을 이루었다. 이들 경제관료들의 정책적 판단과 선택이 절대적인 영향을 견인했다. IMF 금융위기에서 현대와 대우가 걸어온 '같은 길, 다른 길'의 시작과 끝은 위기의 유동성 구조조정 국면을 대처했던 구조조정과 계열분리 정책의 실행과 대응에 있었다.

현대전자의 고(故) 정몽헌 회장과 현대기아자동차의 정몽구 회장의 왕자의 난 그리고 정몽헌 회장의 의문의 불행한 자살, 박지원 현 국정원장의 대북 송금에 따른 구속과 투옥, 무죄 석방은 한국의 산업화, 남북 화해의 경제 협력의 그늘진 장막의 역사이다.

한국의 펀드시대 개막을 창출한 바이 코리아(Buy Korea) 정책의 대부, 현대증권의 이익치 회장의 현대전자 고(故) 정몽헌 회장을 위한 무모했던 행보는 IMF 금융위기의 파고를 넘지 못하고 고(故) 김대중 대통령과 정부의 지원과 협력, 아버지 고(故) 정주영 회장의 넘치는 사랑과 지지에도 불구하고 정몽구 회장의 현대자동차와 후계 경쟁 구도에서 탈락했다.

극심한 유동성의 함정에서 헤어나오지 못하고 불확실성과 불안정성이라는 시장 상황에도 아랑곳하지 않고 적극적인 협력과 지원을 했던 고(故) 김대중 대통령과 진념, 고(故) 강봉균, 이헌재 등 고위 핵심 경제관료들의 신뢰를 상실하고 몰락의 길을 걷게 되었다.

고(故) 김대중 대통령의 햇볕정책으로 남북화해의 물꼬를 틀고 북한 비핵화의 난제를 잉태한 고(故) 북한 김정일 위원장 시대에 세계가 주시했던 타고난 천재 기업인 정주영 회장의 소떼 방북, 대북송금과 금강산 관광개발은 흥미진진한 드라마틱한 멋진 이야기이고 우리가 함께 해결해야 하는 적지 않은 난제를 남겼다. 현대 왕자의 난에서 정몽구, 고(故) 정몽헌 형들에게서 한발 비켜서 있던 세계 최고 최대의 조선산업의 총아로 떠오르는 현대중공업 지주의 정몽준 회장의 정치 역정과 재부활은 이제 새로운 전진을 위한 축복과 목표가 되었다.

유럽과 일본 등 주요 국가들의 합병 관련 반독점, 합병 승인과 거제도 지역사회와 현대중공업과 대우조선해양의 양대 노조의 격렬한 반대 투쟁에 있는 새로운 도전을 향해 가고 있다. 고(故) 정주영 회장을 모시고 현대의 영광을 함께했던 이명박(현대건설

회장 출신으로 현재 구속 중인 비운의 풍운아) 전 대통령은 강만수(한국 산업은행 행장 겸 회장 재직 시 배임과 뇌물수수 혐의로 투옥 중인 울분을 품고 있는 전 기획재정부 장관), 윤증현(전 금융위원장, G20 경제장관회의 의장을 지낸 신념의 우국적 사고와 행위의 자유민주주의와 시장경제의 화신) 기획재정부 장관의 헌신과 열정의 협력으로 2008년 미국 금융 위기의 파고를 큰 고통과 혼돈 없이 훌륭하게 넘어서는 산파 역할을 했다.

고(故) 정주영 회장이 창업한 현대의 강한 에너지는 우리가 함께했던 지난 세월의 영욕의 과정이고 역사이자 소중한 유산이다. 현대기아차그룹을 세계적인 자동차회사로 만들어 놓은 것은 고(故) 정주영 회장의 시대를 관통한 통찰의 리더십과 경영철학에 있다. 포니 정이라는 애칭으로 현대자동차를 만들었던 순수와 성실함, 만인의 사랑을 얻고 자애로운 삶을 살아갔던, 현대산업개발 정몽규 회장의 아버지이자 고(故) 정주영 회장의 신실했던 동생인 고(故) 정세영 회장의 헌신과 열정의 세월이 현대자동차의 시작이었다.

정주영 회장의 장남인 정몽구 회장은 호기심, 번복, 의심, 탐욕, 변신의 제왕, 소탈하고 단골 서민풍의 맏형 이미지로 허름한 한정식에 소주를 고집하는 굴곡진 삶의 정 많은 지혜의 천

재로 그의 무모한 도전과 뚝심은 현대기아자동차의 도약의 시
작이었다.

투박하면서도 비범한 기업가인 정몽구 회장의 고뇌와 두 번의
투옥까지 있게 했던 고통스러운 삶, 노동자들의 헌신과 인내, 그
들의 극한 파업과 투쟁의 삶과 세월, 연구진들의 열정과 헌신,
정부의 파격적인 정책지원과 협력, 국민의 한없는 사랑과 지지
가 만들어낸 현대기아자동차의 오늘은 눈물과 땀이 만들어낸 예
측불허의 자랑스러운 결과물이다.

현대기아자동차는 제4차 산업혁명이라는 역사적 전환기를 맞
고 있다. 내연기관의 자동차 시대를 넘어서 수소차, 전기차, 자
율주행차, 모빌리티 시대의 예측불허의 새 시대를 준비하며 도
전해야 하는 출발점에 서 있다. 전기차의 총아 일론 머스크의 선
두주자 테슬라, **세계 최대규모의 독일 폭스바겐, 미국 제조업과 자
동차 자부심 GM, 일본의 장인 정신의 도요타와 기술의 혼다, 세계 최
고의 변화와 혁신의 상징 애플과 마이크로소프트 등 세계 주요 IT 전
자 혁신 기업의 새로운 도전 앞에 젊은 후계자 장손 정의선 회장이 들
어서고 있다.**
현대기아자동차의 미래차인 수소자동차에 대해 현 정부의 과
감한 지원과 협력이 큰 에너지로 작용하여 웅대한 비전으로 타

외부기업들과 융합하고 협력하여 세계 1위 기업으로 꽃 피우길 소망한다.

현재와 미래의 행복을 추구하는 SK

———

고(故) 최종건, 최종현 회장과 최태원 회장이 찾아 나서는 길은 질곡의 개인사를 뒤로하고 꽃가마를 타고 가는 듯하다. SK그룹은 최태원 회장의 두 번의 구속과 투옥, 이명박 정부에서의 SK하이닉스 인수의 예상을 뛰어넘는 과감한 결단과 시장의 불확실성이 주는 축복을 얻고 새로운 시대를 준비하는 위대한 여정을 향해 걸어가고 있다. SK 창업자 고(故) 최종건 회장의 유공(현 SK에너지) 인수와 급작한 비보는 동생 고(故) 최종현 회장 시대의 한국이동통신(현 SK텔레콤) 인수라는 노태우 전 대통령의 절대적인 후원과 배경을 얻고 재벌의 틀을 갖춘 재계의 다크호스로 등장했다.

시대를 풍미했던 문화의 아이콘, '장학퀴즈대회'는 입신양명을 위해 일류대학 입학을 꿈꾸는 한국 사회를 상징하는 사회 교육 현상이고 아련한 추억을 간직한 꿈과 소망을 실현케 하려는 열망을 가득 담은 아름다운 역사였다. 선경그룹(초기 SK)은 단독

광고주로 상업성을 완전히 배제한 채 순수교양퀴즈 프로그램이라는 틀로 최종현(전 SK그룹회장)의 판단과 애착으로 진행되었다. 1980년대 500회 특집 당시 150억 원의 투자로 7조 원이라는 기업홍보 효과를 톡톡히 거두며 이름을 알리는 데 큰 성공을 거두었다.

SK 창업 형제의 서거 후 SK는 창업자 후손들의 보이지 않는 경영권을 둘러싼 막전막후의 갈등과 분쟁이 끊이지 않았다. 전문경영인 손길승 전 전경련 회장의 구속 투옥, 최태원·최재원 형제의 불운한 구속 투옥은 예정된 수순의 길을 걸어가는 듯했다.

IMF 금융 위기를 벗어난 SK는 전문경영인 출신의 손길승 전 회장과 최태원 회장의 동거체제에서 SK글로벌과 해운의 오래된 경영 실패의 유동성 위기를 뛰어난 금융인 김승유 하나은행장(전 하나금융지주 회장)의 현 SK네트워크 탄생이라는 특급 소방수 역할을 기억해야만 한다.

SK와 오랜 부침의 역사 현장을 경험하고 함께한 산증인 김승유 회장의 역할은 오늘날 SK 전성기를 맞는 결정적인 발판을 마련했다. 고(故) 최종건 회장의 장남 최태원 회장의 사촌형 최신원 SK네트워크 회장이 공금 횡령 및 배임 혐의로 검찰에 의해 구속 투옥되어 재판을 받고 있다.

박정희 대통령의 개발독재시대 한국경제 재개와 정부의 대화 창구였던 전국경제인연합의 위상 추락과 문재인 정부와 지근거리를 유지하는 SK하이닉스, SK에너지, SK텔레콤과 이노베이션, 바이오를 거머쥔 최태원 SK 회장의 대한상공회의소 회장 취임은 한국경제의 변화된 모습을 적나라하게 보여주고 있다. **SK 최태원 회장은 자유민주주의와 시장경제, 사회적 기업의 닮은 듯 다른 위상과 가치의 이율배반적인 길을 줄타기하듯 대한상공회의소 회장의 친정부 성향 행보는 계속되고 있다.**

SK그룹 최태원 회장과 노소영 아트센터 관장의 차녀이자, 최종현 전 회장의 손녀이자, 노태우 전 대통령의 외손녀인 최민정은 이례 없는 행보를 보였다. 재벌가 딸에서 해군 소위로 다시 태어나는 최초의 사례로 한국 사회가 변화하고 있다는 것을 보여주었다.

한국경제와 대우가 걸어온 길

혜성처럼 등장했던 고(故) 김우중 회장과 대우그룹의 탄생과 몰락은 한국경제가 걸어 온 잊지 말아야 할 귀한 역사이다. 가난한 경북 구미의 소농 7남매의 막내로 태어난 고(故) 박정희 대통령은 고(故) 김우중 전 대우그룹 회장의 부친인 대구사범의 고(故) 김용하 선생의 제자였다. 사제지간의 만남은 한국경제의 흥미진진한 인연의 시작점이다.

한국의 최고 수재들의 학교라는 경기중고교를 졸업하고 연세대 경제학과를 졸업하고 섬유회사인 한성실업에서 일하다 만 30세인 1967년에 자본금 500만 원, 직원 5명으로 대우실업을 창업했다. 대우실업 창업은 "세계는 넓고 할 일은 많다"라는 신화를 만든 김우중 시대의 서막이었다. 시작은 비록 단출하게 출발했지만 한국경제의 파란만장한 시작과 함께였다.

항상 시간이 아깝다고 식사와 말도 빨리빨리 하고 잠마저 쪽잠을 마다하지 않았다. 현장의 현안 파악이 빠르고 정확한 기인의 천재인 김우중 회장의 파란만장한 삶과 투쟁, 거침없는 도전의 역사는 시작되었다. 김우중 회장의 세계경영과 탱크주의는 한국경제의 무궁무진한 잠재력을, 정체성을 인식하는 계기가 되었고 이 땅의 사람들을 흥분시키기에 충분했다.

김우중 회장의 기업가 정신과 철학은 대우맨들에게 신념과 용기를, 이 땅의 생존과 자유의 꿈과 소망을 이루어 가는 길을 찾게 해주기에 충분했다. 김우중 회장과 함께했던 사람들이 가졌던 흥분과 열정은 한국경제 성장의 거대한 에너지로 발전 승화되어 나타났다. 바로 한국인의 지칠 줄 모르는 자랑스러운 DNA로 축적되고 계승되었다.

김우중 회장의 지칠 줄 모르는 무서운 정신과 용기가 만들어낸 대우건설, 전자, 중공업, 자동차, 증권은 한국경제의 또 다른 변신의 형태로 이 땅에 살아 숨 쉬고 있다. 김우중 회장과 대우의 몰락은 한국경제의 성장과 더불어 여러 각도에서 관찰하고 분석하고 연구해야 한다.

한국이 낳은 초 인간적인 영웅 고(故) 김우중 회장이 걸어온 길은 우리가 원하는 이 땅의 영광과 함께 지켜지고 계승되어야만 한다. IMF 경제위기에 고(故) 김우중 회장이 생각하고 행동하고 제안했던 것들은 유동성 위기 대처에 실패한 단순 사례로만 단정할 수도 없고 고(故) 강봉균 경제수석, 이헌재 금융위원장 등 경제제관료들과 합의 실패의 책임을 묻는 방식으로만 생각해서도 안 된다.

김우중 회장과 함께했던 대우맨들은 한국의 어떤 집단과 비교할 수 없을 정도로 우수한 신념과 용기를 갖춘 열정의 집단 지성의 순수한 영혼의 엘리트들이었다. 대우 몰락 과정에서 개인의 영달을 위해 이탈하는 사람들은 찾을 수 없었다. 그들은 어찌할

수 없는 유동성 위기 국면에서 소주잔을 기울이며 눈물과 회한
의 시간을 보내며 위기에서 벗어나 새로운 시대를 꿈꾸었다.

  김우중 회장의 핵심 참모들인 대우세계경영연구회 장병주 회
장을 비롯한 인사들은 구속 투옥의 고통과 천문학적인 추징금
납부 판결의 비애를 간직하고 있다. 고(故) 김우중 회장과 대우의
몰락은 IMF 금융위기의 유동성 파국을 피하지 못했고 김대중 정
부의 핵심 경제관료들의 위기 대응 방식과 경제 철학의 차이를
지혜롭게 합의하지 못한 '핵심 계열사의 계열분리 정책의 갈등
과 대립' 이었다.

  IMF 금융 위기에서 한국 경제는 작은 우물에 지나지 않았다.
무수한 시행착오를 겪고 성장해야만 했다. 김우중 회장과 그의
핵심 참모들과 대우맨들에게 모든 책임을 전가할 수만은 없다.
김우중 회장의 기업가 정신과 경제 철학, 김대중 정부의 핵심 경
제관료들의 가는 길이 다르고 한국경제의 운명으로 받아들여야
하는 회한과 탄식으로 자리잡고 있다.

  홍익표(대우자동차 공장노동자, 용접공) 더불어민주당 전 원내대표
를 비롯해 7080 세대의 **구속 투옥의 경험이 있는 수많은 학생 운동
권을 특별 채용해서 이 땅의 생존과 자유의 민주화와 산업화의 에너**

지를 만들어가는 지성인, 지도자의 삶을 기억해야 한다.

우리는 이제 IMF 경제위기를 극복하고 경제강국이라는 현실로 전진하고 있다. 우리의 영원한 스승, **한국경제의 위대한 영웅 김우중 회장은 떠나고 없지만, 그의 위대한 여정은 계승되어 위대한 발자취는 여전히 남아 있다. 김우중 회장의 존재, 영광과 좌절의 길을 빼고는 대한민국과 한국 경제를 이야기할 수 없다.**

일등 LG를 향하여

소탈하고 꾸밈없던 내면의 힘든 삶을 살아갔던 LG 고(故) 구본무 회장과 양자, 젊은 LG 구광모 회장이 걸어가야 하는 길은 무한한 도전과 응전이 기다리고 있다. IMF 금융위기를 맞은 구본무 회장은 절체절명의 유동성 위기를 맞고서 김대중 정부의 공정하지 못한 방식과 절차에 LG반도체를 현대전자에 넘겨주었다. 현대하이닉스(현 SK하이닉스)의 탄생에 있어서 못내 아쉬움과 회한의 LG반도체를 현대전자에 넘기지 않고는 IMF 금융위기의 파고를 넘어서기가 쉽지 않았던 것이다.

LG는 늘 삼성을 넘어서는 회사와 제품이 없었다. 삼성을 넘어서고 싶은 구본무 회장의 욕망과 LG카드 변규칠 부회장의 무분별한 확장 경영과 김대중 정부의 잘못된 소비경기 진작 정책 후유증의 결과로 유동성 위기를 맞고 큰 위기에 봉착하게 된다. LG는 정부의 강력한 지원과 협력을 통해 통한의 금융계열사, 카드, 증권, 생명 및 화재를 정리하고 기사회생한다.

이헌재 전 금융위원장, 부총리와 엘리트 경제관료들의 헌신적인 지원과 협력이 구본무 회장의 현명함과 담대함, 강유식 전 구조조정 본부장과 핵심 참모들의 지혜로운 역할이 빛을 발하는 위기의 순간이었다. 구본무 회장의 LG 마곡동 사이언스파크 조성은 한국 기업의 생존과 자유의 가치를 실현하는 R&D 투자의 기본과 정체성을 인식시키는 선구자적인 선택을 보여주었다. LG생활건강, LG전자, LG화학의 글로벌 기업으로의 성장은 구본무 회장의 진솔한 기업가 정신과 철학을 단적으로 증거한 실사구시의 사례이다.

구본무 회장의 주요 인사들과 조찬과 골프 회동에서 보여준 겸손과 소탈한 인간미는 많은 사람에게 잔잔한 감동을 불러오게 했다. LG그룹 창업과 수성의 두 수레바퀴에서 GS, LS, LF 등 창업 동지 집안과 형제들의 분가 과정에서 적지 않은 어려움이 실제하고 있는데도 경상도 유교 가풍과 순리에 따라 큰 잡음 없이 진행을 이끌었다.

자연과 새, 사냥과 낚시를 즐기던 구본무 회장은 뜻밖의 사고로 외아들을 잃은 가슴 아픈 슬픈 가족사의 고통을 뒤로하고 좋아했던 사냥을 끊고서 손아래 동생 구본승 희성그룹 아들 구광모 현 LG회장을 양자로 맞는다. 소천 직전에 LG 승계와 막내 동생 구본준 회장의 분리를 마무리하고 하늘나라에 임했다.

정중동(精重動) 상태가 미덕으로 이루어진 LG문화는 젊고 활발한 활동을 하는 구광모 회장 시대를 맞아 새로운 시대를 준비하는 발걸음으로 나아가고 있다. 코로나 팬데믹과 디지털 시대에 미·중 패권 경쟁의 험난한 길을 찾아 나서야 한다. 중국 화웨이와 4G부터 긴밀한 협력관계를 가진 LG U+ 미래와 미·중 패권 경쟁의 파고를 뛰어넘는 선택은 시장의 주목을 받고 있다.

KT와 전략적 합병 등 글로벌 시장의 불확실성을 뛰어넘는 미래 행보는 진지하게 검토되고 글로벌 통신 시장 진출을 도모해야 한다. 중국의 경제 무역 보복은 전랑외교로 특정지어지며 중국 특색의 패권적, 국제깡패적 행위를 서슴지 않는다. 사드보복, 호주에 대한 석탄 및 철광석 수입 금지 등 중국의 대외무역 보복 관행과 의도적인 중국 특유의 패권 행태를 쉽게 생각해서는 안 된다.

LG U+ 자체적으로 화웨이와 관계를 정리하기는 쉽지 않을 것이다. KT와 전략적 합병을 통해 화웨이를 정리하고 KT는 국내 시장에서 SK텔레콤과 함께, LG는 글로벌 시장에서 디지털, IoT, 통신, AI 기반 사업을 영위해야 하는 전략적 선택을 깊게 고민해야 한다.

LG U+가 LG그룹을 떠나서 새로운 형태의 브랜드와 전략을 수행하여 윈윈하는 시장의 마법을 찾아가야 한다. 중국 시장의 불확실성을 넘어서는 글로벌 시장에서 LG생활건강의 부흥과 재도약의 계기를 신속하게 마련하여 실천해야 한다. LG의 스마트폰 사업 철수, 전기차 배터리의 **글로벌 시장에서 지속적인 선두 역할을 위한 R&D 투자, 마케팅 전략과 SK와 법적 정리 등 LG 구광모 젊은 회장의 시대는 역사적 도전과 응전의 시련과 기회의 연속에 있다.**

세계 최강의 포스코

포스코 고(故) 박태준 회장의 유산과 New 포스코 철강은 국가 기간산업이자 굴뚝산업을 찾아가는 길이 될 것이다. 박태준 회장과 고(故) 박정희 대통령 간의 5·16 군사 쿠데타에서의 만남은 한국 경제의 위대한 어머니 포스코를 탄생시켰다.

박태준 회장과 박정희 대통령은 육사 6기 생도와 중대장, 5·16 군사 쿠데타 후 국가최고회의 의장과 비서실장의 인연으로 계속되었다. 육군소장 전역 후 만년 적자의 대한중석 사장, 한·일정상 후 포항종합제철의 탄생이라는 두 거인의 만남의 인연을 통해 통찰의 성취를 만들어냈다.

한국 경제의 성장 발전면에서 포스코와 박태준 회장의 위상과 역할은 심대하고 광대하다. 포항과 광양의 일관종합제철의 포스코와 포항공대의 탄생과 성장은 박태준 회장과 박정희 대통령의 만남과 신의, 가난에서 탈출해야 한다는 집념과 국가를 사랑하는 마음, 보국, 애국애민 정신의 실사구시적 빛나는 실천행위였다.

민주화운동 과정에서 동년배인 조선일보 해직기자 고(故) 정태기, 동아일보 해직기자 고(故) 권근술 회장과 포스코 고(故) 박태준 회장의 만남과 적지 않은 지원 협력이 한겨레신문의 탄생을 잉태했다. 성추행 파문에 자살을 택한 고(故) 박원순 서울시장의 참여와 연대 탄생과 활동에 적지 않은 지원과 협력, **자신의 생가**

마저도 아름다운재단 기부를 통해 한국 사회의 불평등 해소를 위해, 성장과 분배, 비판과 견제, 헌신과 희생의 삶을 실천했던 거인 고(故) 박태준 회장의 생애와 철학을 바탕으로 한국경제와 포스코는 재부활의 길을 찾아 나서야 한다.

독재 군사쿠데타 전두환 정권의 탄생과 정치인 고(故) 박태준 회장의 삶은 한국 경제와 포스코의 어두운 그림자를 드리우는 한국정치와 경제의 고질적인 퇴행의 시작이고 과정이다. 자유민주주의와 시장경제의 가치와 철학의 신념의 지도자 고(故) 김대중 대통령과의 만남을 통해 탄생된 DJP+TJ 공동정권 운영은 포스코를 IMF 금융위기에서 이끌고 포스코를 글로벌 철강기업으로 성장케하는 계기가 되게 했지만, 정치와 무관했던 포스코에 어두운 그림자를 드리우는 역사를 만들어냈다.

박정희 대통령의 군사독재 시절의 청빈과 검약, 정치 외풍에 일체의 영향을 받지 않았던 포스코는 현재까지 매 정권의 외풍에 무방비 상태로 노출되고 정치권과 정부, 언론의 반시장경제적 간섭과 압박은 일상화되었다. 매 정권 교체마다 포스코 회장은 정권 창출의 부산물로 인식되고 정권의 입맛에 맞는 인사, 경영을 하게 되는 퇴행의 반민주주의 시장경제의 행위에 함몰되었다.

늘 솔직담백한 정 많은 카리스마 넘치는 멋진 신사, 보국정신이 충만한 애국자, 자유민주주의와 시장경제의 기업가 정신과 철학이 가득한 시대의 영웅 고(故) 박태준 회장은 이제 떠나고 없다.

포스코와 포스코맨들은 예측불허의 불확실성이 지배하는 코로나 팬데믹과 디지털 시대에 대한 준비와 생존과 자유의 본질을 찾아가는 세계 최고의 글로벌 철강기업을 향해 위대한 여정을 밝혀 나가야 한다.

무능하고 비민주적인 반시장경제주의적 지도자와 정치권과 정부관료들은 반성하고 회개해야 한다. 반사회적인 적지 않은 시민사회노동단체와 언론, 정당의 부당한 간섭과 억압은 비판받아야 하고 일체 배제되어야만 한다.

포스코는 정치와 무관한 세계 최고의 철강 소재 종합 글로벌 기업으로 재탄생하고 재부활의 도약을 향해 끊임없이 전진해야 한다. 포스코는 위대한 대한민국과 한국경제의 살아있는 이야기를 품고 있는 역사의 증거이다.

대전환의 시대에서 기업이 나아가야 할 길

한국의 빅테크, 바이오 기업이 찾아가야 하는 길은 승자독식의 디지털 시대에서 무한 상상과 잠재력의 집념과 용기를 분출시키는 일이 될 것이다. 한국 빅테크 기업은 코로나 팬데믹과 디지털 시대에 무서운 속도로 질주하고 있다. 이베이를 품은 신세계의 이마트, 한국의 아마존으로 평가받는 쿠팡의 뉴욕 증시 상장 후 마켓컬리를 비롯한 다수의 빅테크 기업들은 시장을 흥분시키기에 충분하다.

카카오, 네이버, 다음 등의 플랫폼 기업의 성장과 시장지배는 눈부시게 확장되었다. 시장은 이들의 독점적 시장 지배적 상황을 엄중하게 관찰하고 분석하고 시장경제의 가치와 철학을 뒷받침한 새로운 시대를 준비하는 방안을 검토하고 있다.

중국은 시장의 독점적 지배와 혁신을 저해하는 마윈의 알리바바의 앤트 파이넨셜의 상장을 막고 새로운 구조 제도 방안을 마련해 실천토록 규제 감독하고 있다. 1900년대 미국은 록펠러의 스탠더드 오일의 독점적 지배력을 규제하고 혁신을 위해 34개 회사 분리를 명령했다. 시장의 독점적 지배와 혁신의 아이콘 플랫폼 기업 영역에 대한 규제와 제도 개혁은 시급하게 검토되고 혁신의 방안이 마련되어야 한다.

미국의 빅테크 기업인 아마존, 페이스북, 마이크로소프트, 구글, 우버 등 다양한 형태의 서비스를 제공하는 이들 기업의 영역 확대는 코로나 팬데믹과 디지털 시대에 5G, 딥러닝의 인공지능이 더불어서 예측불허의 승자독식의 새로운 구조 형태로 진화 발전하고 있다.

셀트리온의 고속질주 성장발전 사례는 흥미로운 과정을 다각적으로 보여주고 있다. 삼성바이오로직스, 코오롱 생명과학의 인보사 기소와 재판에서 바이오산업의 명암을 보여주는 단적인 상황을 주시하고 있다. 신라젠, 코오롱티슈진, 헬릭스미스, 네이처셀 등 바이오 기업의 깜짝 폭발적인 성장과 임상 실패로 나타난 급격한 몰락을 통해 한국 사회의 성장 신화의 또 다른 그늘을 보는 것이 일상이 되었다.

빅테크, IT, 게임, 바이오, 각종 디지털 기업의 성장과 몰락은 한국경제의 건강함이 단적으로 표출하고 있는 성장세와 시장의 견고함이 반영된 결과이다. 글로벌 시장에서 생존과 자유의 가치를 실현하는 무한 R&D 투자와 연구, 투자 인프라 구축과 자유분방한 인재의 발굴, 지속적인 정부의 지원 협력은 필요충분 조건적 해결책으로 상시 요구되고 있다.

정부의 지원과 협력은 자유민주주의와 시장경제의 가치와 철학, 질서 위에 무한 상상력을 소유한 글로벌 감각의 지성의 대통령과 기업과 전문가 시장 중심의 T/F 위원회를 만들어 체계적인 정책을 제시하고 이끌어나가야 한다. 특별하게 글로벌 시장에서 생존과 지속적인 성장을 위해 해외 다양한 형태의 마케팅과 M&A, 전략적 파트너십, 제휴를 맺고 새로운 국제 정치, 경제사회의 환경인프라 구축에 모든 노력을 해야 한다.

무능하고 무책임한 정치권, 정부, 언론, 정당, 시민사회노동단체의 굴곡진 행위는 계속되고 있다. 지도자의 무책임한 발언과 슬로건, 정책은 대중을 기만하고 민주주의 시장경제의 발전을 저해하고 가로막는다.

차기 대통령을 꿈꾸는 유력 대권주자들은 경쟁적으로 국가 담론, 외교 안보의 생존과 자유의 길, 자유민주주의와 시장경제의 가치와 철학을 논의하는 대신에 대중인기 영합의 발언에 치중하고 있다. 현 집권세력은 집권 연장을 위해 한국형 뉴딜을 비롯한 새로운 선심성 단기 프로젝트를 추진하고 인위적인 성장을 만들어가기 위해 동분서주하고 있다.

더불어민주당의 차기 유력대권주자 이재명 경기도지사의 대중인기 영합의 기본소득, 기본주택, 기본대출 등 기본시리즈 프레임과 대권 브랜드 상품을 대놓고 홍보하며 효과적으로 국민을 자극적으로 갈라치기하고 있다. **차기 유력대권주자들의 세계와 역사를 바로 보는 눈과 철학의 관점, 현실 인식의 자유민주주의와 시장경제에 대한 정체성을 인식케하는 행위에 이 땅은 관찰하고 증거하고 기록할 것이다.**

한국의 미래, 차기 대권주자는 생존과 자유를 향한 여정에, 자유민주주의와 시장경제의 가치와 철학을 실천하는 행위에, 행동하는 국민의 양심에 응답해야 한다. 한국 경제의 위대한 여정을 향해 가는 길목에서 국민소득 1만 불, 아날로그 방식의 87년 민주화 체제를 뒤로 하고 국민소득 4만 불, 세계 10대 경제강국, 분단의 통한의 조국, 코로나 팬데믹 승자독식의 글로벌 디지털 시대를 준비하는 위대한 선택을 해야 한다.

차기 대권에서 승리하기 위한 정치, 외교, 안보, 교육 개혁, 경제도약의 이야기를 펼치고 만들어가야 한다. 권력분점과 분업, 협업의 새로운 시장질서가 무섭게 진행되고 있다. 정치는 경제이고 경제는 정치가 작동하는 시장경제의 질서는 우주와 자연의 섭리에 따라 작동한다.

자유민주주의와 시장경제 정체성을 인식하도록 시장이 만들어내는 마법의 실천 행위는 우주와 자연의 질서 안에서 만들어진다. 위대한 이 땅의 자유민주주의와 시장경제의 실천행위는 이 땅의 생존과 자유의 본질에 대한 원칙과 가치, 철학 위에서 성장 발전된다. 위대한 한민족의 자유분방하고 민첩한 자유민주주의와 시장경제의 DNA는 코로나 팬데믹 디지털 시대에서 고도로 적응된 유산으로 전승되고 발전될 것이다.

13장

언론 개혁으로 나라 바로 세우기

코페르니쿠스적인 새 질서가 몰려드는 상황이 전개되고

현장을 찾아가는 역할을 자임하고 준비해야 한다.

한국언론과 언론인들의 정체성을 인식하는 자존심을

가지고 행동해야 한다.

현존하는 권력과 거리를 둬야 한다. 정치인과 권력은

언론과 언론인들의 정체성을 인식하고 이를 존중하고

지켜주는 자세를 지녀야 한다.

언론과 권력이 담당해야 할 역할은 지대하다.

언론인들의 지위와 역할이 갖는 정체성을 깨닫는 일은

매우 중요하다.

언론 개혁은 시대의 숙제이자 요청

조선 왕조 시대의 대간은 현재의 언론기관의 역할을 수행했다. 3사 사간원, 사헌부, 홍문관의 역할이 제기능을 했을 때의 조선의 국정은 가난하고 힘없는 절대왕조 봉건 농업국가였지만, 그런대로 국가의 제 기능을 했다. 조선이 왕이라는 1인 체제로 600년을 존속했던 것은 대간 정치의 덕이다.

현재의 한국 언론은 옛 조선왕조 시대의 상황만큼 정부에 대한 비판 기능을 제대로 하지 못하고 있다. 언론 개혁은 시대가 요구하는 숙제이자 요청이다. 방송통신위원회는 포스트 코로나 시대가 요구하는 구조조정과 변화의 개혁을 단행해야 한다. 언론과 언론인의 사고와 자세는 자율 시대의 지조 있는 품격과 격조 있는 변화와 개혁에 속해 있어야 한다.

국가 및 지방자치단체 소유의 모든 언론기관을 지체 없이 민영화해야 한다. 언론기관별 지배 구조는 정부와 이해관계가 있는 당사자들의 진지한 협의와 법적 논의를 거쳐 결정되어야만 한다. **KBS, 연합통신, YTN, 교통방송 등을 민영화해야 한다. 민간 재단의 소유 언론기관인 MBC 등은 재단과 임직원이 참여하는 이해 당사자들의 협의와 자율 결정에 따라야 한다.**

국가와 정부는 민영화 원칙을 정하고 일체 간섭을 배제하고 언론기관의 통폐합은 시장 자율 기능에 맡겨야 한다. KBS, MBC, YTN, 연합뉴스는 글로벌 미디어 플랫폼 회사로 성장 발전할 수 있도록 이해당사자들은 각각의 영역에서 자유민주주의와 시장경제의 가치와 철학을 구현하는 직분을 하고 생존과 번영을 길을 찾아가야 한다.

공영방송의 대명사 영국의 BBC와 일본의 NHK는 수명을 다했다. 중국의 국영방송이 CCTV와 다를 바 없다고 하는 것과 같다. 국민의 수신료를 받아서 판에 박힌 듯한 운영을 하고 공영방송을 명분 삼아서 국민을 가르치려 드는 말도 안 되는 방송을 하는 아날로그 방식은 이제 존재해서는 안 되는데도 뻔뻔하게도 질긴 생명력이 유지되었다.

〈뉴욕타임스〉를 비롯한 활자 인쇄와 콘텐츠가 빈약하고 변화와 개혁을 외면한 아날로그 사고의 해외 유명 매체들은 빈사 상태에서 탈출하기 위해 죽음의 경주를 하고 있다. 국영과 공영방송의 노사, 정치인과 정부는 BTS를 보고 깨달음을 가져야 한다.

작금의 21세기는 코로나와 BTS로 대변된다. 혼돈과 대변혁의 시기에 BTS에 대한 전 세계적인 관심은 한국에 대한 관심으로까지 불러일으켰다. BTS는 아미라는 충성스러운 팬클럽을 단순한 팬의 집합체에서 사회, 경제적인 세력으로까지 확대시켰다. 자신들을 따르는 팬의 진심 어린 고민에 공감하며 꾸준한 콘텐츠를 통해 끊임없이 소통하며 진심이 담긴 메시지를 전달하기 때문이다.

포스트 코로나 시대에 예측불허의 승자독식의 글로벌 시장에서 무엇을 해야 하는지 고민하기 전에 생존과 자유를 향한 죽음을 각오한 변화와 개혁을 추진해야 한다. 지역, 세대, 계층과 이념과 체제를 떠나서 정치권은 언론을 장악하고 언론인을 타락시키는 편파적인 사고와 정치 행위를 버려야만 한다.

글로벌 멀티미디어 플랫폼인 넷플릭스, 월트 디즈니, 할리우드에서 변화하는 물결을 관찰하고 벤치마킹하는 금융과 융합하여 글로벌 온/오프 자리에 서야만 한다. 정부의 언론 감독과 인허가권은 축소, 폐지하고 최소한의 자격 조건만을 유지하는 신고등록제로 전환하여야 한다.

한국 언론의 모든 부분에서 영역의 구분 없이 참회와 깨달음을 찾아가는 한국 언론의 새 시대, 새 역사를 써 내려가야 한다. 한국방송광고진흥공사를 폐지하고 시장의 기능에 맡겨야 한다. 이곳에 의존해서 살아가고 있는 모든 방송과 신문들은 대오각성해야 한다.

인터넷, 유튜브 방송에서도 같은 조건을 유지해야 한다. 언론

플랫폼과 포털에 대해서는 독점적 지위에 대한 역할 기능에 대해 공정거래 별도의 규정을 두고 자율적 규제의 기본 원칙을 적용함을 원칙으로 새로운 감독과 독점 규제, 이해상충 방안을 만들어야 한다.

플랫폼 독식의 디지털 및 IoT 시대에 적합한 독점적인 상황에 대해 면밀히 검토해야만 한다. 방송통신위원회의 역할 및 기능을 시대가 요구하는 변화에 혁신적인 변화와 개혁, 전면 폐지를 할 수 있을 정도의 입장을 견지해야 한다. 정부, 지방자치단체, 시민사회단체와 대학 및 기업은 언론인의 양성 및 교육에 지원 협력하고 통찰의 비전을 얻는 물적, 인적자원에 동참하여 강건한 한국 사회를 만들 수 있도록 한다.

언론인으로서 가져야 할 덕목

언론인은 공공의 이익을 지켜야 한다. 공공의 이익은 사회 구성원 전체의 이익을 말한다. 사회적 약자에 대해 관심을 가지고, 객관적이고 공정한 뉴스를 전달해야 한다. **언론이 진실을 전하려면 권력과 이익으로부터 자유로워야 한다.** 우리는 대중매체 속에서 살아간다. 세상의 소식을 들려주는 언론은 정확하고 객관적인 입장에서 소식을 전해야 한다.

따라서 언론과 언론인의 지위는 존중받고 예우받아야 한다. 자유민주주의의 도덕성과 높은 자존감, 정체성의 양식 있는 행동으로 실천행위에 나서야만 한다. 한국 사회의 언론 발전을 위해 자발적 기금을 마련하고 언론과 언론인을 위한 행정, 재정 지원 및 각종 프로그램 등에 대한 세제 혜택이 주어져야만 한다.

정부 및 지방자치단체에 의해 조직된 모든 언론단체는 모두 민간 자율로 전환해야 한다. 이에 관한 구체적인 실행 사항은 언론과 언론인의 자유에 의하고 이는 존중받아야 한다. 이해 상충 방지를 위해 지원 협력 사항은 자율적 합의로 구성하며 우선적으로 고려해야 한다.

국민은 기존 정치권과 정부, 시민사회단체에 의해 운영되는 언론을 전적으로 지지하거나 신뢰하지 않는다. 현재 언론에 대한 국민과 시장의 반응은 싸늘하다. 냉소적인 진영 싸움에 갇혀 있는 기존 언론을 배척하고 있다. SNS에 의한 정돈되지 않은 정보에 휘둘리고 있지만, 강제적인 감독은 배격해야 한다. 기존 질서에 반항하는 코로나 팬데믹의 언론 상황을 이해하고 다름의 가치, 느린 삶의 자세를 익히고 협력해야 한다.

한국의 언론과 언론인은 국가와 정부, 지방자치단체, 시민사회단체와 일정한 거리를 두고 이해상충을 구분해야 할 이유가 여기에 있다. 방송, 신문, 잡지, 인터넷, 유튜브와 포털에 이르기까지 자율적 자정의 노력을 다해야 한다. 국내외 언론 및 관련 산업과 기업에 투자하는 환경을 조성하고 해외 주요 언론과 전략적 제휴를 촉진한다.

새로운 언론 환경은 디지털과 자본의 시대 상황을 만들어가고 글로벌 시장에서 혹독한 경쟁을 거쳐서 우뚝 서는 멀고도 긴 여정에 놓이게 될 것이다. 한국 언론과 언론인들의 새로운 글로벌 시대를 준비하는 위대한 여정은 변화무쌍하고 예측불허라는 인간의 오묘하고 질척인 삶의 일상에 전개될 것이다.

코페르니쿠스적인 새 질서가 몰려드는 상황이 전개되고 있다. 생생한 현장을 찾아다니는 역할을 자임하며 준비해야 한다. 한국언론과 언론인이라는 정체성을 인식하고 자존심을 가지고 행동해야 한다. 현존하는 권력과 거리를 둬야 한다. 정치인과 권력은 언론과 언론인들의 정체성을 인식하고 이를 존중하고 지켜주는 자세를 지녀야 한다. 언론과 권력이 담당해야 할 역할은 지대하다. 언론인들의 지위와 역할이 갖는 정체성을 깨닫는 일은 매우 중요하다.

코로나 팬데믹과 분단 조국의 큰 장애물인 북한 비핵화는 한국과 한국인의 자유민주주의와 시장경제의 철학과 가치를 정립하는 새로운 세계관을 시급하게 요구하고 있다. 현 정부는 얼빠진 착함과 공정을 내세운 반시장경제의 행위에 퇴행적인 행동과 빈부 격차의 불평등을 조장하고 부의 가치를 비하하며 이념, 계층, 세대, 지역의 갈등과 분열을 부추기고 있다.

언론, 대학이 선도해서 한국 사회의 새로운 전진을 위한 다양한 강좌 포럼 세미나를 통해 통찰의 비전을 제시하고 공유해야 한다. 1인 유튜브 방송과 SNS를 통해 새롭게 접근할 수 있는 기회가 생겼다.

생각을 달리해야 하는 복잡하고 다양한 사안에 대해 어떻게 살아야 하는지 공감해야 한다. 무분별한 가치 없는 요설과 중구난방으로 현혹하는 삶의 무가치한 뉴스를 분별할 수 있는 이성을 키우고 감성의 실체를 경험하며 발전해나가야 한다.

집필 후기와
감사의 글

미·중 갈등, 북한 비핵화, EU와 러시아의 부흥, 중동 평화의 머나먼 길, 아시아와 아프리카의 평화와 생존을 향한 땅의 외침이 우리 삶에 성큼성큼 다가오고 있다. 이 땅의 보통 사람들의 삶은 자기기만, 시행착오, 실수, 잘못, 후회, 반성과 감사가 혼재된 일상에 놓여 있다. 누구를 막론하고 예외는 없다. 인간은 태어나서부터 생(生)이 다하는 그 순간까지 도덕적인 원죄(原罪)를 잉태하고 반복하고 있는 것은 변치 않는 삶의 본질이다.

추월의 시대를 향해 찾아가는 여정의 차기 대권 이야기를 통해서 이 땅의 미래를 향해 새로운 길을 만들어갔으면 하는 마음에 이 책을 집필하였다. 한반도를 둘러싼 세계 정세를 통찰하고, 현 정권의 문제점을 때로는 신랄하게 비판하면서 한 사람이라도 깨우쳐 올바른 길을 선택하길 간절한 마음으로 적어보았다.

이 책을 있게 한 분들께 감사의 인사를 전하고 싶다.

늘 믿음과 격려를 주시고 혼돈의 한국 경제와 사회의 주춧돌로 존재하시는 김앤장의 창립자이자 이 땅의 선지자적 사유(思惟)의 삶 속에 계시는 변호사 김영무 박사, 대표 정계성 변호사.

한국 경제의 양식 있는 전 기아경제연구소 소장, 대우자동차 회장, 국민일보 사장, 동아일보 해직기자 출신 이종대 박사. 한국 언론의 살아있는 양심과 언론자유 회복의 역사, 한계레신문을 만드신 두 분 형님들, 고(故) 권근술, 정태기 회장.

한국 민주화운동 대부 우촌(牛村) 김정남 전 교육문화 수석, 늘 한결같고 정 많은 인자하신 한국 민주화운동의 대들보 김덕룡 전 국회의원, 한국 민주화운동의 불굴의 조력자이자 고향 함경도 북청(北靑)을 아호로 정한 전병용 선배.

너무 인자하신 형님, 독실한 불자 전용원 전 국회의원. 오래전에 작고한 두 분 의형제 형님들, 빈민운동의 개척자 대부, 멋진 세 딸의 아빠, 고(故) 제정구 국회의원.

의협심과 정의감이 뛰어난 정 많은 천재, 〈한겨레신문〉을 탄생시키는 데 숨은 조타수 역할을 했던 광고대행사 전 대홍기획 대표, 동아일보 해직 기자 출신의 강정문.

IMF 금융 위기를 극복케 한 한국 경제의 살아있는 주역인 전 경제부총리 진념, 한국을 대표하고 IMF 금융 위기를 극복케 한 설계자이자 천재 중의 천재인 이헌재.

전 부총리, 강직하고 경제 관료의 사표, 고(故) 강봉균 장관. 한국 경제의 모든 이들의 멋진 맏형 의리와 정의감, 2008년 미국 금융 위기 극복의 주역 자유민주주의와 시장경제의 가치와 철학을 증거 하는 윤증현 전 장관.

인간미 넘치는 전 경제부총리, 김진표 의원. 전 한국산업은행 총재, 멋진 신사 정건용. 늘 자애롭고 겸양의 진동수 전 금융위 원장. 팔방미인 오종남 전 한국 UNICEF 위원장. 늘 친형제의 격려를 마다하지 않는 김한 전 JB 금융지주 회장. 장석일 전 고(故) 김대중 대통령 주치의, 현 성애병원 원장. 멋진 천재 전 경제수석 조원동 박사. 곽병찬 전 〈한계레신문〉대기자.

사통팔달의 김준묵 회장, 격월간 잡지 공동선 발행인. 전 카톨릭 인권위원장 김형태 변호사. 이승우 전 동학민중혁명재단 이사장. 군장대학 총장, 중국전문 대표 변호사 정연호. 믿음과 사랑의 장철우 변호사. 늘 하나님의 말씀을 증거하는 벗 송태석 선생.

박종식, 김임권 두 분 전 수협중앙회 전 회장. 겸양과 신뢰의 김지완 BNK금융지주 회장. 정도원 삼표산업 회장. 전 ㈜데코 이원평 회장. 한 많은 불굴의 기업인의 표상, 고(故) 김우중 대우그룹 회장. 장병주 대우그룹 구조조정 본부장, ㈜대우 사장. 정의와 신념의 박태종 변호사. 애국심 가득한 국가안전기획부 1차장의 출신의 오정소 전 국가보훈처장.

술과 벗들의 천사 고(故) 이수억 형님, 집념의 애국심의 윤기천 ㈜두두 바이오 회장, 성실과 집념의 자수성가 대표 기업인 강성희 오텍 캐리어 회장, 차재능 전 안진 회계법인 회장, 변신(變身)과 인고(忍苦)의 세월을 보낸 정몽구 현대기아자동차그룹 명예회장, 외유내강의 굳은 의지의 강유식 ㈜LG 부회장, 고(故) 이건희 삼성그룹 회장을 보좌해서 IMF 금융 위기를 벗어나게 하고 오늘의 삼성을 있게 한 삼성구조조정본부의 이학수 전 실장, 김인주 사장, 황영기 전 우리금융지주 및 KB금융지주 회장, 의지의 한국인 신상훈 전 신한은행장, 정이 넘치고 의리와 신념의 LA 김영석 회장, 신철식 광운대학 이사장.

한반도 비핵화와 한미 동맹에 크게 기여하고 있는 조셉 윤 전 미 국무부 수석 부차관보. 말레이시아 대사, 진실한 멋진 신사 성김 전 한국대사, 현 미 국무부 대북 특별대표, 인도네시아 대사. 큰형님 박상규, 김용구 두 분 전 중소기업 중앙회 회장. 국회의원, 고(故) 김대중 대통령을 있게 한 이종찬 전 국정원장, 부지런함의 대명사 박지원 국정원장. 착하고 진실한 이강래 전 더불어민주당 원내대표, 해인사 주지 현응스님과 박물관장 적광스님, 열정의 정동수 법사, 전 세종호텔 회장 주장건 박사.

한국 문화예술경영의 산증인 박인건 대표, 인간적인 후배 전태림포장 정상문 사장, 정 많은 국민 사위 프랜닥터 남재현 박사, ㈜포스코건설 사장 이영훈, 건국대 행정학과 이용모 교수, 신성범 전 국민의힘 국회의원, 조해진 국민의힘 국회의원, 정 많고 겸손한 불자 전영찬 PK밸브 대표, 실사구시의 젊은 기업인 마포

가든호텔 이교상 대표, 한국 증권계의 멋쟁이 보컬 리드싱어, 기타리스트 이진혁 대표, ㈜정컴시스템의 성실한 인내의 표상 이만구 대표.

불자 최원일 선생, 전투기 조종사 출신의 후배, 김평열, 노동시민운동의 후배 정용건 대표, 겸양과 미소의 신사, 스틱자산운용 양영식 대표. JB금융지주 권재중 박사. 내가 조국이야! 신념과 패기의 더불어민주당 김종민 의원. 착한 여산기획 김태준 대표와 라정훈 ㈜오펠리스 대표. 특별한 아우 안재영과 삶의 인연을 맺지 못한 지인들의 질책과 따뜻한 충언이 가득하다.

오랜 시간 함께했던 존경과 사랑을, 감사의 세동회계법인(Price Waterhouse), 아더앤더슨 그룹과 안진회계법인, 투자은행 CLSA, ㈜인베스투스 글로벌의 옛 동료들께 감사드린다. 특별하게 박기영 사장, 신근식 회계사, 신창무, 백승훈, 나동섭, 김준원, 서석헌, 배형록 선생께 출판의 기쁨을 함께한다.

국립대전현충원에 잠들어 계시는 고(故) 김대중 전 대통령님과 고(故) 이한동 전 국무총리님께 무한 존경과 감사를 드린다.

고향 전남 영광에서 태어나 현재까지 함께한 가족들, 구순의 어머니, 평생 민주화와 학생, 노동운동에 헌신했던 민주화, 산업화의 현장에 서서 격동의 시간을 살아온 동생들 재갑, 희정, 재옥, 영국 외교관과 결혼하여 해외에 거주하는 무한 상상력의 철학적인 여동생 금영의 거리낌 없는 비판과 아낌없는 지원과 협력, 함께 했던 삶과 일상에 감사드린다.

국제 정치와 문학, 음악적 소양을 지닌 세상에 하나밖에 없는 우리 집 총독 각하, 멋진 딸 사라. 늘 미덥지 않지만 지혜롭고 영특한 경제학, 컴퓨터와 수학을 전공한 파이낸스 전략컨설턴트로 일하는 아들, 대니얼 진암. 잔소리꾼 아이들 엄마, 아내 예하 숙의 조언과 질책이 감사하다.

매일 매일 반복되는 자만의 자기 확신과 몽상, 오만과 죄스러움, 실수와 잘못, 후회와 번민, 반성과 회개의 나날이 늘 찾아온다. 새벽 묵상기도와 찬 공기를 가르고 나서는 한강 산책길에서 하늘이 선사하는 일상의 깨우침과 반성과 회개의 시간에 늘 감사하다.

2007년 보통 사람들의 시대를 연 고(故) 노무현 대통령께 거침없던 비판을 했으나, 정권에 무비판적인 충성 행위를 했던 대검 중수부 정치검사에 의해 억울하게 기소 당했다. IMF 금융위기의 일반투자 컨설팅 행위에 대한 수차례의 억지 추가 기소로 두 차례의 구치소 생활을 했다. 무죄를 설명하는 법원 판결문과 재심을 통한 일부 유죄의 멍에는 현재 진행형이다.

철없던 중수부의 정치 검사들(모두가 전, 현직 검사장 직위에 오른)의 못된 검찰의 실상을 눈앞에서 목도했다. 뚝심을 갖고 진실을 찾아야 한다는 용기와 정의감이 가득한 의로운 검사의 소수 의견을 만나는 순간의 경험, 공사다망(公私多網)했던 지난 시간의 일상에서 일어났던 현실과 맞닥뜨린 불행했던 순간들, 예기치 않은 가족의 해체, 절박했던 순간들, 회사의 급격한 몰락과 경제적 부담과 고통, 주변의 질책과 냉대, 의도적인 외면은 가족의 고통과 아픔을 겪는 슬픈 현실을 마주하는 경험을 하게 했다.

하나님께서 오늘 이 시간의 축복을 위해 지난 긴 시간 동안 힘들게 하신 듯하다. 욥의 하나님이 언제나 그러했듯이 욥의 이야기를 새벽 묵상기도와 한강 산책길에서 되뇌면서 기도하고 묵상하는 기쁨으로 늘 가득하다.

늘 자애로움과 참 신앙인의 자세를 갖춘 삼성의 이인용 사장
께서 최근 건네준 귀한 신앙 일기 형태의 작은 책을 들춰본다.
동년배 이영미 여사가 앓고 있는 루게릭병의 고통스러운 투병
기와 자신과 가족, 주변의 이야기, 하나님을 향한 눈물과 회한
의 감사와 기도를 통한 영적인 사랑 이야기가 일기 형식으로
쓰였다.

그 책의 마지막은 다음과 같다.

"내 평생에 선하심과 인자하심이 반드시 나를 따르리니, 내가
여호와의 집에 영원히 살리로다."(시편 23편 6절).

삶을 업그레이드하는 더 나은 책

유죄vs무죄

곽동진 지음
240쪽 | 16,000원

권력의 거짓말

강해인 지음
396쪽 | 22,000원

대통령의 밥값은
누가 낼까

정재호 지음
252쪽 | 15,000원

내가 대통령이 되었다면
큰 일 날뻔했습니다

박찬종 지음
296쪽 | 13,000원

박준희의 관악정담

박준희 지음
216쪽 | 15,000원

정치적 상상력

맹진영 지음
248쪽 | 15,000원

거제의 부활

문상모 지음
240쪽 | 15,000원

개인택시 규제완화
끝까지 맞서다

황대수 지음
264쪽 | 15,000원

바이러스
대처 매뉴얼(양장)

최용선 · 지영환 지음 | 김진구 · 정윤성 감수
406쪽 | 55,000원

생존 매뉴얼365

김학영 · 지영환 지음
420쪽 | 25,000원

여성 안전 매뉴얼365

권승연 · 조은원 지음
252쪽 | 20,000원

숫자에 속지마

황인환 지음
352쪽 | 15,000원

4차 산업혁명의 패러다임

장성철 지음
248쪽 | 15,000원

직장 생활이
달라졌어요

정정우 지음
256쪽 | 15,000원

리더의 격(양장)

김종수 지음
244쪽 | 15,000원

최고의 칭찬

이창우 지음
276쪽 | 15,000원

삶을 업그레이드하는 더 나은 책

배움은 어떻게 내 것이 되는가

박성일 지음
212쪽 | 16,000원

걷다 느끼다 쓰다

이해사 지음
364쪽 | 15,000원

독한시간

최보기 지음
244쪽 | 13,800원

독서로 말하라

노충덕 지음
240쪽 | 14,000원

베스트셀러
절대로 읽지 마라

김욱 지음
288쪽 | 13,500원

공부유감

이창순 지음
252쪽 | 14,000원

핫팁

노경한 지음
298쪽 | 14,000원

책 속의 향기가
운명을 바꾼다

다이애나 홍 지음
257쪽 | 12,000원

MEMO

MEMO

MEMO

당신이 생각한 마음까지도 담아 내겠습니다!!

책은 특별한 사람만이 쓰고 만들어 내는 것이 아닙니다.
원하는 책은 기획에서 원고 작성, 편집은 물론,
표지 디자인까지 전문가의 손길을 거쳐
완벽하게 만들어 드립니다.
마음 가득 책 한 권 만드는 일이 꿈이었다면
그 꿈에 과감히 도전하십시오!

업무에 필요한 성공적인 비즈니스뿐만 아니라 성공적인 사업을 하기 위한
자기계발, 동기부여, 자서전적인 책까지도 함께 기획하여 만들어 드립니다.
함께 길을 만들어 성공적인 삶을 한 걸음 앞당기십시오!

도서출판 모아북스에서는 책 만드는 일에 대한 고민을 해결해 드립니다!

모아북스에서 책을 만들면 아주 좋은 점이란?

1. 전국 서점과 인터넷 서점을 동시에 직거래하기 때문에 책이 출간되자마자 온라인, 오프라인 상에 책이 동시에 배포되며 수십 년 노하우를 지닌 전문적인 영업마케팅 담당자에 의해 판매부수가 늘고 책이 판매되는 만큼의 저자에게 인세를 지급해 드립니다.

2. 책을 만드는 전문 출판사로 한 권의 책을 만들어도 부끄럽지 않게 최선을 다하며 전국 서점에 베스트셀러, 스테디셀러로 꾸준히 자리하는 책이 많은 출판사로 널리 알려져 있으며, 분야별 전문적인 시스템을 갖추고 있기 때문에 원하는 시간에 원하는 책을 한 치의 오차 없이 만들어 드립니다.

기업홍보용 도서, 개인회고록, 자서전, 정치에세이, 경제 · 경영 · 인문 · 건강도서

모아북스
MOABOOKS   문의 0505-627-9784

차기대권론

| **초판 1쇄** 인쇄 | 2021년 08월 20일 | **3쇄** 발행 | 2021년 08월 31일 |
| **2쇄** 발행 | 2021년 08월 25일 | **4쇄** 발행 | 2021년 09월 10일 |

지은이	김재록
발행인	이용길
발행처	**MOABOOKS 모아북스**

| **관리** | 양성인 |
| **디자인** | 이룸 |

출판등록번호	제 10-1857호
등록일자	1999. 11. 15
등록된 곳	경기도 고양시 일산동구 호수로(백석동) 358-25 동문타워 2차 519호
대표 전화	0505-627-9784
팩스	031-902-5236
홈페이지	www.moabooks.com
이메일	moabooks@hanmail.net
ISBN	979-11-5849-151-2 03340

모아북스 는 독자 여러분의 다양한 원고를 기다리고 있습니다.
(보내실 곳 : moabooks@hanmail.net)